# reinhardt

Beiträge zur Frühförderung interdisziplinär – Band 12

Herausgegeben von Dr. Martin Thurmair
Arbeitsstelle Frühförderung Bayern
Seidlstr. 18a, D-80335 München

# Frühförderung mit Kindern psychisch kranker Eltern

von Manfred Pretis und Aleksandra Dimova

2., aktualisierte Auflage
Mit 21 Abbildungen und 15 Tabellen

Ernst Reinhardt Verlag München Basel

Dr. phil. *Manfred Pretis*, Klinischer Psychologe und Integrationspädagoge, leitet die Unternehmensberatung „Sozial Innovatives Netz", Graz; www.sinn-evaluation.de; office@sinn-evaluation.de

Dr. med. *Aleksandra Dimova*, PhD, Fachärztin für Psychiatrie und Gestalttherapeutin in freier Praxis in Graz

**Hinweis:** Soweit in diesem Werk eine Dosierung, Applikation oder Behandlungsweise erwähnt wird, darf der Leser zwar darauf vertrauen, dass die Autoren große Sorgfalt darauf verwandt haben, dass diese Angabe dem Wissensstand bei Fertigstellung des Werkes entspricht. Für Angaben über Dosierungsanweisungen und Applikationsformen oder sonstige Behandlungsempfehlungen kann vom Verlag jedoch keine Gewähr übernommen werden. – Die Wiedergabe von Gebrauchsnamen, Handelsnamen, Warenbezeichnungen usw. in diesem Werk berechtigt auch ohne besondere Kennzeichnungen nicht zu der Annahme, dass solche Namen im Sinne der Warenzeichen- und Markenschutz-Gesetzgebung als frei zu betrachten wären und daher von jedermann benutzt werden dürften.

Bibliografische Information der Deutschen Bibliothek

Die Deutsche Bibliothek verzeichnet diese Publikation in der Deutschen Nationalbibliografie; detaillierte bibliografische Daten sind im Internet über <http://dnb.ddb.de> abrufbar.
ISBN 978-3-497-02199-4
ISSN 0940-8967

© 2010 by Ernst Reinhardt, GmbH & Co KG, Verlag, München

Dieses Werk, einschließlich aller seiner Teile, ist urheberrechtlich geschützt. Jede Verwertung außerhalb der engen Grenzen des Urheberrechtsgesetzes ist ohne schriftliche Zustimmung der Ernst Reinhardt GmbH & Co KG, München, unzulässig und strafbar. Das gilt insbesondere für Vervielfältigungen, Übersetzungen in andere Sprachen, Mikroverfilmungen und für die Einspeicherung und Verarbeitung in elektronischen Systemen.

Printed in Germany
Reihenkonzeption Umschlag: Oliver Linke, Augsburg
Titelfoto: image100 ltd.
Teddy-Zeichnungen in Kapitel 9.2.5 von Felix Pretis
Satz: Fotosatz Reinhard Amann, Aichstetten

Ernst Reinhardt Verlag, Kemnatenstr. 46, D-80639 München
Net: www.reinhardt-verlag.de  Mail: info@reinhardt-verlag.de

# Inhalt

| | | |
|---|---|---|
| 1 | Zusammen arbeiten – zusammenarbeiten .................. | 9 |
| 2 | Vergessene Kinder ........................................ | 16 |
| 2.1 | Auffällige Unauffälligkeit ................................ | 16 |
| 2.2 | Ein neues Problem? Zwischen erhöhter Sensibilität und realem Anstieg psychischer Verletzlichkeit .................. | 24 |
| 2.2.1 | Epidemiologische Daten .................................. | 24 |
| 2.2.2 | Die Balance zwischen Risiko und Resilienz ................. | 29 |
| 2.2.3 | Die Öffnung der Psychiatrie .............................. | 33 |
| 2.3 | Und die Kinder? ........................................ | 34 |
| 2.4 | Psychische Erkrankung bzw. Verletzlichkeit der Eltern – terminologische Klärungen ............................... | 37 |
| 3 | Leben mit einem psychisch erkrankten Elternteil – wie geht es den Kindern? ................................. | 41 |
| 3.1 | Die biologische Ebene ................................... | 44 |
| 3.2 | Die (entwicklungs-)psychologische Ebene .................. | 45 |
| 3.2.1 | Kleinkindalter (0–3 Jahre) ................................ | 45 |
| 3.2.2 | Vorschulalter (3–6 Jahre) ................................ | 48 |
| 3.2.3 | Die frühe Kindheit aus der Retrospektive ................. | 49 |
| 3.3 | Die soziale Ebene ....................................... | 51 |
| 3.4 | Welche psychologischen Überlebensstrategien entwickeln Kinder? ................................................. | 53 |
| 4 | Was Kinder psychisch kranker Eltern stärkt ................ | 57 |
| 4.1 | Kleinkinder über die Erkrankung ihrer Eltern informieren .... | 57 |
| 4.2 | Resilienzprozesse aktivieren .............................. | 61 |
| 4.3 | Das Konzept der „Vulnerabilität" ......................... | 63 |
| 4.4 | Was kennzeichnet „resiliente" Kinder? .................... | 65 |
| 4.5 | Resilienzfaktoren ........................................ | 66 |

| | | |
|---|---|---|
| 4.5.1 | Kindzentrierte Resilienzfaktoren und -prozesse  | 66 |
| 4.5.2 | Familienzentrierte Resilienzfaktoren und -prozesse  | 70 |
| 4.5.3 | Umwelt- bzw. systemabhängige Resilienzfaktoren und -prozesse  | 73 |
| 4.5.4 | Screeninginstrument zur Erfassung von Resilienzfaktoren bei Kleinkindern  | 76 |

| | | |
|---|---|---|
| **5** | **Frühförderung mit Kleinkindern depressiver Eltern**  | **81** |
| 5.1 | Fallgeschichte  | 81 |
| 5.2 | Aus der Sicht des Kindes  | 82 |
| 5.2.1 | Unverständliche Signale  | 82 |
| 5.2.2 | Sorgen und Gedanken, die die Kinder nicht verstehen  | 83 |
| 5.2.3 | Alltagsstrukturen, die zusammenbrechen  | 84 |
| 5.3 | Wie erkenne ich als Helfer eine depressive Erkrankung?  | 85 |
| 5.3.1 | Depression als Krankheit: das Wissen um die Ursachen  | 85 |
| 5.3.2 | Depression als Krankheit: das Wissen um den Verlauf  | 86 |
| 5.3.3 | Depression als Krankheit: das Wissen um die Symptome  | 87 |
| 5.3.4 | Behandlung der Depression  | 88 |
| 5.4 | Konkrete Fördermaßnahmen für Kleinkinder in depressiven Lebenszusammenhängen  | 90 |
| 5.4.1 | Depression oder Traurigkeit: das Wahrnehmen von Symptomen – Elternarbeit  | 91 |
| 5.4.2 | Depression macht Helfer hilflos? Die Fähigkeit, über dieses Wissen mit dem Betroffenen kommunizieren zu können  | 96 |
| 5.4.3 | Kindzentrierte Interventionen  | 99 |
| 5.4.4 | Transdisziplinäre Arbeit  | 102 |

| | | |
|---|---|---|
| **6** | **Frühförderung mit Kleinkindern von Eltern mit Manie**  | **104** |
| 6.1 | Fallgeschichte  | 104 |
| 6.2 | Aus der Sicht des Kindes  | 106 |
| 6.2.1 | Unverständliche Signale  | 106 |
| 6.2.2 | Verhaltensweisen, die die Kinder nicht verstehen  | 108 |
| 6.2.3 | Äußerungen, die Kinder nicht verstehen  | 108 |
| 6.2.4 | Alltagsstrukturen, die zusammenbrechen  | 109 |
| 6.3 | Wie erkenne ich als Helfer eine Manie?  | 110 |
| 6.3.1 | Manie: das Wissen um Ursachen und Verlauf  | 110 |
| 6.3.2 | Manie: das Wissen um die Symptome  | 111 |
| 6.3.3 | Manie: das Wissen um Behandlung  | 112 |

| | | |
|---|---|---|
| 6.4 | Konkrete Fördermaßnahmen für Kleinkinder in Lebenszusammenhängen einer manischen bzw. bipolaren Störung ... | 113 |
| 6.4.1 | Die Fähigkeiten der Wahrnehmung von Symptomen einer manischen Episode: Elternarbeit | 114 |
| 6.4.2 | Die Fähigkeit, über dieses Wissen mit dem Betroffenen kommunizieren zu können | 115 |
| 6.4.3 | Kindzentrierte Interventionen | 116 |
| 6.4.4 | Transdisziplinäre Zusammenarbeit | 119 |

## 7 Frühförderung mit Kleinkindern von Eltern mit Zwangsstörung 120

| | | |
|---|---|---|
| 7.1 | Fallgeschichte | 120 |
| 7.2 | Aus der Sicht des Kindes | 122 |
| 7.2.1 | Unverständliche Signale für das Kind | 123 |
| 7.2.2 | Sorgen und Gedanken, die die Kinder nicht verstehen | 124 |
| 7.2.3 | Alltagsstrukturen, die zusammenbrechen | 125 |
| 7.3 | Wie erkenne ich als Helfer eine Zwangsstörung? | 125 |
| 7.3.1 | Zwangsstörung: das Wissen um die Symptome und Verlauf ... | 125 |
| 7.3.2 | Zwangsstörung: das Wissen um die Behandlung | 127 |
| 7.3.3 | Fähigkeiten der Wahrnehmung von Symptomen einer Zwangsstörung | 128 |
| 7.4 | Konkrete Fördermaßnahmen für Kleinkinder in Lebenszusammenhängen von Zwangsstörungen | 130 |
| 7.4.1 | Elternarbeit | 130 |
| 7.4.2 | Kindzentrierte Interventionen | 130 |
| 7.4.3 | Transdisziplinäre Arbeit | 133 |

## 8 Frühförderung mit Kleinkindern von Eltern mit Schizophrenie 134

| | | |
|---|---|---|
| 8.1 | Fallgeschichte | 134 |
| 8.2 | Aus der Sicht des Kindes | 135 |
| 8.2.1 | Unverständliche Signale für das Kind | 136 |
| 8.2.2 | Alltagsstrukturen, die zusammenbrechen | 137 |
| 8.3 | Wie erkenne ich als Helfer eine Schizophrenie? | 138 |
| 8.3.1 | Das Wissen um Ursachen und Verlauf | 138 |
| 8.3.2 | Schizophrenie: das Wissen um die Symptome | 140 |
| 8.3.3 | Schizophrenie: das Wissen um die Behandlung | 141 |
| 8.3.4 | Die Fähigkeit der Wahrnehmung von Symptomen einer Schizophrenie | 143 |
| 8.4 | Konkrete Fördermaßnahmen für Kleinkinder in Lebenszusammenhängen einer Schizophrenie | 145 |
| 8.4.1 | Elternarbeit | 145 |

8.4.2 Kindzentrierte Interventionen ............................. 147
8.4.3 Transdisziplinäre Arbeit ................................. 151
8.5 Psychopharmaka als Unterstützung ......................... 151
8.6 Ausblick ................................................ 156

**9 Spiele zur Förderung von Kleinkindern psychisch kranker Eltern** 161
9.1 Transparenz und Freiwilligkeit als oberste Gebote ........... 161
9.2 Spiele zur Förderung der Resilienz bei Kleinkindern
 (2;6–5 Jahre) ............................................ 165
9.2.1 Spiele zur Förderung der Selbstwirksamkeit ................ 165
9.2.2 Spiele zur Förderung der Planbarkeit ...................... 166
9.2.3 Spiele zur Förderung spezifischer Copingstrategien ......... 168
9.2.4 Spiele zur Förderung des Durchhaltevermögens ............. 169
9.2.5 Spiele zur Förderung der Frustrationstoleranz und
 emotionalen Flexibilität .................................. 170
9.2.6 Spiele zur Förderung des aktiven Schutzverhaltens .......... 174

**Literatur** ................................................... 178

**Sachverzeichnis** ............................................ 187

# 1 Zusammen arbeiten – zusammenarbeiten

Diese 2. Auflage beschreibt unsere fünfjährige Erfahrung als Dialog zwischen zwei Fachdisziplinen auf der Ebene seines Inhaltes: der frühen Förderung von Kleinkindern und der psychischen Erkrankung der Eltern. Gleichzeitig ist es auch ein Reifungsprozess der interdisziplinären Auseinandersetzung zwischen Psychiatrie, Psychologie und Integrationspädagogik auf der Ebene unserer fachlichen und persönlichen Beziehung. Persönlich bevorzugen wir den Begriff des transdisziplinären Arbeitens, da Transdisziplinarität im Gegensatz zur interdisziplinären Arbeit die Konstruktion *einer gemeinsamen Unterstützungswirklichkeit* hervorhebt, wie von mir (Pretis 2005) beschrieben. Transdisziplinäres Arbeiten erfordert von uns sowohl Respekt gegenüber dem Standpunkt des anderen als auch Sicherheit hinsichtlich des eigenen beruflichen Arbeitsmodells und eine Methodologie der Zusammenarbeit. Gerade die frühe Förderung von Kleinkindern in ihrem Zusammenspiel zwischen Elternbedürfnissen, Entwicklungsaufgaben des Kindes, Fachwissen der Experten und Interessen der Behörden (Pretis 2002b) muss aufgrund der Komplexität des Handlungsfeldes die *Zusammenarbeit* als Leitgedanken berücksichtigen. *Alles, was wir tun, tun wir immer mit anderen gemeinsam.* Bisweilen eher *einsam*, wenn wir vor Ort in der mobilen Frühförderung in einem entlegenen Bergdorf mit „Sack und Pack" zur Fördereinheit kommen, bisweilen *gegeneinander*, wenn es darum geht, die eigene berufliche oder persönliche Integrität in Konflikten zu wahren. Kein Arbeitsfeld erscheint jedoch so komplex wie die frühe Förderung von Kindern mit Entwicklungsrisiken (Speck in einem Vortrag, Februar 2003): Eltern in ihren verschiedensten Lebenszusammenhängen zu begleiten, Kinder zu fördern, Ziele mit anderen Fachleuten abzustimmen, Erkenntnisse der Humangenetik, Entwicklungsneurologie und -psychologie, der Heilpädagogik sowie der Sozialarbeit zu integrieren. Bei Kindern psychisch erkrankter Eltern gehen wir davon aus, dass die Notwendigkeit strukturierter Zusammenarbeit nochmals stärker zutage tritt, da wir herausgefordert sind, mit Menschen zu arbeiten, deren Wahrnehmungssysteme wir für uns als „fremd", „verstört" oder „krank" bezeichnen. Dies erfordert Respekt in zweifacher Hinsicht: vor der Fremdheit des Erlebens der Betroffenen und dem Miteinander der Fachkräfte der verschiedensten Disziplinen.

In unseren gemeinsamen Seminaren wurde unser gegenseitiger respektvoller Umgang von den Teilnehmern immer wieder als überraschend und neu erlebt. Die Zusammenarbeit vor allem zwischen Psychiatrie, Psychologie und Heilpädagogik wurde bislang meist als schwierig beschrieben: Dies mag daran gelegen haben, dass die Interventionsmethoden zu unterschiedlich oder auch zu verwandt erschienen oder dass es meist um die Frage ging, welche Profession letztendlich Recht hatte. Eine Kooperation war immer dann möglich, wenn wir über die kommunikativen Mittel der Auseinandersetzung verfügten, indem wir z. B. beschrieben, was in den Familien gut ging bzw. welche Förderziele offen waren oder wer für die Familie die „Schlüsselperson" war, und wenn wir uns jeweils fachlich sicher fühlten. Dies bedeutete keineswegs den Ausschluss von Konflikten: Im Laufe unserer Auseinandersetzung mit dem Thema erlebten wir, dass ich als Psychologe und Integrationspädagoge immer häufiger biologische Konzepte zu integrieren begann, während Aleksandra als Psychiaterin langsam immer „sozial-orientierter" wurde.

Daneben stellte sich auch die eigene fachliche Sicherheit als wichtiger Faktor heraus: Je fachlich fundierter das eigene Arbeitsmodell und die angewandten Methoden nachvollziehbar beschrieben werden konnten, desto leichter fiel die Zusammenarbeit. Dies erforderte Klarheit der Sprache: Wenn von *holistischer Förderung* die Rede war, musste dies auf Hypothesen und beobachtbare Handlungen zurückführbar sein. Gerade Frühförderung als sehr junges Arbeitsfeld ist aus meiner Sicht ein Weg, eben diese eigene Fachlichkeit und Methodologie zu erarbeiten. Dabei ist sie höherer Sensibilität und Skepsis in Bezug auf Methoden und Effekte ausgesetzt als z. B. die Medizin, die auf Jahrhunderte altes Erfahrungswissen zurückgreifen kann, obwohl die Inanspruchnahme und auch Anerkennung komplementärmedizinischer Therapien deutlich die Grenzen naiver „Naturwissenschaftlichkeit" aufzeigen. Über ein Ungleichgewicht auf der Neurotransmitterebene ist jedoch noch immer leichter zu diskutieren – und sozial akzeptierter – als über das unbestimmte Gefühl der Fachkraft, dass in einer Familie „etwas nicht stimme".

Einen Teil dieser fachlichen Sicherheit, die keineswegs ein unreflektiertes „Jetzt wissen wir alles" bedeutet, möchten wir in diesem Buch vermitteln. Gerade die kontinuierliche Reflexion über das eigene Tun und die Überprüfung eigener Hypothesen sind Zeichen qualitativ guter sozialer Arbeit. Es geht – und dies muss immer wiederholt werden – in der transdisziplinären Arbeit nicht um die Frage, wer Recht hat: der Psychiater, die Frühförderin oder der Psychologe ... Tritt diese Frage offen oder verdeckt ans Tageslicht, stehen nicht mehr die Bedürfnisse der Kinder oder Familien im Mittelpunkt, sondern es geht meist nur noch um die Rettung des jeweiligen fachlichen oder persönlichen Selbstwertes der Fachkräfte. Damit verlassen wir jedoch die Unterstützung der Familie und betreten das Feld der Supervisionsnotwendigkeit eines Teams, was zwar auch wichtig ist, nicht jedoch Gegenstand dieses Buches darstellt. Letztendlich hat – aus dem Blickpunkt der jeweiligen Fachlichkeit – jeder der Beteiligten Recht, vor allem die Familie; die Frage ist nur, wie wir diese verschiedenen „richtigen" Wirklichkeiten zusammenfügen können, ohne einander abzuwerten, und somit eine *gemeinsame* Unterstützungsstrategie ermöglichen. Dies stellt auch den Lernschritt der Fachkräfte dar – in der Psychiatrie mehr als in der Frühförderung, Eltern als Partner anzusehen, vor allem Eltern mit psychischen Erkrankungen, wobei unsererseits vermehrt der Begriff der psychischen Verletzlichkeit verwendet wird (www.strong-kids.eu).

Im Zentrum dieses Buches steht die Wahrnehmung von Bedürfnissen von Kleinkindern, die aufgrund der psychischen Verletzlichkeit der Eltern Gefahr laufen, vergessen zu werden. Der Fokus liegt auf den Kindern, da wir davon ausgehen, dass die Unterstützungsbedürftigkeit psychisch erkrankter Eltern *nicht primär* die Aufgabe heilpädagogischer Fachkräfte sein kann. Dies führt genau zu jener Überforderungssituation, die wir zurzeit in diesem Feld erleben, wenn sich Fachkräfte in der Frühförderung auch für die Depression, Manie, Schizophrenie u. s. w. der Eltern oder der primären Betreuungspersonen verantwortlich fühlen. Und sie argumentieren natürlich mit Recht, wer denn sonst zuständig sei, der so nahe am Familiensystem arbeite. Wie noch zu zeigen sein wird, ist es jedoch genau diese *Vereinzelung* des Fachwissens, die dazu führt, dass jeder irgendetwas nach bestem Wissen und Gewissen tut, keiner jedoch so recht zufrieden damit ist und jeder das Gefühl hat, hier „fehle" etwas.

Beim Verfassen dieses Buches fragte ich Aleksandra, wie der Kontakt zu den örtlichen Frühförderstellen aussehe. Ihre Antwort verblüffte mich: Wenn nicht zufällig Eltern gleichzeitig aus der Sicht der Fachpsychiatrie und das Kind über die Frühförderung betreut wurden, gab es strukturiert kaum Kontakte. Die Systeme arbeiteten noch immer nebeneinander. Ähnliches darf auch von Seiten der Frühförderung angenommen werden.

Die Kinder, die wir bei psychisch verletzlichen Erwachsenen jahrelang übersehen haben, sind in den letzten Jahren Bestandteil unserer gemeinsamen Arbeit geworden: Wir haben dabei ein eigenes Betreuungsangebot für „vergessene Kinder" und zwar die so genannte Ressourcen-/Belastungsanalyse – vor allem in Kooperation mit Jugendämtern – ins Leben gerufen (www.sinn-evaluation.at).

Dabei geht es um das gemeinsame Erfassen bestehender Ressourcen und Herausforderungen in individuellen Familiensystemen, unter Einbeziehung relevanter Kooperationspartner. Das Produkt eines solchen Unterstützungsprozesses stellt die Einschätzung der psychischen Widerstandskraft des Kindes und der Familie dar, repräsentiert über eine so genannte „Resilienzlandkarte".

Manfred Pretis
Graz, im September 2010

Von der Ausbildung bin ich Psychiaterin. Seit ich mit Kindern psychisch verletzlicher Eltern arbeite, erlebe ich, dass es keineswegs schwer fällt, die Bedürfnisse sowohl der erwachsenen Patienten als auch jene von Kindern im Auge zu behalten. Ich stelle mir nicht mehr die Frage, wie es den Kindern geht. Es ist mir klar geworden, dass jedes Kind im Lebenszusammenhang psychischer Verletzlichkeit unter einer Belastung lebt. Dies mag zwar von Erkrankung zu Erkrankung und auch individuell von Kind zu Kind unterschiedlich sein, es handelt sich jedoch in jedem Fall um einen Stressor. Durch einen respektvollen Umgang mit der psychischen Verletzlichkeit der Eltern gelingt es meist gleichzeitig, die Aufmerksamkeit der Eltern auf Bedürfnisse der Kinder zu lenken. Auch als Erwachsenenpsychiaterin verliert man im Sinne der Loyalität des Behandelnden keineswegs die Patienten, wenn die Bedürfnisse der Kinder angesprochen werden.

Noch immer stellt sich jedoch die Frage: „Was passiert denn eigentlich mit den Kindern psychisch kranker Eltern? Wer von den Fachleuten kümmert sich um diese Kinder? Welche Art von Hilfe oder Unterstützung benötigen sie?"
Welche professionellen Hilfen sind für Kleinkinder psychisch kranker Eltern zugänglich, welche Methoden sind wirksam, wer ist zuständig? Der Hausarzt, die Sozialarbeiterin des Jugendamtes, der Facharzt für Psychiatrie, das Sozialpädiatrische Zentrum oder die Frühförderstellen? Die Auseinandersetzung damit führte uns immer mehr in Richtung der frühen Erkennung möglicher Risiken, der Diagnostik und Behandlung bzw. Begleitung von Kleinkindern, d. h. fachlich in Richtung Frühförderung und frühzeitiger Prävention: „Besser früher fördern als später behandeln."
Aus unserer Erfahrung reagierten unterschiedliche Unterstützungssysteme (Sozialarbeit, Kliniken, Gerichte) erst dann, wenn eine Gefährdung des Kindeswohls im Zusammenhang mit der Psychopathologie der Erkrankten vorhanden war. In solchen Fällen stellten kurz- oder langfristige Unterbringungen des Kindes auf einen Pflegeplatz meist die einzige mögliche Lösung dar. Manchmal geschah dies innerhalb von einigen Stunden, meist unter für das Kind traumatisierenden Bedingungen, wenn unter Mithilfe der Exekutive ein Zwangseinweisungsformular (bei Selbst- oder Fremdgefährdung) ausgestellt wurde und Kinder auf Initiative der zuständigen Sozialarbeiter und Gerichte auf Krisenpflegeplätzen untergebracht wurden. Oder im besseren Fall innerhalb von einigen Tagen, bis eine geeignete Unterbringung der Kleinkinder gefunden wurde. Zwischen einem Viertel und einem Drittel der Kinder akut psychisch Erkrankter leben getrennt von ihren Eltern. Auch wenn sich die Psychose beim Erkrankten sehr ausgeprägt manifestiert, bleibt bei den betroffenen Eltern fast immer ein Gefühl der „Elterlichkeit" und Schmerz, dass ihre Kinder „weggenommen" werden müssen, wenn auch manchmal nicht so stark ausgeprägt wie vor der Erkrankung.

Die Entscheidung der Behörde, ein Kind vom erkrankten Elternteil zu trennen, ist in keinem Fall leicht. Für alle Beteiligten ist dies eine hochemotionale Situation.

Für das Kind bedeutet dies eine – wenn auch zeitweise – Trennung vom Vater oder der Mutter (sofern die Betreuung nicht innerhalb der Familie aufrecht erhalten bleiben kann). Aus der Sicht der Erkrankten, aber auch aus der Sicht der Kinder wird die Separierung häufig als eine zusätzliche Bestrafung (neben der eigentlichen Erkrankung) betrachtet. Ein Kind, wenigstens zeitweise vom Vater oder von der Mutter zu trennen, (wobei wir damit nicht nur die leiblichen Eltern meinen) ist eine sehr verantwortungsvolle Entscheidung, die die Gerichte treffen müssen. Aus diesem Grund erleben wir häufig Strategien des Abwartens „bis es nicht mehr geht", am häufigsten bis zu jenem Zeitpunkt, wenn Gefahr im Verzug ist.

Unsicherheitsgefühle und Fragen stellen sich auch nach der getroffenen Entscheidung ein: „War das wirklich notwendig? War das die richtige Entscheidung? Wären andere Interventionen vorher möglich gewesen?" Es scheint nicht sosehr am Verständnis der Jugendämter für die Bedürfnisse der Kinder zu scheitern, sondern eher an der Verfügbarkeit spezifischer Dienste und Methoden, möglicherweise auch am nötigen sozialpsychiatrischen Wissen.

Kinder können jahrelang im Kontext psychischer Verletzlichkeit ihrer Eltern leben, bis Alarmzeichen so ausgeprägt sind, dass sie für die Umgebung „auffällig" werden. Auch der gesunde Elternteil befindet sich in einer für seine Anpassungsmechanismen anspruchsvollen Situation. Für eine entwicklungsförderliche Unterstützung des Kindes steht sehr häufig wenig Kraft zur Verfügung. Es muss uns jedoch klar sein, dass das Aufwachsen in einer Situation psychischer Erkrankung meist keineswegs dem entspricht, was in unserer Gesellschaft als entwicklungsförderliches Ambiente bezeichnet werden darf. Aus diesem Grund erscheint die frühe präventive Förderung sinnvoll. Sie stellt jedoch keinen Ersatz für Sozialarbeit, Sozialpsychiatrie, Fachärzte u.a. dar, sondern soll Kinder und Familien über die vorhandenen Angebote hinaus „stärker" machen. Diese Stärkung haben sie auch dringend nötig: Bei einem ausgeprägt manifestierten Krankheitsbild verliert das Kind vorübergehend, emotional und bisweilen auch physisch seinen erkrankten Elternteil und erhält meist gleichzeitig weniger Zuwendung vom gesunden Elternteil. Daneben ist die genetische Basis psychischer Krankheiten für die betroffenen Kinder nicht außer Acht zu lassen, auch wenn die genetische Prädisposition erst im Zusammenspiel mit Stressoren stärker zutage tritt.

Wie können wir diese auch emotional-vergessenen Kinder am besten unterstützen, damit sie den Krankheitsverlauf ihres psychisch erkrankten Vaters oder ihrer Mutter mit geringstem Risiko für ihr eigenes Wohlbefinden und größtmöglicher psychischer Stabilität bewältigen? Die frühe Förderung kann diesen Kindern die notwendige psychische Überlebenshilfe bieten, ganz im Sinne, dass Unterstützung umso wirksamer und effizienter ist, je früher sie einsetzt.

Aleksandra Dimova
Graz, im September 2010

Hinweis:
Aus Gründen der Lesbarkeit verwenden wir im Text bei Personenbezeichnungen in der Regel nur die männliche Form, womit jedoch selbstverständlich jeweils beide Geschlechter gemeint sind.

**? Fragen zur Selbstevaluation der Fachkräfte**

- Wie gestaltet sich mein Kontakt zu niedergelassenen Fachärzten für Psychiatrie und Neurologie oder psychosozialen Zentren in meinem Kreis/Bezirk?
- Wie sicher bin ich mir in meinem eigenen fachlichen Modell und welche Begrifflichkeit verwende ich dafür?
- Was hilft mir, mich in der Kommunikation mit fachpsychiatrischen Diensten sicher zu fühlen?
- Wie vermittle ich Respekt vor der Meinung des anderen, und welchen Respekt fordere ich für meine Arbeit als Fachkraft in der Frühförderung ein?
- Wo liegen für mich die Grenzen der Zusammenarbeit mit anderen Professionen, wie erkenne ich nichtkooperatives Verhalten und wie schütze ich mich davor?
- Wie gehe ich vor, wenn ich die Hypothese habe, dass das „Problem" des betreuten Kindes mit einer psychischen Erkrankung eines Elternteiles zusammenhängen könnte?

## 2 Vergessene Kinder

### 2.1 Auffällige Unauffälligkeit

Ein zufälliger Befund

Beim ersten Besuch des interdisziplinären Teams der Kreisbehörde, bestehend aus Sozialarbeiterin und Psychologen, lernten wir Paul kennen, als er 1;6 Jahre alt war. Das örtliche Krankenhaus hatte Anzeige erstattet, da der Junge im Gesicht Blutergüsse zeigte, die nach Angaben der Mutter daher rührten, dass er gegen die Gitterstäbe seines Bettes gestürzt sei. Das Krankenhaus sprach jedoch auch den Verdacht auf Misshandlung aus: dass der Junge möglicherweise von außen aktiv gegen die Gitterstäbe gedrückt worden sei. Paul lautierte, schaukelte im Gitterbett mit seinem Oberkörper und hinterließ bei uns den Eindruck eines schwerstbehinderten Kindes.

Seine Mutter lebte in einem Haus, das als „ewige Baustelle" bezeichnet werden konnte: Elektrokabel hingen von der Decke, das Wohnzimmer war ungeheizt. Die Mutter schilderte getrieben ihre Sorgen, wann endlich ihr Sohn zu sprechen beginnen werde. Sie fühle sich nervös, ihre Unruhe würde sich jedoch ändern, sobald sie wieder eine Arbeit finden würde.

Im Gespräch wechselte die Mutter von einem Thema zum anderen, sprang bisweilen vom Sofa auf, um ihren Sohn zu umarmen, reagierte aber kaum, als Paul nach seinem Fläschchen schrie. Der Kindesvater, mit dem sie sich nach einer wiederholten Trennung gerade wieder versöhnt hatte, war erbost über die Anzeige des Krankenhauses. Vom nahe gelegenen psychosozialen Zentrum hielt er nicht viel, da seine Frau durch die verabreichten Medikamente so schläfrig sei. Zurzeit sei die Situation gerade besser, da er aufgrund des Verlustes seines Arbeitsplatzes zu Hause sei und seine Frau unterstützen könne. Er sei sich zwar bewusst, in welchen häuslichen Umständen sie leben würden, aber er könne zurzeit nichts dagegen tun. Seine Frau war auch wieder schwanger.

Uns war allzu deutlich, dass Paul dringend eine Unterstützung benötigte, wenn auch die primäre Klientin seine Mutter war. Diese nahm zu diesem Zeitpunkt jedoch noch nicht den Rat, fachpsychiatrische Hilfe in Anspruch zu nehmen, an. Um Paul jedoch einen einigermaßen entwicklungsförderlichen Lebensraum zu schaffen, schlugen wir zur *Förderung der Sprache und des Spielverhaltens* mobile Hausfrühförderung einmal wöchentlich vor. Die Eltern nahmen dieses Angebot an, lehnten jedoch eine fachärztliche Betreuung im psychosozialen Zentrum weiter ab, da dies „nichts bringe". Die Unruhe und Umtriebigkeit seiner Frau werde sich sicherlich ändern, sobald sie wieder arbeiten gehen könne.

Bei einem Kontrollbesuch ein Jahr später hatte sich an der Wohnsituation kaum etwas verändert: Frau O. erschien in höherem Maße unruhig und getrieben, führte dies jedoch auf den Tod ihrer Mutter zurück, die eine Stütze für sie und ihre Kinder war. Im Ort selbst hatte sie kaum Sozialkontakte, da sie von der Bevölkerung gemieden wurde. Die zuständige Sozialarbeiterin beschrieb, dass Frau O. nunmehr mit ihren beiden Kindern vormittags sehr viel unterwegs sei und beinahe täglich mit ihr Kontakt halte. An einem Tag wünschte sich Frau O. Erziehungsratschläge für das nunmehr ungestüme Verhalten ihres zweiten Sohnes, an einem anderen Tag drohte sie der Sozialarbeiterin, sie „anzuzeigen", da sie sich zu sehr in ihre Familienangelegenheiten mische.

Auf Vorschlag der Frühförderin und aufgrund guter Fördereffekte wurde eine Intensivierung der Frühförderung auf zwei Einheiten pro Woche vorgeschlagen: Paul war damals in der Lage, Zweiwortsätze zu produzieren, nahm mit uns Blickkontakt auf, forderte aktiv zum Mitspielen auf und konnte sich wenigstens kurz mit einem Spielzeug beschäftigen, ohne dass dieses durch das Wohnzimmer geschleudert wurde. Der Vater, von dem sich die Mutter mittlerweile wieder kurzfristig getrennt hatte, war während des Gesprächs auch anwesend, da er aufgrund eines Arbeitsunfalls längere Zeit arbeitsunfähig war. Wieder beschrieb er, dass seine Frau durch Medikamente sehr müde gewesen sei und dass er wenig vom psychosozialen Zentrum halte. Der Kontakt zur Sozialarbeiterin sei jedoch intensiv, wenn auch konflikträchtig: Frau O. rief beinahe täglich an, um sie zu beschimpfen oder ihre Hilfe in den höchsten Tönen zu loben.

Paul war beim dritten Kontrolltermin 3;6 Jahre alt und sollte in Kürze den Kindergarten besuchen. Es war möglich, mit ihm Einzelitems des Kaufman-Entwicklungstests (Kaufman/Kaufman 1994) durchzuführen, wobei noch in einigen Bereichen deutliche Entwicklungsverlangsamungen zu beobachten waren, generell trat jedoch im Vergleich zum ersten Hausbesuch eine deutliche Stabilisierung ein. Ziel der Frühförderung war vor allem der Aufbau strukturierten Spielverhaltens und das Abschließen von „Handlungsbögen (Pretis 2005). Zum kleineren Geschwisterkind verhielt sich Paul ambivalent: Bisweilen stieß er ihn von sich weg, in anderen Situationen „stürzte" er sich auf ihn und umarmte ihn, sodass Florian zu schreien begann. Florian selbst zeigte motorisch sehr unruhiges Verhalten, kletterte mit seinen 2;5 Jahren überall hin, kannte keine Gefahren und belastete die Nerven der Mutter. Es würde sich nach ihrer Ansicht jedoch alles ändern, sobald sie erst berufstätig sei.

Paul konnte mit 4 Jahren den Kindergarten besuchen und erhielt eine sonderpädagogisch-psychologische Integrationshilfe. Für Florian wurde aufgrund erster Anzeichen eines Aufmerksamkeits-/Hyperaktivitätssyndroms (Brandau et al. 2006) mobile Frühförderung empfohlen. Die Frühförderin konnte somit beinahe kontinuierlich „weiterfördern". Die Kindesmutter von Paul verließ, als Paul 5 Jahre alt war, die Familie. Sie hatte sich verliebt und hoffte mit dem neuen Freund, einen neuen Anfang machen zu können. Einen Arbeitsplatz hatte sie bislang nicht gefunden.

Paul und Florian hatten gewissermaßen Glück. Trotz der Verdachtsdiagnose „Schizophrenie" der Mutter konnten frühzeitig Unterstützungsmaßnahmen eingeleitet werden: vorerst mobile Hausfrühförderung und engmaschiger, wenn auch ambivalenter Kontakt zur Sozialarbeiterin, im Alter von 4 Jahren unterstützende Dienste im Kindergarten.

Das Schicksal von Paul und Florian ist kein Einzelfall: Psychische Erkrankungen im weiteren Familienkontext betreffen bis zu 20 % der Kinder und Jugendlichen. (BKK/BApK 2010). Strukturierte Unterstützungssysteme bzw. klar definierte Zuständigkeiten sind selten, häufig beruht das Erfassen der Kinder schlichtweg auf Zufällen: Vor allem das Zusammenspiel verschiedenster Strukturen (Krankenhaus, das die Anzeige erstattete, Jugendamt, das sowohl als Kontrolle als auch Unterstützung erlebt wurde, Frühförderstelle, begleitende Dienste und psychsosozialen Zentrum) ermöglichten – wenigstens für die beiden Kinder – Angebote, um mit vorhandenen Risikofaktoren besser umzugehen. Obwohl Prognosen aus der Retrospektive schwierig erscheinen, darf gerade bei Paul davon ausgegangen werden, dass er ohne entsprechende frühe Förderung deutlichere Auffälligkeiten zeigen und möglicherweise als schwerstbehindertes Kind etikettiert würde. Das zuständige Kreisamt ersparte sich eine spezifische Unterbringung in einem heilpädagogischen Kindergarten und somit monatliche Mehrkosten in Höhe von 800 Euro (Stand 2000). Zum Zeitpunkt der Erfassung zeigte Paul bereits erste Anzeichen eines Deprivationssyndroms, diese wurden jedoch glücklicherweise per Zufall „entdeckt".

### Die soziale Akzeptanz des Rückzugs

Auch Dieter wurde – im Zuge eines Pflegschaftsverfahrens – vom Jugendamt zur Abklärung an einen begleitenden Dienst überwiesen. Dieter (3 Jahre) kam mit seiner Mutter zur entwicklungspsychologischen Untersuchung, wobei seine Mutter uns anfangs mitteilte, dass alles in Ordnung sei. Dieter sei nur ein wenig anhänglich, spreche nicht mit Fremden, fühle sich jedoch zu Hause sehr wohl. Seine Entwicklungsprobleme seien nur auf seine Schilddrüsenunterfunktion (Hypothyreose) zurückzuführen. Er müsse auch noch nicht den Kindergarten besuchen, da sie als Mutter aufgrund fehlender Arbeitsmöglichkeiten zu Hause sei und für Dieter sorgen könne. Dieter spielte in der Nachbarschaft nicht so gerne mit anderen Kindern, da über die Familie „schlecht geredet" würde. Die Mutter sei auch sehr interessiert, wie wir überhaupt Informationen über Dieter erhalten hätten. Sie vermutete einen Komplott der Sozialarbeiterin. Mit Dieter sei alles in Ordnung, das Jugendamt mische sich zu sehr ein. Zum Vater von Dieter bestehe kein Kontakt, sie möchte auch seinen Namen nicht preisgeben. Es gehe in der Untersuchung um Dieter, nicht um sie oder ihre Belange.

Dieter verließ den Schoß seiner Mutter während der Beratungssituation für keine Sekunde, hielt krampfhaft die Hand seiner Mutter und vermied Augenkontakt. Er machte sich bei seiner Mutter vor allem durch Gesten verständlich, das äußerst attraktive Spielmaterial (Staabs 1964), das Dieter geboten wurde, berührte er während der gesamten Stunde nicht, auch wenn er immer wieder einen kurzen verschämten Blick darauf warf.

Es war möglich, Frau L. dahingehend zu motivieren, dass sie zur *Vorbereitung des Kindergarteneintrittes* eine spezielle Förderung für Dieter akzeptierte; nicht jedoch zu Hause, denn sie wolle nicht, dass eine fremde Person nach Hause komme. Frühförderung im nahe gelegenen Sozialzentrum wurde vereinbart, das Jugendamt sollte jedoch nichts davon erfahren. Wir mussten „hoch und heilig" versprechen, die Sozialarbeiterin nicht zu informieren, obwohl diese den Antrag der Mutter bearbeiten musste.

In einer Reflexionseinheit mit der betreuenden Frühförderin äußerte uns diese den Verdacht, dass Frau L. deutliche Zeichen eines „Putzzwanges" habe und deshalb niemanden in ihre Wohnung lasse. Die Frühförderung mit Dieter laufe gut, Dieter kommuniziere mit ihr. Frau L. beobachtete jedoch während der gesamten Einheiten sehr genau, was die Frühförderin machte. Gespräche über ihre eigene Situation lehnte Frau L. ab. Auch die Weigerung der Mutter, Kontakt zum leiblichen Vater aufzunehmen, konnte durch die Frühförderung nicht verändert werden. Die wöchentlichen Einheiten gestalteten sich für die Fachkraft – solange sie nur mit Dieter arbeitete – angenehm, Gespräche mit der Mutter waren immer sehr schwierig und kräfteraubend, da die Mutter das Gefühl hatte, die Fachkraft würde sie nur „aushorchen". Nach längeren Förderpausen fiel Dieter wieder in sein Rückzugsverhalten zurück, ein Eintritt in den Kindergarten war jedoch beabsichtigt, wobei dieser nichts von der Frühförderung erfahren dürfe.

Die Auffälligkeit von Dieter war weitaus „unauffälliger" als bei Paul und Florian und wurde erst durch eine Intervention des Jugendamtes deutlich, als es um die Frage des Besuchsrechtes zum Vater ging. Dieter zeigte deutliche Zeichen beginnender Überängstlichkeit, Tendenz zu elektivem Mutismus und zu Vermeidungsverhalten. Dass Dieter mit niemandem Fremden sprach (als Symptom des elektiven Mutismus), fiel kaum auf, da seine Mutter sehr isoliert lebte.

Dieters Überängstlichkeit kam dem Wunsch seiner Mutter entgegen, ihr Kind vor der „bösen Umwelt" schützen zu wollen: dass es ihrem Liebling besser gehen solle als ihr, da sie vom Leben und den Menschen nur enttäuscht worden sei. Dazu kommt, dass Störungen des emotionalen und sozialen Verhaltens mit sozialem Rückzug viel häufiger als „unauffällige Normvariante" akzeptiert werden als „externalisierende" Störungen, die z. B. mit aggressiven oder herausfordernden Verhaltensweisen einhergehen

(Achenbach 1991a, b). Die Inanspruchnahme von Hilfe bei externalisierenden Störungen ist deutlich höher als bei Störungen mit Überängstlichkeit und sozialem Rückzug, vor allem was Kleinkinder betrifft.

Dieter wäre noch bis zum Schulbeginn in der Obhut der Mutter geblieben und hätte mit hoher Wahrscheinlichkeit bis dahin eine Störung des Sozialverhaltens mit massiver Unsicherheit und Überängstlichkeit entwickelt, die einen Schulbesuch äußerst schwierig gemacht hätte. Der Weg der Akzeptanz einer Unterstützungsmaßnahme war jedoch bei Dieter ungemein schwieriger als bei Paul und Florian, da zu keinem Zeitpunkt Leidensdruck bzw. Krankheitseinsicht von Seiten der Kindesmutter vorhanden waren und sie das Förderangebot nur in Anspruch nahm, da es „nicht schaden könne". Nur die Kompromisslösung, Dieter im Sozialzentrum zu fördern – ohne Wissen der „Behörden" – ermöglichte die Annahme des Angebotes. Dieter konnte im Kindergarten integriert werden, eine Kontrolluntersuchung zeigte deutliche Veränderungen in Bezug auf seine Unsicherheit und seine Sprachverweigerung. Die Verdachtsdiagnose eines „Putzzwanges" konnte für die Mutter nicht bestätigt werden, da Frau L. jede Abklärung bzw. jedes Beratungsangebot verweigerte. Mit höherer Wahrscheinlichkeit kann jedoch davon ausgegangen werden, dass es sich um eine Persönlichkeit mit paranoiden Merkmalen gehandelt hat. Gleichzeitig konnten von Seiten des Pflegschaftsgerichts keine Anzeichen einer offensichtlichen Vernachlässigung oder einer Gefährdung des Kindeswohls nachgewiesen werden.

## Die Auffälligkeit der Überangepasstheit

Oswald (5 Jahre) fiel erst im Kindergarten den Pädagoginnen auf: Er wirkte tagsüber abwesend, teilweise verkroch er sich in der Kuschelecke und schlief ein. Er zeigte kaum Interesse an Gruppenangeboten, bisweilen begann er ohne Grund zu weinen. Einmal äußerte er, dass er seine Mutter am Boden liegend in der Nacht gefunden habe. Auch gingen nach seinen Angaben immer fremde Männer in der Nacht im Haus ein und aus. Als er einmal äußerte, dass er nicht mehr leben möchte, waren die Pädagoginnen endgültig alarmiert und riefen nach Hilfe. Als begleitender Dienst wurden wir – mit Einwilligung der Mutter – gebeten, Oswald im Kindergarten zu beobachten. Die Diagnostik erwies sich als schwierig: Oswald machte bei allen Spielen mit, zeigte im Entwicklungstest eine altersgemäße Leistungsfähigkeit, ordnete sich anderen Kindern unter, fügte sich jedem Wunsch der Kindergartenpädagogin, wirkte jedoch bisweilen verträumt und verloren. Wir waren uns selbst nicht sicher, ob bei Oswald eine Indikation für eine Integrationshilfe vorlag.

Frau R., die sich gerade von ihrem Mann trennte, wurde vom begleitenden Dienst des Kindergartens zu einem Gespräch eingeladen. Sie beschrieb, dass sie an Panikattacken leide, die sie mehr oder minder mit Medikamenteneinnahme kontrollieren könne. Sehr schwer falle ihr jedoch das Autofahren. Sie sei bei einem Facharzt in psychiatrischer Behandlung, wobei mit der Trennung vom Vater die Symptome wieder schlechter geworden seien. Oswald habe sie bereits einmal ohnmächtig in der Nacht gefunden. Er sei jedoch ein tapferer Junge und kümmere sich auch gut um seine drei jüngeren Geschwister. Die Äußerungen ihres Sohnes im Kindergarten machten ihr Sorgen. Bisweilen habe sie auch das Gefühl, dass sie den gesamten Haushalt nicht mehr alleine schaffe.

Für Frau R. wurde eine Familienhilfe organisiert, die der Mutter vor allem am Abend helfen sollte, die vier Kinder zu Bett zu bringen; nach dem Kindergarten konnte an drei Tagen eine Sozialbetreuung für die Kinder in Anspruch genommen werden. Eine Überweisung an einen Kinderneuropsychiater sollte die Verdachtsdiagnose einer frühkindlichen Depression bei Oswald abklären. Diese Untersuchung wurde jedoch leider nie durchgeführt, da die Mutter sich außer Stande sah, in die Klinik zu fahren. Oswald kam kurz darauf in die Schule, wobei präventiv psychotherapeutische Hilfe beim Jugendamt beantragt wurde.

Oswald reagierte lange Zeit in der belasteten Familiensituation „wie ein kleiner Erwachsener". Seine Zeichen wurden erst relativ spät von den Pädagoginnen im Kindergarten als „Auffälligkeit" erkannt, indem er auf die bestehenden Belastungen kaum reagierte. Es blieb auch für uns fraglich, ob Oswald so gut gelernt hatte, seine Belastung zu bagatellisieren bzw. zu verschleiern oder genügend Ressourcen hatte, sie zu bewältigen. Bisweilen schien er zu dekompensieren („ich will nicht mehr leben"), was letztendlich von uns als Alarmsignal und Indikation für eine neuropsychiatrische Abklärung bzw. Psychotherapie galt. In der Familie übernahm er bisweilen die Rolle des Familienoberhauptes, das für drei weitere Kinder sorgte. Dies führte schlussendlich dazu, dass eine Familienhilfe zur Entlastung der Familiensituation vorgeschlagen wurde.

Dass in den drei dargestellten authentischen Fallbeispielen nur von psychisch kranken Müttern gesprochen wurde, beruht auf Zufall, verweist jedoch möglicherweise darauf, dass es noch schwieriger ist, Väter mit psychischen Problemen zu erreichen. Generell muss jedoch betont werden, dass psychische Erkrankungen – zwar mit Unterschieden in den Diagnosen – grob gesagt zwischen Männern und Frauen über die gesamte Lebenszeit hinweg gleich verteilt sind. In der Betreuungssituation von Kleinkindern spielen die Väter zwar eine immer größere Rolle. So ist der Anteil der Väter in Deutschland, die Elternzeit (in Österreich: Väterkarenz) nehmen, in den letzten Jahren auf ca. 20 % angestiegen (Statistisches Bundesamt 2010) – in Österreich sind ca. 4,9 % der Eltern, die Elterngeld in Karenz beziehen, Väter (ohne Verfasser 2010) – trotzdem ist jedoch die Mutter in den meisten Fällen noch die Hauptbezugsperson. Daher erscheint der Stellenwert der psychischen Erkrankung der Mutter für die Entwicklung des Kindes insgesamt höher und findet somit auch häufiger Eingang in Falldarstellungen.

Das große Risiko, dass kleine Kinder psychisch erkrankter Eltern vergessen werden, liegt einerseits in ihrer *unauffälligen Auffälligkeit*. Andererseits – wie im Eingangskapitel beschrieben – liegt der Fokus der Erwachsenenpsychiatrie noch immer sehr auf den Patienten (Eltern) und nicht so sehr auf komplexen Familien. Deswegen werden sie auch häufig als „vergessene Kinder" (Küchenhoff 2001) bezeichnet:

- Ihre Botschaften werden von Seiten der Erwachsenen, auch der Fachkräfte, erst sehr spät wahr- und ernst genommen.
- Fachkräfte, vor allem Psychiater im Erwachsenenbereich, schenken der Entwicklung von Kindern der Patienten kaum Beachtung: sei es, dass die Behandlung selbst sehr viel Energie bindet, sei es, dass das professionelle Wahrnehmungssystem Angehörige erst im Zuge der Öffnung der Psychiatrie langsam zu integrieren beginnt, jedoch noch nicht die Kinder psychisch Erkrankter erreicht hat.
- Mit Ausnahme des Bereichs der Alkoholerkrankungen sind bis auf beginnende Modellprojekte kaum institutionalisierte Strukturen für Kleinkinder vorhanden, die für diese auch selbständig *zugänglich* sind. Im Schulkind- und Jugendalter sind leichter erreichbare Angebote zu beobachten, auch mittels neuer Medien, z. B. Internetnotrufe, Telefonhotlines, Kummernummern oder -netze).
- Kinder psychisch kranker Eltern nehmen über lange Zeit ihre Situation nicht als „verstört" und „krankmachend" wahr, da die Lebenssituation mit ihrer Familie meist ihre *einzig „reale"* ist und erst durch den sozialen Vergleich Leidensdruck entsteht. Dies geschieht oftmals erst im Schulalter, dann jedoch häufig geprägt von Scham, keine „normale" Familie oder adäquate Hilfe zu haben (Dunn o.J.). Viele Kinder wissen nicht einmal, was mit dem Vater oder der Mutter los ist. Sie spüren etwas und schweigen instinktiv.
- Sie verfügen meist kaum über Möglichkeiten, ihren Leidensdruck zu artikulieren, da die belastenden Situationen atmosphärisch spürbar, jedoch kaum aus ihrer kindlichen Sicht beschreibbar sind oder nicht ernst genommen werden.
- Häufig herrscht ein (aktives) Kommunikationsverbot in der Familie: Die Kinder bekommen das Gefühl, mit niemandem über ihre Familie sprechen zu dürfen, und befürchten, ihre Eltern zu verraten, wenn sie von den Schwierigkeiten zu Hause erzählen (Mattejat/Lisofsky 2001). Deswegen leben viele Kinder isoliert und haben niemanden, mit dem sie über ihre Probleme sprechen können.
- Von Seiten der gesamten Familie können Kinder mit einem Kommunikationsverbot belegt werden, da die Eltern befürchten, dass ihnen bei Bekanntwerden des „Geheimnisses" die Kinder „weggenommen" werden.
- Vor allem Kleinkinder psychisch kranker Eltern zeigen sehr unspezifische Symptome, wobei internalisierende Störungen oder die frühe Übernahme von Erwachsenenrollen (Parentifizierung siehe Kapitel 3) kaum als mögliches „Störungsbild" diagnostiziert werden. Weder der österreichische

Mutter-Kind-Pass noch die deutschen Untersuchungshefte erscheinen als valides Instrument, diskrete Veränderungen bei Kindern zu messen. Meist war zum Zeitpunkt der Erstvorstellung „alles in Ordnung".

- Kinder psychisch kranker Eltern haben kaum eine Lobby in der Gesellschaft, da Menschen mit psychischer Erkrankung in höherem Maße sozialer Stigmatisierung und Ausschluss ausgesetzt sind als z. B. Menschen mit Behinderung. Psychische Symptome wird noch immer sehr stark mit persönlicher Schuld in Verbindung gebracht. Als negatives Paradebeispiel seien Ratschläge an Patienten mit Depression zu erwähnen, sich nicht „gehen zu lassen" und sich endlich „zusammenzureißen". Psychische Erkrankung darf als das letzte große Tabu unserer „Spaßgesellschaft" angesehen werden.

Die Kinder in den drei Fallgeschichten konnten zu jeweils unterschiedlichen Zeitpunkten Hilfe in Anspruch nehmen, wobei deutlich ist, dass die frühe Förderung *eine* Unterstützungsmaßnahme darstellt, keineswegs jedoch die fachärztliche, psychotherapeutische oder fachpsychologische ersetzen kann, die meist auf Freiwilligkeit und minimaler Krankheitseinsicht beruht. Frühförderung kann keine Zwangs- oder Kontrollmaßnahme darstellen, auch wenn Jugendämter eine solche Funktion gerne delegieren möchten. Jeweils im Einzelfall ist somit abzuklären, welche Unterstützungsmaßnahme am besten zu den Bedürfnissen der Familie passt und angenommen werden kann – ganz im Sinne moderner Effizienz und Effektivitätsforschung sozialer Dienstleistungen (Guralnick 1997).

Trotz des Verweises auf die Freiwilligkeit des Angebotes sollte die Förderung der seelischen Gesundheit und der psychischen Entwicklung von Kindern nicht nur auf Zufällen beruhen. Frühe Förderung von Kleinkindern psychisch kranker Eltern bedarf einer strukturierten Vorgangsweise und nachvollziehbarer Zugänglichkeit zu Unterstützungsstrukturen. Ein solches Vorgehen ist zurzeit in Europa kaum zu beobachten. In der Ottawa-Charta (1986) werden drei Handlungsstrategien der Gesundheitsförderung beschrieben, die in verstärktem Maße auch für Kinder von psychisch erkrankten Eltern gelten:

- die Anwaltschaft auf Gesundheit
- das Befähigen und Ermöglichen gesundheitsfördernden Verhaltens
- die Vermittlung und Vernetzung fördernder Strukturen

Die UN-Kinderrechte-Konvention definiert es als Aufgabe von Erwachsenen, „für kinderfreundliche Lebensbedingungen zu sorgen" (UN 1989). Falls Eltern diese Rolle erschwert übernehmen können, sollte es die Aufgabe des Gemeinwesens sein, kinderfreundliche Lebensbedingungen auch für unsere Zielgruppe zu schaffen. Überspitzt formuliert, gibt es keine „vergessenen Kinder, nur Erwachsene, die sie vergessen" (Dimova/Pretis 2003).

## 2.2 Ein neues Problem? Zwischen erhöhter Sensibilität und realem Anstieg psychischer Verletzlichkeit

### 2.2.1 Epidemiologische Daten

In Bezug auf Kinder im Kontext psychischer Erkrankungen der Eltern ist mindestens von einer Hochrisikopopulation von 3 % auszugehen (Schmid/Lisofksy 2000). Werden auch Kinder im Kontext von Suchterkrankungen inkludiert, so steigt die potenzielle Risikopopulation auf bis zu 25 % (Maybery et al. 2005). Dies spiegelt letztendlich auch die Einjahresprävalenz von Erwachsenen in Richtung psychischer Krisen wider (Eikelmann 1998). Damit sind sie in höherem Ausmaß gefährdet, später selbst krank zu werden, wenn beide Elternteile an Schizophrenie erkrankt sind, beträgt dieses Risiko z. B. beinahe 50 % (Mattejat/Remschmidt, 2008). Entstehende Projekte von Seiten der Jugendwohlfahrtsträger bzw. von NGOs (Non Governmental Organisations, siehe unten) sowie eine verstärkte Nachfrage nach Fortbildung durch die Fachkräfte verdeutlichen, dass sich Frühförderstellen, Kostenträger und Verwaltungsbehörden in verstärktem Maße um die Anliegen von Kindern psychisch kranker Eltern bemühen. Diese Gruppe hatte bislang wenigstens im deutschsprachigen Raum mit wenigen Ausnahmen (Remschmidt/Mattejat 1994a, b) kaum ein Sprachrohr in der Öffentlichkeit: Psychische Erkrankung ist noch immer mit hoher Stigmatisierung verbunden.

In den bislang bekannten Risikozahlen von Behinderung (Trost 1991; Pretis 2001) fällt diese Gruppe der Kinder direkt nicht auf, indirekt ist zu beobachten, dass sie je nach Verständnis der betreuenden sozialen und sozialpsychiatrischen Strukturen über unterschiedliche Titel Betreuung fanden – wenn auch häufig wenig spezifische: Die Zuständigkeit unzähliger Strukturen erschwert dabei ein abgestimmtes Vorgehen. Weiterhin lässt sich ein Mangel an fachpsychiatrischen Kompetenzen in den Jugendäm-

Tabelle 1: Einschätzung des Auftretens von Behinderungen in Prozent eines Geburtenjahrganges

| | |
|---|---|
| Kinder mit geistiger Behinderung | 0,4 % |
| Kinder mit physischen Beeinträchtigungen | 0,35 % |
| Kinder mit Hörschädigung | 0,35 % |
| Kinder mit Sehschädigungen | 0,265 % |
| Kinder mit Lernbehinderung | 0,6 % |
| Kinder mit sozialen Risiken | 1 % |
| Kinder mit Beeinträchtigungen der Sprache und des Sprechens | 3 % |
| Geschätzte **Gesamtrisikopopulation** „behindert oder von Behinderung bedroht" | **5,965 %** |

tern beobachten. Dazu kommt, dass die Fallzahlen der niedergelassenen Psychiater – bis zu 60 Patienten pro Tag – es kaum erlauben, sich über lokale Frühförderstrukturen oder spezifische Hilfsangebote für Kleinkinder ein Bild zu machen.

Internationale Vergleichszahlen in Bezug auf die Erfassung von Kindern mit Entwicklungsrisiken gehen europaweit von bis zu 7 % pro Geburtenjahrgang aus (European Association on Special Needs Education 2003). Pro Kindergarten (mit durchschnittlich 50 Kindern) würde dies bedeuten, dass mindestens drei Kinder mit besonderen Bedürfnissen zu betreuen wären, zwei davon mit mindestens einem Elternteil mit psychischer Erkrankung.

Genaue Zahlen über jene Kinder, die mit einem oder zwei psychisch erkrankten Elternteilen aufwachsen, liegen zum gegenwärtigen Zeitpunkt, was die frühe Erfassung betrifft, nicht vor. Für Deutschland werden 500.000 betroffene Kinder angenommen (Schmidt/Lisofsky 2000), die direkt von der psychischen Erkrankung mindestens eines Elternteiles betroffen sind. In Österreich ist von 50.000 (ca 0,6 % der Gesamtbevölkerung) betroffenen Kindern die Rede (ohne Verfasser 2009).

Die Erkrankung eines Elternteiles selbst stellt meist nur einen Belastungsfaktor dar: Mehr als die Hälfte der Partnerschaften zerbrechen, mehr als ein Drittel der Psychiatriepatienten leben dauerhaft getrennt von ihren Kindern (Gundelfinger 2002). Psychische Ressourcen eines gesunden Elternteiles werden meist durch die Versorgung des kranken Elternteiles gebunden. Eine psychische Erkrankung ist nicht nur für die Betroffenen selbst eine sehr schwierige Lebensphase, sie bringt die gesamte Familie aus dem Gleichgewicht.

Im Vergleich zu anderen typischen – auch für Kleinkinder verständlichen – Krankheiten, wie z.B. Fieber, einer Fraktur oder einer Verletzung, haftet einer psychischen Erkrankung immer etwas Unverständliches, meist Angstmachendes, an:

- Kleinkinder sehen keine offensichtlichen Symptome.
- Sie spüren atmosphärisch Spannungen, Konflikte, Sorgen, teilweise reale Entbehrungen, ohne sie aufgrund ihres Entwicklungsalters *verbalisieren* zu können.
- Meist werden ganze Familiensysteme mit einem „Sprechverbot" über die Krankheit belegt, was den Nimbus des Geheimnisvollen, Unheimlichen, Unkontrollierbaren verstärkt.
- Fachkräfte (auch berufserfahrene Mitarbeiter) unterschätzen häufig die Anzahl psychisch erkrankter Eltern (z.B. von Müttern mit Schizophrenie), sodass die von den Kindern kaum zu artikulierende Belastung auch nicht erkannt wird (Bauer et al. 1998). 40 % der Kinder psychisch erkrankter Eltern hatten z.B. keinerlei institutionelle Unterstützung (Gundelfinger 2002).

Abbildung 1: Was wünschen sich Fachkräfte von spezifischen Fortbildungsveranstaltungen?

Diese für Kleinkinder schwer fassbare, unkontrollierbare – mit hoher Wahrscheinlichkeit – angstmachende Grundstimmung spiegelt sich auch in Fortbildungsveranstaltungen für Fachkräfte in der Frühhilfe wider: Eine Vielzahl der Fachkräfte schildert Gefühle der Ungewissheit, der fehlenden Orientierung, der Unklarheit in der Kommunikation mit psychisch Kranken, gleichzeitig auch den Wunsch nach mehr Information und Handlungsstrategien (Dimova/Pretis 2001/2002).

Es ist davon auszugehen, dass es Kleinkindern ähnlich ergeht: Die Kinder sind verängstigt, verstehen nicht genau, was eigentlich passiert, und können die Probleme der Eltern schlecht einordnen:

> „Ich kenne diese Krankheit nicht. Es ist für mich schwer zu verstehen, wie meine Mama krank ist, sie verhält sich nur anders" (Michaela, 12 Jahre über die bipolare Störung ihrer Mutter).

Handelt es sich bei der erlebten Zunahme von Fallzahlen um ein neues Phänomen? Ist nur die öffentliche Sensibilität gestiegen, oder ist ein realer Anstieg an Fallzahlen zu beobachten? Bis 2020 werden depressive Erkrankungen weltweit auf dem ersten oder zweiten Platz der Liste der häufigsten Erkrankungen stehen. Fast 15% der gesamten Erwachsenen leiden an Angststörungen, 2% erkranken im Verlauf ihres Lebens an Schizophrenie. 1–2% leiden an Zwangsstörungen (Dimova/Pretis 2003). Die allgemeinen epidemiologischen Zahlen sprechen für einen Anstieg, dies wird jedoch auch mit der Überalterung der Bevölkerung in Zusammenhang gebracht, da ältere Menschen erhöht anfällig gegenüber psychischen Krankheiten sind. Daneben ist der bekannte Effekt zu beobachten, dass verstärkte Öffentlichkeitsarbeit und Bewusstseinsbildung generell in einer ersten Phase der Sensibilisierung ein Ansteigen von Fallzahlen mit sich bringen: Je nach Informationsstand und Fortbildungsveranstaltung vermuten Fachkräfte plötzlich hinter jeder Verhaltenskreativität der Kinder ADHS, sexuellen Missbrauch oder eine psychische Erkrankung der Eltern: Im Sinne der Ursachenzuschreibung ist es auch für die Fachkräfte leichter, „kranke" Kinder zu betreuen als „schlimme": lieber „mad" als „bad", da die Krankheit des Kindes nicht primär eine Selbstwertbedrohung für mich als Fachkraft bedeutet (Brandau/Pretis 2004). Zielgruppenspezifische Sensibilisierung führt vorerst zu einem rasanten Ansteigen von Betreuungs- und Therapiewünschen bzw. teilweise auch von Betreuungsangeboten: ein Effekt, den Kostenträger primär nicht beabsichtigen und bisweilen fürchten.

Wie ist der erlebte Anstieg zu erklären? Wir können nicht davon ausgehen, dass sich generell die genetische Ausstattung der Menschen in den letzten Jahrzehnten derart drastisch veränderte, wohl aber die Umweltrahmenbedingungen. Unabhängig von selbstverstärkenden Effekten der Öffentlichkeitsarbeit erlaubt ein Blick auf bekannte Umweltrisikofaktoren, die zur Entstehung oder Aufrechterhaltung psychischer Krankheiten beitragen, in Kombination mit gesellschaftlichen Kennzahlen durchaus den Schluss,

Tabelle 2: Risikofaktoren, die mit dem Entstehen einer psychischen Erkrankung in Zusammenhang gebracht werden

| Personenbezogen | Familienbezogen | Umweltbezogen |
| --- | --- | --- |
| geringe schulische Leistungen | Psychopathologie der Eltern | niedriger sozial-ökonomischer Status |
| Verhaltensprobleme | Gewalterfahrungen | Armut |
| emotionale Probleme | Trennungserfahrungen, allein erziehender Elternteil, Fremdunterbringung | Zugehörigkeit zu einer Minderheit |
| geringe Lebenszufriedenheit | hoher elterlicher Stress | Zugehörigkeit zu Gruppen mit abweichendem Verhalten |
| männliches Geschlecht | frühe Mutterschaft im Teenageralter | Arbeitslosigkeit als strukturelles Problem |
| schwieriges Temperament | beruflicher Misserfolg, Arbeitslosigkeit | |
| Lebenserfahrungen, mit hohem Distress | beengte Wohnverhältnisse | |

Tabelle 3: Soziodemographische Entwicklungen bei Familien (Nowak/Schipfer 1998)

| Kategorie | Jahr | | Jahr | | Tendenz |
|---|---|---|---|---|---|
| Allein Erziehende | 1971 | 17,1% | 2000 | 25,5% | steigend |
| Scheidungen | 1981 | 26,5% | 1997 | 38,6% | stark steigend |
| Einpersonenhaushalte | 1961 | 19,7% | 1996 | 29,9% | steigend |
| Arbeitslose (männlich) | 1980 | 1,6% | 1996 | 6,9% | steigend |
| Arbeitslose (weiblich) | 1980 | 2,3% | 1996 | 7,3% | steigend |

dass unsere Gesellschaft „verletzlicher" (vulnerabler) geworden ist (Pretis/ Dimova 2003).

Gegenwärtige gesamtgesellschaftliche Tendenzen verdeutlichen, dass gerade die in Tabelle 3 beschriebenen familien- und umweltbezogenen Belastungen stark im Steigen begriffen sind.

In der psychiatrischen Literatur wird bereits seit Jahren auf ein kontinuierliches Ansteigen depressiver Erkrankungen (www.depression-net.com) hingewiesen. Als Erklärungsmodelle werden erhöhte Beanspruchung und erhöhter Stress diskutiert, gleichzeitig ist auch eine Verminderung von vorhandenen psychosozialen Ressourcen (soziales Netzwerk Familie) zu beobachten. Für die nächsten zehn Jahre wird angenommen, dass Depression die zweithäufigste Erkrankung in der österreichischen Bevölkerung darstellt. Sie wird die zweithäufigste Ursache bei frühzeitigem Pensionsantritt (www.wien.gv.at) sein. Die steigende Prävalenz der Depressionen (Doris et al. 1999) darf nicht nur mit der steigenden Überalterung der Bevölkerung gesehen werden. Es bleibt zu überprüfen, was Forderungen nach

- mehr Mobilität
- Dynamik
- Anpassung an den Arbeitsmarkt
- Leistungsorientierung

für unsere Kinder bedeuten. Erste Anzeichen eines *Verlustes der Kindheit* können vermutet werden.

Die beschriebenen erhöhten externen Belastungen erfordern – dies als Arbeitsmodell unseres Buches – *mehr* persönliche Ressourcen, und zwar sowohl auf der Ebene der physischen Leistungsfähigkeit, der psychischen Kapazität und der Aktivierung sozialer Unterstützungssysteme. *Bei fehlenden oder bereits ausgelasteten Ressourcen drohen Systeme leicht aus der Balance zu kippen:* Plötzliche Arbeitslosigkeit (sie betrifft zurzeit jeden Vierten im Laufe eines Jahres) kann ein Auslöser sein, aber auch die Geburt eines Kindes kann dazu führen, dass fragile, verletzliche Systeme „kippen".

Aus dem Förderbericht einer Frühförderin

**Zuweisungsdiagnose:** Schwangerschaftspsychose der Mutter mit Gefährdung des Kindes, Depressionen, aggressives Verhalten des Kindes

W. ist beim Erstgespräch 14 Monate alt. Die Eltern wohnen mit ihrem einzigen Kind in einer kleinen Wohnung. Der Vater berichtet von Durchschlafstörungen, Beißen und Zwicken vor allem der Mutter. Die Mutter erzählt, dass sie mit W. „kaum fertig wird". Sehr oft übernimmt die Oma oder der Bruder der Mutter „Erziehungsarbeit". W. ist nach meinen Beobachtungen unruhig, schreit extrem, wenn er gewickelt wird, wechselt gerne von einem Spiel zum nächsten, zeigt eine sehr niedrige Frustrationstoleranz. Die kognitive und körperliche Entwicklung erscheint altersgemäß.

Es gab ca. drei Monate keine Fördereinheit, in der der Onkel nicht zeitweise anwesend war und der leiblichen Mutter „Erziehungsfehler" vorhielt. Durch die Stärkung der Mutter gelang es schließlich, dass er die „einfache" Rolle des Onkels übernahm. W. zeigte anfangs wenig Ausdauer, beobachtete jedoch gerne Seifenblasen, klatschte bei Liedern mit. Es gab jedoch ebenso Einheiten, in denen er lange schrie und auch von den Eltern kaum zu beruhigen war.

Durch sehr viele Gespräche mit der Mutter, in denen sie dann in weiterer Folge sehr offen auch über ihre Ängste und Depressionen reden konnte, sowie eine gute medikamentöse Einstellung gelang es, dass sie ihre Mutterrolle besser wahrnehmen konnte. Der Vater des Kindes unterstützte die Mutter in vielen Bereichen, telefonierte auch während der Arbeit öfter mit ihr, um sicherzugehen, dass es der Mutter und ihrem Sohn gut ging. Nach eineinhalb Jahren Frühförderung versteht es die Mutter mittlerweile, die Bedürfnisse ihres Kindes zu deuten und meist entsprechend zu handeln. Sie spielt viel mit ihm und liebkost ihn. Sie kann über ihre Ängste sprechen, die Aggressionen des Kindes der Mutter gegenüber sind beinahe gänzlich verschwunden. Spielverhalten und Ausdauer haben sich sehr verbessert.

### 2.2.2 Die Balance zwischen Risiko und Resilienz

Der Schlüsselbegriff unseres Förderansatzes ist die Balance zwischen Anforderungen und Ressourcen, wobei nicht sosehr die Qualität der Anforderungen eine Rolle spielt, sondern vielmehr die Kumulation von möglichen Stressfaktoren (Opp et al. 2008). „Erst mit der Kumulation mehrerer Risiken steigt die Wahrscheinlichkeit deutlich an, dass Kinder Störungen entwickeln" (Lösel/Bender 1999, 43). Schutzfaktoren lassen sich bei stark kumulierten Risiken am schwersten nachweisen, obwohl sie gerade in diesen Fällen am wichtigsten sind.

Abbildung 2, basierend auf dem salutogenetischen Modell der Gesundheit von Antonovosky (1987), sieht Gesundheitsförderung – und dies betrifft auch die Förderung der seelischen Gesundheit von Kleinkindern – vor allem im Aufbau und der Nutzung von Schutzfaktoren bzw. vorhandener Ressourcen. Die dazu notwendigen Schritte können als Resilienzprozesse (Kühl 2003) angesehen werden und werden in Kapitel 4 detailliert beschrieben.

Dahinter steht die Beobachtung, dass zwar manche Kinder mit beschreibbaren Entwicklungsrisiken aufwachsen, sich jedoch nicht alle auffällig entwickeln. Ein Drittel einer groß angelegten Längsschnittuntersuchung zeigte z. B. in der Kauai-Studie (Werner 1993, 1995, 1997) keine Sozialisationsschwierigkeiten: „Ein Drittel dieser Kinder (entwickelte) sich trotz der erheblichen Risiken, denen sie ausgesetzt waren, zu leistungsfähigen und fürsorglichen Erwachsenen" (Werner 2008, 21).

Diese Beobachtungen ebneten Wege in Richtung Resilienzforschung, d. h. der Frage, was Kinder stärkt (Opp et al. 2008) bzw. trotz vorhandener Risikofaktoren schützt.

Unter Resilienz werden dabei Prozesse verstanden, die die Fähigkeit eines Individuums oder von Systemen erhöhen, erfolgreich mit Anforderungen im Angesicht von bedeutsamen Risiken oder vorhandenen Belastungen umzugehen. Diese Fähigkeiten entwickeln und verändern sich im Lauf der Zeit und stehen im Zusammenhang mit Schutzfaktoren des Individuums, des (Familien-)Systems oder der Umwelt. Sie tragen zur Aufrechterhaltung oder Förderung der (seelischen) Gesundheit bei. Rutter (1985), einer der führenden Forscher in diesem Bereich, beschreibt die Wirkung der Resilienz folgend:

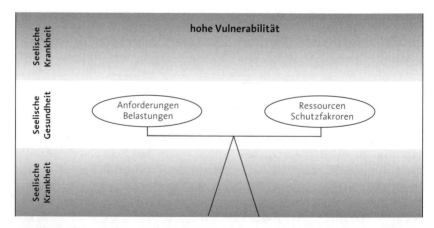

Abbildung 2 Seite 30 und 31: Mindestvoraussetzungen für psychische Gesundheit als Gleichgewicht von Anforderungen und Ressourcen

„Schützende Wirkungen liegen nicht primär im abpuffernden Effekt irgendeines Faktors, der zu einem bestimmten Zeitpunkt oder Zeitraum wirksam wird. Vielmehr liegt die Qualität der Resilienz darin, wie Menschen mit Lebensveränderungen umgehen und was sie hinsichtlich ihrer Lebenssituation tun. Diese Qualität ist durch frühe Lebenserfahrungen, durch das, was in der Kindheit, im Jugendalter geschieht, und durch die Lebensumstände im Erwachsenenalter beeinflusst" (Rutter, 1985, nach Opp et al. 2008, 15).

Resilienz (auch als psychische Widerstandsfähigkeit bezeichnet) wird auch als Folge schützender Prozesse angesehen, wobei das Wichtige die Balance zwischen Risiken und protektiven Faktoren ist: Wir gehen davon aus, dass nicht nur ein Übermaß an Risikofaktoren das Gleichgewicht „verstören", sondern auch ein Übermaß an Ressourcen ohne entsprechende Anforderungen krankmachende Prozesse einleiten kann, wie es z. B. im Falle langer Arbeitslosigkeit bei vorhandenen Ressourcen ohne Anforderungen beobachtet werden kann (Pretis 2003). Lösel und Bender (1999, 45) sprechen in diesem Zusammenhang von der Ambiguität von Merkmalen, vom „Doppelgesicht": Z. B. kann sich bei jungen Menschen ein ausgeprägtes Selbstwerterleben (als potentiell schützender Faktor) bei bestehender Tendenz, gewalttätig zu reagieren, durchaus ungünstig auswirken.

Nimmt – was das Ansteigen von Fallzahlen betrifft – die Anzahl der protektiven Faktoren ab oder verändern bzw. steigen die Risiken? Resilienz bedeutet keineswegs nur die Abwesenheit von Risikofaktoren oder die Anwesenheit positiver Merkmale protektiver Faktoren. Sie kann vielmehr auch als *aktives Bewältigungsverhalten* und Kompetenz angesehen werden, sodass diese Frage nur indirekt beantwortet werden kann: Die steigen-

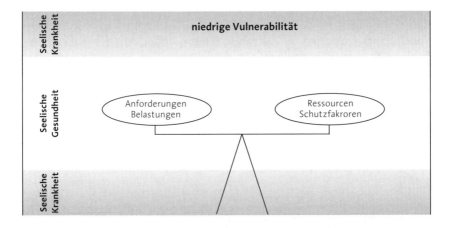

Tabelle 4: Monats- und Lebenszeitprävalenzen nach Geschlechtern (nach Hirsch 1996, 26)

| Psychiatrische Erkrankung | 1. Monatsprävalenz für beide Geschlechter | Geschlechtsverteilung der 1. Monatsprävalenz | | Lebenszeitprävalenz (%) |
|---|---|---|---|---|
| | | Frauen | Männer | |
| alle psychiatrischen Erkrankungen | 15,4 | 16,6 | 14,0 | 32,2 |
| Missbrauch psychotroper Substanzen (gesamt) | 3,8 | 1,6 | 6,3 | 16,4 |
| Alkoholmissbrauch/ -abhängigkeit | 2,8 | 0,9 | 5,0 | 13,3 |
| Drogenmissbrauch | 1,3 | 0,9 | 1,8 | 5,9 |
| Schizophrenie | 0,7 | 0,7 | 0,7 | 1,5 |
| affektive Störungen (gesamt) | 5,1 | 6,6 | 3,5 | 8,3 |
| Manie | 0,4 | 0,4 | 0,3 | 0,8 |
| Depression | 2,2 | 2,9 | 1,6 | 5,8 |
| Dysthymie | 3,3 | 4,2 | 2,2 | 3,3 |
| Angststörungen | 7,3 | 9,7 | 4,7 | 14,6 |
| Persönlichkeitsstörungen | 0,5 | | | 2,5 |
| Demenz (schwer) | 1,3 | 1,3 | 1,4 | 1,3 |

den Belastungen auf der makrosoziologischen Ebene erklären zumindest zum Teil das Ansteigen der Fallzahlen. Dazu kommt, dass die Wahrscheinlichkeit, an einer psychischen Störung zu erkranken, in der Allgemeinbevölkerung keineswegs so gering ist, wie möglicherweise aufgrund der Tabuisierung des Themas erwartet wird: Auf der Basis groß angelegter klinischer Studien wird davon ausgegangen, dass jeder Dritte einmal im Leben an einer psychischen Störung erkrankt. Angststörungen und Phobien sind in der Bevölkerung am weitesten verbreitet (Hirsch 1996).

Eine bisher sehr umfassend angelegte psychiatrisch-epidemiologische Studie (Regier et al. 1984) kommt zu den in Tabelle 4 aufgeführten Prävalenzzahlen.

Die Monatsprävalenz bezieht sich dabei auf das Auftreten von Symptomen (in einer repräsentativen Stichprobe) innerhalb des letzten Monats (vor der Befragung). Die Lebenszeitprävalenz beschreibt die so genannte „wahre

Prävalenz" innerhalb der Lebenszeit, unabhängig davon, ob Behandlungseinrichtungen in Anspruch genommen wurden.
Die Ergebnisse mitteleuropäischer Untersuchungen gelten als vergleichbar.

### 2.2.3 Die Öffnung der Psychiatrie

Der zweite Faktor, der mit einem vermuteten Anstieg der Zahl der betroffenen Kinder in Verbindung steht, hängt mit einem veränderten Verständnis gegenüber Menschen mit psychischen Erkrankungen zusammen. Die Öffnung der Psychiatrie ermöglichte den konsequenten Aufbau dezentraler sozialpsychiatrischer Strukturen. Dies ging einher mit der Reduktion stationärer Einrichtungen und dem Anliegen, Menschen mit psychischer Krankheit vor Ort in ihren natürlichen Lebenszusammenhängen zu betreuen. Dies führte auch dazu, dass vormals viele fremd untergebrachte Kinder in erhöhtem Maße wieder in der Lage sind, in ihren Ursprungsfamilien zu bleiben.

Der wichtigste Grundsatz der Diskussion der Betreuung und Langzeitbehandlung von Menschen mit psychischen Krankheiten ist die *Gemeindenähe*, gefolgt von *Vernetzung* und *Teamarbeit* (Danzinger 1996). Das bedeutet, dass psychisch erkrankte Elternteile wieder vermehrt in ihrem eigenen Lebensraum mit ihren Kindern und Angehörigen leben können und Unterstützungsstrukturen in diesem Umfeld geboten werden müssen. Im Bereich der Erwachsenenpsychiatrie wurden im letzten Jahrzehnt große Fortschritte erreicht (siehe Tabelle 5).

Dies hat neben Kostenüberlegungen auch mit einem humanistischeren Menschenbild zu tun: Es rückt Menschen mit ihren gesunden Anteilen ins Zentrum des Interesses und nicht sosehr die Krankheit. Kostenfaktoren spielen genauso eine Rolle und sprechen langfristig für die frühe präventive Förderung: Im Bereich von Hochrisikofamilien ergab ein investierter Dollar nach 27 Jahren einen Präventionseffekt von vier ersparten Dollar – auf amerikanische Verhältnisse umgemünzt (Karoly et al. 1998).

Ein ähnlicher Prozess ist auch im Bereich der Förderung von Menschen mit Behinderung zu beobachten. Die Bemühungen der „People First"-Bewegung und der Anspruch auf politisch-korrekte Bezeichnung zeigen dort bereits deutlichere Effekte:

- aus „Behinderten" wurden „Menschen mit Behinderung"
- aus Down-Syndrom-Kindern wurden „Kinder mit Down-Syndrom"
- aus geistig Behinderten wurden „Menschen mit Lernschwäche"

Im Bereich der psychischen Erkrankungen schreitet dieser Sensibilisierungsprozess langsamer voran, da diese Gruppe auch eine geringe gesellschaftspolitische Lobby hat.

Tabelle 5: Integrationsmöglichkeiten von Menschen mit psychischer Erkrankung vor und nach der großen Psychiatriedebatte am Beispiel Österreichs, vergleichbar zu Deutschland

| Vor der Psychiatriedebatte | Nach der Psychiatriedebatte |
|---|---|
| Dauerhospitalisierung in zentralen Krankenhäusern | Tendenz zu kurzfristigen stationären Aufnahmen |
| Betreuung in der Familie | Trainingswohnungen, Übergangsheime, therapeutische Wohngemeinschaften |
| medizinische Betreuung durch Hausärzte, Fachärzte, daneben Sozialarbeit | Betreuung in dezentralen sozialpsychiatrischen Zentren in allen Landkreisen bzw. Bezirken |
| Pflegeheime, Asyl | Tagesstätten zur beruflichen Rehabilitation |
| Pensionierung oder Sozialhilfeempfang | Arbeitstraining, Arbeitsassistenz |

## 2.3 Und die Kinder?

Nochmals drohen jedoch – auch im Zusammenhang mit dieser „Öffnung der Psychiatrie" – die Kinder psychisch Erkrankter vergessen zu werden. Kleinkinder werden von den Fachleuten häufig übersehen, leiden zwar als Mitbetroffene, können dies jedoch nicht adäquat zum Ausdruck bringen oder erreichen Unterstützungsangebote nur schwer selbständig (Küchenhoff 2001).

Dazu kommt, dass die Signale betroffener Kleinkinder sehr unspezifisch sind. Die Hypothese, dass es einen eindeutigen Zusammenhang zwischen der psychischen Erkrankung, d.h. der Diagnose eines oder mehrerer Elternteile, und Entwicklungsauffälligkeiten eines Kleinkindes gibt, ist nicht haltbar. Jedes Kind reagiert spezifisch mit seinen individuellen Anpassungsmechanismen.

Es darf davon ausgegangen werden, dass jedes Individuum – und somit auch Kleinkinder – „eigensinnig" seine Lebensumwelt konstruiert (Brandau et al. 2006). Autonomie und Eigen„sinn" stellen somit die Hauptkategorien der aktiven Auseinandersetzung mit der Welt dar, nicht sosehr mechanisches Reagieren auf mögliche Belastungsfaktoren, was sich in Symptomlisten widerspiegeln würde. Dies entspricht auch dem Konzept der Resilienz als „aktiver" Prozess.

Dieser Eigen„sinn", insofern Kleinkinder aus den Botschaften ihrer primären Bezugspersonen, meist der Eltern, für sie jeweils individuell *sinn-*

*volle* Welten schaffen, lässt naiven Therapie- und Förderoptimismus schwinden. Weder kann aus den Verhaltensweisen des Kindes eindeutig auf das psychische Problem der Eltern geschlossen werden, noch reagieren Kleinkinder homogen auf diese Belastungen. Diese Erkenntnis birgt jedoch auch die Chance, dass Kinder in ihrem Eigen„sinn", selbständig werden zu wollen, sich selbst vor den Widrigkeiten des Lebens mit ihren vorhandenen Mitteln „schützen" und dass wir diese Kompetenzen auch frühzeitig fördern können und sollen.

Gleiches gilt für die heilpädagogischen Interventionen: Eine vorliegende Diagnose einer psychischen Erkrankung eines Elternteiles ergibt keineswegs ein kausal eindeutig zuzuordnendes Förderkonzept oder eine klare Prognose. Somit ist Vorsicht zu walten gegenüber reinen Symptomlisten und Patentrezepten.

Benötigen Kinder psychisch erkrankter Eltern jedoch aufgrund des oben Gesagten eine spezifische Form der Frühförderung oder reichen die gängigen Ansätze (Thurmair/Naggl 2010, Pretis 2005) aus? Die Frühförderung stammt historisch aus der Unterstützung behinderter oder von Behinderung bedrohter Kinder und schöpfte methodisch aus dem Ressourcenpool der Sonder- und Heilpädagogik, ohne diese beiden Begriffe und ihre eigene „Besonderung" der Kinder bzw. Menschen zu diskutieren (Sigot 2003). Ungefähr ein Jahrzehnt nach der Implementierung flächendeckender Versorgungsstrukturen wurden verstärkt auch Kinder und Familien mit sozialen Benachteiligungen betreut (Weiß 2000). Kinder psychisch kranker Eltern waren bislang nur eine Zielgruppe von Frühförderung, wenn z.B. Suchterkrankungen oder Multiprobleme eine Rolle spielten (Olson/Burgess 1997).

Wir gehen davon aus, dass die Förderung von Kleinkindern psychisch kranker Eltern neben den allgemeinen methodischen Prinzipien der Kind- und Familienzentriertheit, Ressourcenorientierung, Ganzheitlichkeit u.a. Zusätzliches benötigt, und zwar:

- spezifische Information über die Krankheitsbilder
- spezifische Kommunikationsstrategien in und mit den Familien
- spezifische Förderansätze, die vor allem darauf abzielen, für das Kleinkind bzw. die gesunden Anteile einer Familie die Mobilisierung eigener Stärkungs- und Schutzprozesse (i. e. Resilienzprozesse) zu ermöglichen

Noch in viel stärkerem Ausmaß als bei einer vorliegenden oder drohenden Behinderung ist es das Zusammenspiel bestehender Risikofaktoren, interaktiver Prozesse innerhalb der Familie und der Entwicklungspotenzen eines kleinen Kindes, das in der Entwicklung und der Förderung von Bedeutung ist, wie das folgende Beispiel verdeutlicht:

Andreja besucht seit einem Jahr den Kindergarten. Er war zum Kindergarteneintritt 4 Jahre alt, beschäftigte sich vorwiegend in der Bauecke, sprach eine Mischung aus Deutsch und Mazedonisch und fiel bisweilen dadurch auf, dass er sehr herablassend gegenüber der Kindergartenpädagogin reagierte. „Ich bin Mann, ich weiß alles, ich sage, was tun soll", pflegte er zu sagen, wenn es um Aufforderungen ging, denen er nicht sehr gerne nachging. Seine kognitiven Fähigkeiten waren für die Kindergartenpädagoginnen schwer einzuschätzen, aufgrund seiner Zweisprachigkeit war nicht klar zu erheben, ob es sich bei Andrejas Sprache um eine Sprachentwicklungsverzögerung handelte oder ein Phänomen der Bilingualität.

Auffällig verhielt sich jedoch die Kindesmutter: Sie brachte Andreja teilweise zu früh in den Kindergarten, blieb dann verloren eine Stunde im Umkleideraum oder kam bereits um elf Uhr vormittags, um Andreja abzuholen. Sie stand dann in der Kindergruppe, ohne ein Wort zu sagen. Teilweise verwiesen die Erzieherinnen sie aus der Gruppe, versuchten ihr klar zu machen, wann der Kindergarten aus war; ohne Erfolg. Andrejas Vater war Fernfahrer und nur sporadisch zu Hause. Die erlebte Desorientierung der Mutter verschlechterte sich, teils kam Andreja in den Kindergarten, dann tagelang wieder nicht.

Ein Begleitdienst führte eine Entwicklungsüberprüfung durch, die einige Verzögerungen zeigte. Im Elterngespräch mit der Mutter war diese kaum mehr ansprechbar. Die zuständige Sozialarbeiterin wurde informiert und es erfolgte kurz danach eine stationäre Aufnahme in einem psychiatrischen Krankenhaus – gegen den Willen der Mutter. Andreja wurde aufgrund bestehender Gefahr für das Kindeswohl auf einen Pflegeplatz gebracht.

In einer darauf folgenden Helferkonferenz in Anwesenheit des Vaters wurde folgende Unterstützungsstrategie erarbeitet:

1) Verbleib bei der Pflegefamilie im Sinne einer Wochenpflege, am Wochenende kam Andreja zu seinem Vater und seiner Mutter, die unterdessen aus dem Krankenhaus entlassen wurde und eine Beschäftigungstherapie in einer sozialpsychiatrischen Tagesstätte aufnahm.
2) Entwicklungsunterstützung im Kindergarten durch ein Team aus Sonderpädagogin, Logopädin und einem Psychologen.
3) Mobile Hausfrühförderung 14-tägig, einerseits um den Vater in Bezug auf die Bedürfnisse seines Sohnes zu sensibilisieren (z. B. was adäquate Spiele mit ihm betraf), andererseits um langsam wieder die Mutter „ins Spiel" zu bringen.

Bei einer Kontrolluntersuchung ein Jahr später zeigte Andreja gute Fortschritte im Bereich seiner Sprache und kognitiven Fertigkeiten. Der Vater konnte eine Reihe von Vorschlägen der Frühförderin übernehmen, äußerte sich jedoch immer noch ungeduldig und unzufrieden über die Behandlung

seiner Frau. Er erlebte jedoch die eingeleiteten Maßnahmen als hilfreich –
auch wenn eigentlich alles anders werden würde, wenn sein Sohn erst die
Schule besuchen würde...

## 2.4 Psychische Erkrankung bzw. Verletzlichkeit der Eltern – terminologische Klärungen

Die Definition von „psychischer Krankheit" selbst stellt einen kaum endenden Diskussionsprozess dar. In den 1970er Jahren wurde mit der „Etikettierungstheorie" (Szasz 1972) im Rahmen der Antipsychiatriebewegung viel Bewusstseinsarbeit geleistet. Der soziale Zuschreibungsprozess einer Diagnose wurde dabei hervorgehoben. Konstruktivistische Theorien (Watzlawick et al. 1985) haben den Etikettierungsprozess nochmals um die Facette des aktiven Konstruierens der Wirklichkeit erweitert. Gleichzeitig geistert noch immer der völlig irreführende Begriff der „schizophrenogenen Familie" in Diskussionen. Im Lichte der Genetik und der Suche nach „genetischen Markern" für psychische Erkrankungen erscheint die kritische Auseinandersetzung zurzeit etwas abgeebbt. Der Diskussionsprozess über den Begriff und die nosologische Stellung psychischer Erkrankungen soll in diesem Buch nicht wiederholt werden, da die Diagnosenstellung primär die Aufgabe von Fachärzten ist. Der Begriff psychische Verletzlichkeit ist in der psychiatrischen Literatur nicht weit verbreitet (Zubin/Spring 1977). Wenn wir mit Eltern arbeiten, verwenden wir diesen Begriff jedoch vorwiegend, da die Zuschreibung einer psychischen Krankheit gegenüber Eltern oft mit Stigmatisierung in Verbindung steht und bei Eltern häufig eine weitere Belastung, Wut und Angst auslöst. Dieser Begriff ist weniger stigmatisierend und von betroffenen Elternteilen leichter anzunehmen. Wir sind uns auch bewusst, dass speziell bei einigen Krankheitsbildern wie der Schizophrenie und/oder bei einer bipolaren Störung auch der Begriff „Krankheit" gebraucht werden kann. Dabei ist zu bedenken, dass der Begriff „Krankheit" für Kinder teilweise besser zu verstehen ist und daher parallel verwendet werden kann, da es für Kinder wichtig ist, eine psychiatrische Diagnose der Eltern als somatische Krankheit zu verstehen. Die Diskussion verdeutlicht den Zwiespalt: Einerseits sollen Stigmatisierung und Tabus reduziert werden und andererseits sind körperliche Probleme für Kinder oft leichter zu verstehen.

Das Diathese-Stress-Modell besagt, dass eine biologische oder genetische Verletzlichkeit bzw. Veranlagung (Diathese) mit der Umgebung und den Lebensereignissen (Stressfaktoren) zusammenwirkt, wobei Handlungsweisen oder psychologische Krankheiten ausgelöst werden können. Der Einfluss von genetischen Faktoren ist jedoch ziemlich verschieden, wie Boggarts und Lußcz (1999) anhand verschiedener Diagnosen zeigen konnten. Je größer die zu Grunde liegende Verletzlichkeit, desto weniger Stress ist erforderlich, um

Verhaltensprobleme oder eine Erkrankung auszulösen. Sowohl die die Verletzlichkeit (Diathese) als auch die Belastung sind erforderlich, damit dies geschieht, wie von Holmes und Rahe (1967) beschrieben wird.

Dieses Belastungsmodell ist in den letzten 20 Jahren als „Belastungs-/Verletzlichkeits-Schutzfaktorenmodell" besonders durch Liberman (2008) im Bereich der psychiatrischen Rehabilitation neu formuliert worden (siehe auch www.strong-kids.eu). Hervorzuheben ist jedoch, dass der Begriff der psychischen Krankheit bzw. Gesundheit

a) auf einem Kontinuum anzusiedeln ist. Das bedeutet, dass es gerade im Bereich des psychischen Wohlbefindens bzw. auf der Seite des Leidensdruckes fließende Übergänge gibt, die auch zeitlich variabel sein können.
b) sich auf Teilbereiche menschlichen Erlebens, Denkens und Fühlens bezieht, sodass neben Verstörung und Krankheit auch gesunde Persönlichkeitsanteile vorhanden sind, die möglicherweise den Ausbruch einer Krankheit lange Zeit „überdecken" oder kompensieren können. Dies ist z. B. im Bereich der Suchtkrankheiten häufig der Fall. Erst wenn die gesunden Ressourcen erschöpft sind oder mit neuen Stressoren konfrontiert werden, kann es zum „Durchbruch der Krankheit" kommen.
c) in hohem Maße ein interaktives Konstrukt darstellt (Dörner/Plog 1990), das die Kommunikation zwischen Menschen lenkt bzw. interpunktiert. Bekannt ist in diesem Zusammenhang die Darstellung zweier Psychiater, die davon ausgehen, dass der jeweils andere der Patient ist und sich einbildet, Psychiater zu sein (Watzlawick 1995). Allein die Zuschreibung „psychisch krank" verändert in hohem Maße unseren Kommunikationsstil, insofern alle Aussagen vor dem Hintergrund der Krankheit interpretiert werden (Heitkamp 1989).
d) Das Etikett „psychisch krank" ist in hohem Maße stigmatisierend und erscheint „tabuisiert", da damit vor allem eine soziale Bewertung einhergeht. Von wie vielen Menschen wissen Sie, dass sie psychische Probleme haben?

Die Populationsstatistik beschreibt konträr dazu ein völlig anderes Bild:

„Krisenhafte Situationen, die die Grenzen der eigenen Verarbeitungsfähigkeit zu übersteigen drohen, sind in der Gesamtbevölkerung gar nicht so selten: Rund ein **Viertel** der Bevölkerung erlebt innerhalb eines Jahres Situationen, die mit psychischer Beeinträchtigung einhergehen" (Eikelmann 1998, 59f).

Modellhaft wird die Erkrankung durch vier Filter „wahrgenommen":

a) eigene Wahrnehmung, die gerade bei sehr schwerer oder chronischer Erkrankung beeinträchtigt sein kann
b) Allgemeinmediziner
c) fachärztliche Behandlung
d) stationäre Behandlung (Goldberg/Huxley 1980)

Der Großteil psychischer Störungen tritt in der ärztlichen Allgemeinpraxis in Erscheinung (23 %), wird jedoch nur zur Hälfte als Erkrankung erkannt (14 %). Nur 1,7 % der Patienten suchen schließlich einen Facharzt auf, sodass überspitzt formuliert werden kann, dass zwei Drittel der psychischen Erkrankungen nicht spezialisiert behandelt werden. Gemäß den Untersuchungen von Kessler et al. (1994) leiden etwa 50 % der Bevölkerung zumindest einmal in ihrem Leben an einer psychischen Krise oder Krankheit, die der fachlichen Behandlung bedarf (Pretis/Dimova 2003, 168).

Trotz der berechtigten Kritik einer möglichen Simplifizierung verstehen wir unter psychischer Erkrankung das Vorliegen *krankheitswertiger Symptome*, wie sie internationalen Klassifikationssystemen entsprechen: ICD 10 (Weltgesundheitsorganisation 1991), DSM IV-TR (APA 2000, deutsch: Saß et al. 2003). Wir formulieren dort die Hypothese des Vorliegens einer psychischen Erkrankung, wo sich

- bedeutsame Veränderungen in der Ausführung von grundlegenden Alltagsaktivitäten,
- im Wahrnehmen, Denken, Fühlen, der Kommunikation und dem Lernen sowie in biologischen Rhythmen zeigen.
- Diese Veränderungen rufen entweder bei den Betroffenen oder seiner bedeutsamen Umwelt Leidensdruck hervor.

Nicht jede erlebte Krise verweist jedoch auf eine psychische Erkrankung oder benötigt eine fachärztliche Behandlung. Meist reichen die vorhandenen eigenen Ressourcen, um Krisen zu bewältigen. Wenn jedoch in Anwesenheit einer biologischen Bereitschaft (Vulnerabilität) weitere intensive, lang dauernde oder in kurzen zeitlichen Abständen auftretende wiederholte Stressfaktoren auftreten, können diese dann im Einzelfall vom „vulnerablen" Gehirn nicht mehr ausgeglichen werden.

**Zur Vertiefung: terminologische Klärungen**

*„Der Psychosebegriff:* Es sind verschiedene Definitionen verbreitet, die dadurch die Brauchbarkeit des Begriffes bereits einschränken. Psychosen können danach sein

- Psychiatrische Erkrankungen, bei denen die Beeinträchtigung der psychischen Funktionen ein so großes Ausmaß erreicht hat, dass dadurch Einsicht und Fähigkeit, einigen der üblichen Lebenserforderungen zu entsprechen, oder der Realitätsbezug erheblich gestört sind.
- Psychiatrische Erkrankungen, bei denen eine produktive Symptomatik in Form von Gedächtnisstörungen, Denkzerfahrenheit, Wahn, Halluzinationen vorliegt.

- Psychiatrische Krankheiten, bei denen unabhängig vom Schweregrad eine Gehirnkrankheit oder eine Gehirnveränderung im weitesten Sinne einer Störung zugrunde liegt.

*Der Neurosenbegriff:* Im deskriptiven Sinne sind Neurosen:

- Psychische Störungen ohne nachweisbare organische Grundlage, in denen der Patient beträchtliche Einsicht und ungestörte Realitätswahrnehmung haben kann und im allgemeinen seine krankhaften und subjektiven Erfahrungen nicht mit der äußeren Realität verwechselt.
- In Analogie zur dritten Definition der Psychosen werden Neurosen auch positiv über ihre Ursache definiert als: Psychische, soziale und durch akute Ereignisse ausgelöste Konflikte, die nicht adäquat verarbeitet werden und zu psychischen Symptomen führen." (Ebert/Loew 1995, 68f)

Auch wenn sich für uns die Frage, wie es Kindern in vulnerablen Familien geht, sinnvollerweise bereits vor Ausbruch einer Erkrankung stellen sollte, sind Diagnose und Behandlung des betroffenen Patienten meist auch der Ausgangspunkt der Unterstützung für die Kinder.

Projekte, die Kinder psychisch kranker Eltern unterstützen (in Auswahl, alle Internetadressen vom 15.05.2010)

Plattform für Patenschaften für Kinder psychisch kranker Eltern (www.netz-und-boden.de); Präventionsangebot im Umkreis von Hilden (www.kipkel.de); Beratungsangebot im Kreis Kassel (www.familienberatungszentrum.de); psychiatrisch-psychotherapeutische Unterstützung in Nordbaden (www.mutter-kind-behandlung.de); Hilfen für Kinder psychisch kranker Eltern (www.diakonie-wuerzburg.de); Hilfsangebote für Kinder und Jugendliche in Wien (www.die-boje.at); beratende Unterstützung für Kinder und Jugendliche an der Universität Greifswald (www.uni-greifswald.de/leben/betreuung/rueckenwind.html).

**Fragen zur Selbstevaluation der Fachkräfte**

- Was löst das Etikett „psychische Erkrankung" bei mir als Helfer aus?
- Welche Verhaltensweisen gelten für mich persönlich als auffällig, welche Reaktionen von Kindern nehme ich als „unauffällig" wahr?
- Wie gehe ich persönlich mit eigenen Krisen um, was sind meine eigenen Schutzfaktoren?
- Zu welchen Betreuungseinrichtungen habe ich persönlich Kontakt?
- Welche Kompetenzen benötige ich als Fachkraft, um mit Menschen mit psychischer Erkrankung umzugehen?

# 3 Leben mit einem psychisch erkrankten Elternteil – wie geht es den Kindern?

Eine psychische Erkrankung ist im Gegensatz zu vielen anderen Krankheiten kein Einzelschicksal, sondern eine „Familienkrankheit" und betrifft immer das gesamte System. Im Sinne eines biopsychosozialen Krankheitsmodells (Egger 1993) hat freilich jede Krankheit Auswirkungen auf das Gleichgewicht der Familie, die psychiatrische Erkrankung zeichnet sich jedoch dadurch aus, dass

- sie sich unspezifisch auf viele bedeutsame Lebensbereiche des Kindes und der Familie auswirkt
- sie von den Kindern selbst meist nicht als „Krankheit" erkannt wird

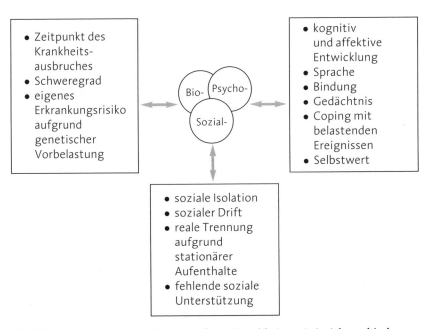

Abbildung 3: Biopsychosoziales Modell von Krankheit am Beispiel psychischer Erkrankungen

Kranksein für Kleinkinder bedeutet meist:

- „Bleib im Bett und spring nicht herum!" (Schonung)
- „Bleib zu Hause, heute sollst du nicht in den Kindergarten gehen!" (Befreiung von sozial erwarteten Aktivitäten)
- „Nimm deine Medizin, dann wirst du wieder gesund!" (Medikamenteneinnahme)
- „Trink Tee, und du wirst sehen, nach zweimal Schlafen ist alles wieder gut!" (absehbare Prognose)
- „Lass mich dein Fieber messen!" (Aktivitäten, die dazu führen, wieder gesund zu werden)
- „Trag einen Verband oder lass dich mit einer Salbe einreiben, wenn du dich verletzt hast!" (konkretes Wahrnehmen von Zeichen)

Mit Ausnahme der Depression erleben Kleinkinder keine dieser typischen Verhaltensweisen bei ihren „kranken Eltern". Kinder nehmen vielmehr Verhaltensveränderungen wahr, die sie massiv betreffen: Die Mama singt, hört laute Musik, schreit mit mir; der Papa steht morgens nicht auf; niemand richtet das Mittagessen, manchmal werde ich wie aus heiterem Himmel bestraft u. a. Deswegen ist es aus der kindlichen Sicht schwierig, zu verstehen, dass der Vater oder die Mutter krank ist. Dies gilt besonders für schwere psychotische Krisen, in denen der Betroffene plötzlich ganz andere Verhaltensmuster zeigt und die Welt der Kinder „aus den Fugen" gerät. Vor allem bei der Schizophrenie und der Manie ist dies häufig zu beobachten. Aber auch unter Angst- und Zwangsstörungen oder Persönlichkeitsstörungen sind Kinder Leidtragende, deren Mütter oder Väter krankhaft ängstlich, depressiv oder unberechenbar sind, deren Persönlichkeit gestört ist und die von einem Moment zum nächsten jemand *ganz anderes* zu sein scheinen. Sie bleiben mit ihren Ängsten und Nöten weitgehend auf sich allein gestellt. Sie werden konfrontiert mit dem auffälligen, unangepassten Verhalten der Eltern, wenn zum Beispiel die Mutter scheinbar mit sich selbst spricht, von Wahnvorstellungen geplagt wird oder Schübe von Aggression und Depression durchlebt. Über die Erfahrungen mit den Eltern und über ihre Gefühle zu sprechen, dazu haben die Kinder kaum Gelegenheit. Denn das kennzeichnende Problem, mit dem Kinder aus psychisch kranken Familien zu kämpfen haben, ist das Kommunikationsverbot, auch familienintern, was die Krankheit betrifft:

- Nur eines von vier (25 %) Kindern zwischen 6 und 10 Jahren ist über die Erkrankung seiner Mutter oder seines Vaters informiert.
- Bei den 11- bis 14-Jährigen sind es immer noch mehr als 50 %, die nicht wissen, warum sich ihr kranker Elternteil manchmal so seltsam verhält.
- Bei den 15- bis 18-jährigen Jugendlichen ist einer von vier immer noch nicht über die Erkrankung aufgeklärt worden (Dörner et al. 1997).

Tabelle 6: Wie beeinträchtigt eine psychiatrische Krankheit das Wohlbefinden eines Kindes? (Dimova/Pretis 2003)

| Krankheitseigenschaften | Folgen für das Familiensystem |
|---|---|
| chronischer Verlauf | permanente Bedrohung des Wohlbefindens des Kindes, erhöhtes Stressniveau, Stigmatisierung und Tabu, sozialer Drift (Verlust des Arbeitsplatzes, Armut) |
| individuelles Krankheitsbild | individuelle Dynamik in jeder Familie |
| geringe Vorhersagbarkeit | permanente Alarmbereitschaft der Anpassungsmechanismen |

Auch wenn in den weiteren Kapiteln detailliert auf die unterschiedlichen Diagnosegruppen eingegangen wird, lassen sich dennoch allgemeine Kennzeichen psychischer Erkrankungen und Zusammenhänge mit der Entwicklung der Kinder beschreiben.

Die Auswirkungen und Verarbeitungsmechanismen sind je nach Lebensphase und Alter der Kinder unterschiedlich (s. Abb. 4)

| Lebensalter | Einflussebene | Verarbeitungsmechanismus |
|---|---|---|
| Kleinkindalter | Konstitution, Gesundheit, Entwicklungsdomänen | Internalisierung (früh), Externalisierung im Kindergartenalter |
| Schulzeit | Rollenidentifikation, Leistungsverhalten | Verhaltensauffälligkeiten, Suche nach Ersatzeltern |
| Adoleszenz | Kontrollüberzeugungen, Selbstwert | Verhaltensauffälligkeiten, Peer-Group-Aktivitäten |

Abbildung 4: Der Einfluss von Risikofaktoren in Abhängigkeit vom Lebensalter des Kindes (adaptiert nach Werner 2008, 26)

Die Folgen einer psychischen Erkrankung sind für die Kinder immer aufreibend. Die Zusammenhänge zur psychosozialen Entwicklung der Kinder finden sich meist gleichzeitig auf verschiedenen Ebenen: der biologischen, der psychologischen und der sozialen, wobei alle drei miteinander interagieren. Genetische Faktoren werden mit höherer Wahrscheinlichkeit dann aktiv, wenn z. B. Umweltbelastungen die psychologischen und sozialen Ressourcen des Individuums erschöpfen. Angeborene dysfunktionale neuroregulatorische Mechanismen, mögliche negative Kognitionen, Verhaltensweisen und Gefühle der Eltern sowie ein stressreicher Kontext verstärken bestehende genetische Prädispositionen (Goodman/Gotlib (1999).

## 3.1 Die biologische Ebene

Zum heutigen Stand des Wissens gilt es als erwiesen, dass fast alle psychiatrischen Krankheiten biologisch bedingt sind (Dimova 1990, 1993). D. h. die Bereitschaft, eine psychiatrische Krankheit zu entwickeln, benötigt das Vorhandensein einer angeborenen biologischen Basis. Die Wahrscheinlichkeit, dass bei manifester psychiatrischer Krankheit eines Elternteiles auch das Kind erkrankt, ist von einer zur anderen Krankheit

- sehr unterschiedlich (zwischen 10 und 50 %)
- auch von begleitenden negativen sozialen und psychologischen Faktoren abhängig

Dieses generelle Risiko ist jedoch nochmals deutlich erhöht bei:

- Schizophrenie
- Alkoholismus oder anderen Suchterkrankungen
- Depressionen
- bipolaren Störungen

*Jedes vierte Kind*, das in der Kinder- und Jugendpsychiatrie behandelt wird, hat seelisch kranke Eltern (Knuf 2000). Aber die angeborene Neigung bedeutet kein definitives „Muss", dass sich diese Erkrankung auch manifestiert. Beim Zusammenspiel zwischen biologischen und sozialen Faktoren spielt Folgendes eine Rolle:

1. Je jünger das Kind zum Zeitpunkt des Ausbruches der Erkrankung ist, desto größer ist das Risiko (Mattejat/Lisofsky 2001).
2. Je schwerer und lang andauernder die Erkrankung der Eltern ist, desto höher ist das Risiko für die Kinder.
3. Ein bestehendes Risiko *erhöht sich weiter*, wenn beide Eltern an einer

psychiatrischen Krankheit leiden. Bei zwei erkrankten Elternteilen liegt das Risiko der Kinder, selbst zu erkranken, zwischen 45 und 50 %.
4. Nach vorliegenden Forschungsergebnissen (Mattejat/Lisofsky 2001) sind Kinder schizophrener Eltern besonders gefährdet. Die Wahrscheinlichkeit, als Kind eines schizophrenen Elternteiles selbst zu erkranken, liegt bei 10 bis 15 % im Vergleich zu einem allgemeinen Lebenszeitrisiko von 1 %. Weiterhin steigt das Erkrankungsrisiko für eine Schizophrenie mit zunehmendem Verwandtheitsgrad (vgl. ebd.).
5. Kinder einer psychisch kranken Mutter (einschließlich Schizophrenie) sind stärker beeinträchtigt als Kinder psychisch kranker Väter, was sich in verstärkt auftretenden dissozialen Verhaltensweisen bzw. Rückzugstendenzen der Kinder ausdrückt (Mattejat/Lisofsky 2001).
6. Fehlende Krankheitseinsicht der Eltern erhöht das Risiko für die betroffenen Kinder. Sie begünstigt eine Tabuisierung oder Verleugnung der Erkrankung und befördert auf diesem Wege die soziale Isolation.
7. Die Auswirkungen der elterlichen Erkrankung hängen davon ab, ob der andere Elternteil eine kompensatorische Funktion übernehmen kann.
8. Führt die Erkrankung zu einem Auseinanderbrechen der Familie, so sind Kinder ebenfalls in besonderer Weise gefährdet (Remschmidt/Mattejat 1994b, 13f).

## 3.2 Die (entwicklungs-)psychologische Ebene

Generell erscheint das Feld depressiver Erkrankungen und deren Auswirkungen auf die kindliche Entwicklung am besten erforscht, sodass sich ein Großteil der Ergebnisse darauf bezieht. Wir betonen nochmals, dass nur ein *unspezifischer* Zusammenhang zwischen der Art der Belastung und den Reaktionen der Kinder zu beobachten ist: Symptome von Kindern verweisen *nicht* sosehr auf eine spezifische Erkrankung, sondern sind häufig Ausdruck eines *erhöhten* Stressniveaus: Dies kann sich bei manchen Kindern in Nägelbeißen, Einnässen, aggressivem Verhalten, sozialem Rückzug u. a. manifestieren, bei anderen Kindern in Überangepasstheit oder auffälligem Fürsorgeverhalten gegenüber anderen Kindern. Es sind jedoch jeweils im Einzelfall auf der Basis einer genauen transdisziplinären Diagnose Hypothesen über den Ursprung und die mögliche Intervention aufzustellen und zu überprüfen.

### 3.2.1 Kleinkindalter (0–3 Jahre)

Die Auswirkungen psychischer Erkrankung der Eltern auf Klein- und Vorschulkinder sind altersabhängig. Kleine Kinder reagieren bei massiver psychischer Belastung der Eltern eher mit *internalisierenden* Störungen: Dies drückt sich in Rückzugsverhalten, unsicherer Bindung, geringerem aktivem Explorationsverhalten oder Sprachentwicklungsverzögerungen aus. Eine Exposition des Kindes während des Kindergartenalters erhöht dagegen eher das Risiko *externalisierender* Störungen (Essex et al. 2001). Damit sind z. B. hyperaktive oder aggressive Verhaltensweisen gemeint. Generell gilt es als erwiesen, dass mit Zunahme des Lebensalters psychosoziale Risiken immer mehr an Bedeutung gewinnen (Laucht et al. 2008).

Bei *depressiven Erkrankungen*, inklusive Wochenbettdepressionen (6–15 %), lassen sich primär Störungen der Mutter-Kind-Beziehung und Beeinträchtigungen der kognitiven Entwicklung beobachten (Wickberg/ Hwang 1996). Die Bindung (das Attachment) der Säuglinge darf, da die primäre Bindungsperson, im Regelfall die Mutter, unterschiedlich „ansprechbar" ist, als „unsicher" angesehen werden (Jacob/Johnson (2001), Cicchetti et al. 1998). Ein sehr sensibler Zeitraum scheint der 12.–18. Lebensmonat zu sein, wo sich die Bindungsunsicherheit massiv verstärkt.

Eine Depression geht mit unterschiedlichen Rückmeldestrategien einher: mit geringeren positiven Rückmeldungen nach einer positiven Handlung eines Kindes z. B. von Seiten der Väter, mit geringerer Sensitivität in Bezug auf die Bedürfnisse von Seiten der Mütter (NICHD 1999). Depressive Mütter reagieren eher negativer auf ihre Kinder (Lovejoy 1991). Es fällt ihnen schwerer, nachvollziehen, was in den Kindern vorgeht (Murray et al. 1996). Generell waren depressive Betreuungspersonen weniger „ansprechbar" auf Signale der Kinder.

Selbst gesunde Babys reagierten in geringerem Ausmaß auf die sprachlichen Signale depressiver Mütter und waren in geringerem Maß zu Lernprozessen motiviert (Kaplan et al. 1999). Schon bei 3 Monate alten Kindern können wir Entwicklungsverzögerungen feststellen: Die Kleinen sind passiver und weniger neugierig als ihre Altersgefährten und zeigen weniger exploratives Spielverhalten (Field et al. 1996). Es konnte beobachtet werden, dass Kinder depressiver Mütter mehr weinen (Milgrom et al. 1996). Weiterhin zeigen sie weniger Selbstdialoge (im Sinne des Lautierens) (Lemaitre-Sillere 1998). In diesem Zusammenhang sind Entwicklungsdefizite sowohl in der Sprachentwicklung (Brennan et al. 2000) als auch der kognitiven Entwicklung im Alter von 3 Jahren zu beobachten.

Auch bei Eltern mit *Angststörungen* zeigen sich deutliche Auswirkungen in Bezug auf die Entwicklung: Muris et al. (1996) zeigen hohe Zusammenhänge zwischen dem Angstniveau der Eltern und jenem der Kinder. 80 % der Kinder, deren Mütter als „Angststörung" klassifiziert wurden, zeigten eine unsichere Bindung, 65 % davon vom unorganisierten Typus. Häufig sind im Kleinkindalter Tendenzen zu überängstlichem Verhalten – als Schutz der Mutter, aber auch aufgrund fehlender oder inkonsistenter Rückmeldungen – zu beobachten (Onozawa et al. 2001).

Andere Neugeborene wiederum, deren Mütter *impulsiv* mit der eigenen Stimmungslage und dem hilflosen Nachwuchs umgehen, reagieren sehr aufgeregt, mit viel Schreien und Weinen, Schlaf- und Essstörungen (Deneke 1995). Knuf (2000) kommt zum Schluss: Schon 2-jährige Kinder von psychisch kranken Eltern haben deutlich mehr seelische Probleme als Altersgenossen gesunder Eltern.

Depression und Schizophrenie spiegeln sich im ersten Lebensjahr vor allem in Störungen der Interaktion wider, z. B. in emotionaler Unerreichbarkeit bei Depression und Schizophrenie. Deneke und Lüders (2003) beschreiben psychische Deprivation, Gedeihstörungen als mögliche Folge, weiterhin Schwierigkeiten, die Aufmerksamkeit zu fokussieren und stimulierende Reize aufzunehmen, da die Säuglinge vor allem im Rückzug mit der Selbstregulation beschäftigt sind. Drei Tage nach der Geburt war die Mutter-Kind-Interaktion bei Müttern mit Schizophrenie deutlich gestört: Negativ emotionales Klima, Anspannung, Unsicherheit, weniger sozialer Kontakt, weniger Blickkontakt waren zu beobachten. Als besonders kritisch wird das Ende des 1. Lebensjahres hervorgehoben: „Kinder psychotischer, besonders die schizophrener und manisch-depressiver Mütter, zeigten im 1. Lebensjahr nahezu keine Angstreaktion gegenüber einer fremden Person" (Remschmidt/Mattejat 1994b, 41).

Die Interaktion postpartal bipolar erkrankter Mütter wurde als desorganisiert, unsensitiv und/oder unberechenbar beobachtet (Gochman 1985). Schizophrene Mütter erscheinen in ihrem Interaktionsverhalten stärker beeinträchtigt als Mütter mit bipolaren Störungen, und diese stärker als an Depression Erkrankte (Hipwell/Kumar 1996). Auffälligkeiten bei Kindern *schizophrener* Eltern können unspezifisch oder spezifisch sein. Sie betreffen Störungen des Aufmerksamkeitsverhaltens und der Informationsverarbeitung und werden zum Teil als frühe Vorläufer einer schizophrenen Erkrankung gesehen. „Kinder schizophrener Eltern werden meist als emotional instabil geschildert: als stressüberempfindlich, leicht erregbar, ängstlich, unglücklich, stimmungsabhängig und nur mit einer geringen Frustrationstoleranz" (Remschmidt/Mattejat 1994b, 21).

Sie zeigten bereits im 1. Lebensjahr ängstlicheres Verhalten als Kinder von Müttern mit anderen Psychosen. Soziale Defizite sind die Folge: 0- bis 5-jährige Kinder schizophrener Mütter verfügen über geringere soziale Kompetenzen, auch wenn kein spezifisches Verhaltensmuster nachgewiesen werden konnte. Die sozialen und emotionalen Charakteristika sind jedoch nicht so spezifisch, dass ein Kind als „präschizophren" diagnostiziert werden könnte. In Bezug auf Entwicklungsparameter bei Kleinkindern schizophrener Eltern lassen sich keine konsistenten Ergebnisse beobachten, häufig jedoch so genannte „soft signs" (= diskrete Zeichen).

Es sind zwar deutliche Kommunikationsabweichungen zwischen Eltern mit Schizophrenie und ihren Kindern zu beobachten, diese stellten sich jedoch als unspezifisch in Bezug auf die Symptomatik von Kindern dar. Generell zeigen Kleinkinder schizophrener Mütter eher ängstliches (vermeidendes oder ambivalentes) Bindungsverhalten.

## 3.2.2 Vorschulalter (3–6 Jahre)

Generell lassen sich bei Vorschulkindern aus Familien mit erkrankten Elternteilen größere Verhaltensprobleme und ein geringerer Wortschatz beobachten (Free et al. 1996). Es sind Gefühle der Angst und Verwirrung und Selbstbeschuldigungen im Kleinkindalter (0–5) oder Gefühle der Verlegenheit, Scham, Einsamkeit und Ablehnung im Schulalter (Wadsworth 2008) zu beobachten. Die Belastungen, die im Zusammenhang mit der Elternkrankheit stehen, wirken sich später in Form sehr unterschiedlicher kinder- und jugendpsychiatrischer Auffälligkeiten wie Schulschwierigkeiten, aggressiven Schüben u. a. aus. Die Symptome sind oft Ausdruck schwer wiegender Störungen in den Beziehungen zu anderen Menschen und im Selbstwertgefühl. Im Kindergartenalter werden aufgrund des ersten Kontakts mit „institutionellen Erziehungsformen" die meisten „Verhaltensanpassungen" der Kinder an ihre „verrückte" Lebenssituation erstmals manifest. Die generelle Vulnerabilität ist umso größer, wenn soziale Risikofaktoren dazukommen oder wenn das Kind männlich ist. Denk- und Sprachniveaus der Kinder waren weniger kooperativ und eher problematisch. Kinder *schizophrener oder unipolar* erkrankter Eltern waren am leichtesten ablenkbar, störbar und in ihrer sprachlichen Kompetenz eingeschränkter (Mattejat/Lisofsky 1998). Es scheint verständlich, dass Kinder depressiver Eltern einen geringeren Selbstwert aufwiesen und meist ängstlicher waren. Kinder unipolarer Störungen zeigten mehr auffälliges Verhalten als Kinder nicht erkrankter Eltern und entwickelten Störungen auch früher als z. B. Kinder von Eltern mit bipolaren Störungen (Radke-Yarrow et al. 1992).

Die Kinder *schizophrener* Mütter sind typischerweise einer Fülle von psychosozialen Belastungen ausgesetzt. Mattejat et al. (1998) beschreiben Desorientierung, Schuldgefühle, Tabuisierung, Betreuungsdefizit, Zusatzbelastungen aufgrund Haushaltsführung, Verantwortungsverschiebung, Abwertungserlebnisse und Loyalitätskonflikte. Goodman et al. (1990) beobachteten, dass vornehmlich allein erziehende Mütter mit Schizophrenie weniger gut in der Lage waren, eine angemessene Erziehungsumgebung aufrechtzuerhalten – wenn auch mit Ausnahmen. Sharp et al. (1995) beschreiben Entwicklungsabweichungen im 4. Lebensjahr von einer Standardabweichung zu Vergleichsgruppen, die nicht im Kontext einer Depression aufwuchsen. Formale Denkstörungen sind m. E. sowohl bei der Schizophrenie als auch z. B. bei der Manie ein wichtiges Kriterium: Untersuchungen mit Schulkindern lassen einige Einschränkungen bei Wortassoziationen, Abstraktionen vermuten. Untersuchungen zu Kleinkindern sind uns nicht bekannt.

### 3.2.3 Die frühe Kindheit aus der Retrospektive

Wagenblass (2001) differenziert auf der Basis biographischer Erfahrungen von Kindern psychisch kranker Eltern zwischen:

a) unmittelbaren Problemen, wie Desorientierung, Schuld, Tabuisierung, Isolation oft aufgrund des Unverständnisses der Symptome und
b) Folgeproblemen wie z. B. Betreuungsdefiziten, Zusatzbelastungen oder Verantwortungsverschiebung, Abwertungserlebnissen und Loyalitätskonflikten.

Retrospektiv berichten im Jugend- und Erwachsenenalter Angehörige psychisch kranker Eltern, wie sie sich mit der Krankheit gefühlt hatten (Marsh/Dickens 1997). Bei mehr als drei von vier erwachsenen Kindern findet man:

**Massive Schuldgefühle:** Damals, aber manchmal noch bis ins Erwachsenenalter, leben diese Personen mit dem Gefühl, dass sie für das Leiden, aber auch die psychische Stabilität des erkrankten Elternteiles verantwortlich waren (Dunn o. J.). Die Gefühle im Erwachsenenalter pendeln zwischen Trauer und Wut, aber auch Selbsthass (Williams 1998), nicht verstanden worden zu sein bzw. keine Hilfe erhalten zu haben.

**Hilflosigkeit:** Viele Betroffene schildern das Gefühl, dass das „Nicht-gut-Gehen" der Erkrankten von ihnen selbst verursacht wurde. Dabei bringen die Kinder das eigene Verhalten häufig mit den Reaktionen des Erkrankten in Zusammenhang. Was sie dabei erleben, ist massive Hilflosigkeit und Unvorhersehbarkeit: „Wie immer ich mich verhalte, es hilft nicht. Das verändert nichts bei meiner Mutter oder meinem Vater." Die Folge kann eine massive „Ich bin nicht okay Botschaft" für das Kind sein. Unkontrollierbarkeit und Unvorhersehbarkeit von belastenden Situationen gelten gleichzeitig als Hauptauslöser für massiven Distress (Lazarus/Folkman 1984). Eine solche gelernte Hilflosigkeit – kombiniert mit erhöhter biologischer Verletzbarkeit – wird auch mit späterer Depression in Verbindung gebracht (Seligman 1992).

**Massive Verunsicherung und Desorientierung** sind mögliche Folgen. Die bis vor der Erkrankung geltenden Regeln, Normen, Werte verlieren ihre Bedeutung. „Die Reaktionen meiner Mutter oder meines Vaters haben sich verändert und sind immer anders." „Was bedeutet die Reaktion meines Vaters oder Mutter, wenn sie mich manchmal weinend in den Arm nimmt, später zurückstößt, als ich sie bat, mir bei einem Spiel zu helfen. Was gilt jetzt?". 40 % der erwachsenen betroffenen Kinder erhielten jedoch keine Antwort, was mit ihren Eltern passierte.

**Geringe Selbstachtung, vermindertes Selbstwertgefühl:** Erlebte Schuld, fehlende Konsistenz zwischen eigenem Verhalten und elterlichen Rückmeldungen sowie die internalisierte Nicht-okay-Botschaft führen zu einer Verminderung des Selbstwertgefühls. Soziale Unsicherheit und Tagträumerei (siehe die Fallgeschichte von Dieter), aber auch phantasierte Macht und Kontrollierbarkeit (die Fallgeschichte von Andreja) können Ausdrucksformen davon sein.

**Mangelndes Verständnis:** Emotionale Wärme, Empathie oder Feinfühligkeit fehlten ganz oder teilweise bzw. stehen in keinem Zusammenhang zu realem Verhalten: Die 11-jährige Claudia freute sich über ihren erfolgreich abgeschlossenen Computerkurs. Ihre sich gerade in einer manischen Phase befindliche Mutter reagierte darauf mit einem läppischen „Na und" und schenkte ihr weiter keine Aufmerksamkeit. Claudia erzählte in einer therapeutischen Einheit, wie sehr sie diese Reaktion der Mutter verletzt habe. Vor allem bei Schizophrenien, bei Manie oder Persönlichkeitsstörungen sind solche affektiven Verarmungen bzw. verringerte affektive Beteiligungen zu beobachten.

**Selbstaufgabe:** Wenn jahrelang der größte Teil der Aufmerksamkeit auf die Reaktionen und Bedürfnisse von den erkrankten Eltern konzentriert wird, besteht die Gefahr, dass diese Kinder keine Zeit und Energie für sich selbst haben. Dazu kommt, dass vor allem erstgeborene Kinder auch Elternrollen (Parentifizierung) für ihre Geschwister übernehmen müssen oder auch übernehmen wollen. Der 12-jährige Niko versorgte seinen 6-jährigen Bruder, wickelte den 2-jährigen Bruder, ging einkaufen, kochte für seine Geschwister und rief die Rettung, als seine schizophrene Mutter nicht mehr ansprechbar war. Bei der pflegschaftsrechtlichen Begutachtung (die Mutter wurde gegen ihren Willen stationär aufgenommen) antwortete Niko auf die Frage, was er sich wünsche: „Dass wir wieder mit unserer Mutter zusammen sein können!" Das Wahrnehmen eigener Bedürfnisse und Wünsche darf als Lernprozess angesehen werden: Bei vielen Krankheitsbildern haben die Kinder verlernt oder noch nie gelernt, ihre Bedürfnisse äußern zu dürfen (Wagenblass 2001). Die Ablösung vom Elternhaus im Erwachsenenalter erscheint erschwert.

**Angst vor Gewalt oder dem Selbstmord ihrer Eltern:** Nicht selten sind psychische Krankheiten durch verringerte Frustrationstoleranz, erhöhte Reizbarkeit, Nervosität, geringere Belastbarkeit sowie Aggressionsdurchbrüche gekennzeichnet. 40 % aller Kindesmisshandlungen geschehen an Säuglingen unter einem Jahr (Deneke 1995).

„Scharfe und grobe" Antworten (Du bringst mich noch ins Grab mit deinen Fragen), verbale Beleidigungen (Frag nicht so blöd) oder körperliche Angriffe sind manchmal die Antwort auf eine ganz normale Frage des Kindes. Da Gewalt gegen andere oder gegen sich selbst zum konkreten Erfahrungsschatz des Kindes zählen, bleibt für ein Kleinkind mit hoher Wahrscheinlichkeit nur unspezifische „Angst" und eigene erlebte „Verantwortlichkeit": Es kann nicht unterscheiden, welche Selbstmordäußerungen nur eine „erzieherische" Maßnahme der Eltern oder eine ernst zu nehmende Selbstmorddrohung darstellen.

**Angst, an der psychischen Krankheit der Mutter oder Vaters selbst zu erkranken:** Eine erwachsene Tochter, deren Mutter in ihrer Kindheit immer wieder an schweren depressiven Episoden litt, wobei auch der Onkel mütterlicherseits mehrere Selbstmordversuche hinter sich hatte, vertraute mir an: „Ich habe immer Angst, selbst auch krank zu werden. Jetzt habe ich eigene Kinder und habe Angst, dass auch ich die Depression geerbt habe. Die schlimmste Vorstellung aber ist für mich, dass meine Kinder krank werden könnten. Wie kann ich mich und die Kinder schützen?" Genetische Beratung kann hier wenigstens statistisch das Erkrankungsrisiko klären und den Weg für schützende Prozesse (Resilienz) eröffnen.

Betroffene können sich in vielen psychiatrischen Kliniken über ihr Erkrankungsrisiko und das ihrer Kinder informieren.

Zunächst muss jedoch die Diagnose gesichert werden. Es muss ein möglichst vollständiger Familienbefund erhoben werden, der Informationen über Erkrankungen bei den Großeltern, bei Onkeln und Tanten und deren Nachkommen mit einschließt. Aufgrund dieser Informationen können die Wiederholungswahrscheinlichkeiten der Erkrankung für die nächste Generation eingeschätzt werden.

## 3.3  Die soziale Ebene

Eine psychische Erkrankung hat immer Auswirkungen auf die gesamte soziale Situation der Familie:

**Reale Trennung vom Elternteil durch stationäre Aufenthalte:** Im Falle eines Klinikaufenthaltes fehlt der kranke Elternteil ganz. Meist verfügen Familien bereits über „Krisenpläne": Die Tante kommt, die Kinder gehen nachmittags zur Kindergartenfreundin. Klinikaufenthalte sind häufig; gerade bei schwierigen Patienten wurde der Begriff der „Drehtürpatienten" geprägt. Etwa 50 % der Patienten in psychiatrischen Klinken sind Wiederaufnahmen, die mehr als fünfmal zuvor stationär behandelt wurden (Eikelmann 1998). Die Mutter der 5-jährigen Sonja wurde fast zwei Jahre mit kurzen Unterbrechungen wegen ihrer schweren Depression stationär behandelt. Belastend ist für die Kinder auch die soziale Abwertung, die sie offen im Kindergarten oder der Schule oder verdeckt bei Bekannten und Nachbarn erfahren, wenn bekannt wird, dass sich die Mutter oder der Vater „in der Klapsmühle", „im Irrenhaus" oder dem „Krankenhaus für Verrückte" befindet.

**Soziale Isolation, fehlende soziale Unterstützung:** Betroffene Erwachsene schildern, dass sie sich als Kinder alleine gelassen gefühlt haben. Einerseits ist eine Reduktion des sozialen Netzwerkes zu beobachten: Freunde und Verwandte der Familie ziehen sich zurück. Andererseits erleben kleine Kinder auch soziale Ausgrenzung von Gleichaltrigen, wenn sie z. B. nicht zu Geburtstagspartys eingeladen werden oder keine Freunde mit nach Hause bringen können. Gewünscht hätten sich die Betroffenen eine Vertrauensperson, mit der sie zum damaligen Zeitpunkt sprechen hätten können. Scheidungen und Trennungen mit der damit verbundenen emotionalen Belastung der Kinder sind häufiger als in der Normalbevölkerung. Es bleibt die Scheu, darüber zu reden – nicht nur in der Beratung, sondern gerade auch mit den eigenen Eltern. Häufig sind die Geschehnisse ein regelrechtes Familientabu, und das noch nach zwanzig Jahren. Immer wieder ist in Beratungen zu beobachten, wie die traumatischen Ereignisse der Kindheit viele Lebensbereiche der Gegenwart beeinflussen, so auch die Partnerwahl und die Art der Paarkonflikte: Viele Kindheitserlebnisse wiederholen sich im späteren Erwachsenenleben.

**Sozialer Drift:** Die soziale Situation der Betroffenen verschlechtert sich in der Regel durch die chronisch verlaufende Krankheit (= sozialer Drift). Meist geht damit ein Verlust des Arbeitsplatzes verbunden mit den daraus resultierenden ökonomischen Problemen einher. Bei einigen Krankheiten (Schizophrenie, Suchterkrankungen) schränken sich Sozialkontakte massiv ein. In extrem marginalisierten Gruppen lassen sich psychiatrische Erkrankungen häufiger beobachten, wobei die Diskussion über kausale Zusammenhänge hier nicht geführt werden soll: Kommt es zum sozialen Drift, weil eine Disposition für eine psychiatrische Krankheit vorliegt, oder bedingen soziale Risikofaktoren wie Armut etc. selbst ein erhöhtes Erkrankungsrisiko?

**Leben im alltäglichen Chaos:** Gerade auf der Ebene der Alltagsaktivitäten zeigen sich deutliche Veränderungen, insbesondere bei Schizophrenie und Suchterkrankungen. Massive Verwahrlosung droht: Kleinkinder, deren Windeln nicht gewechselt werden, die wochenlang nicht gewaschene Kleidung tragen oder die Nachbarn um Essen ersuchen. Meist sind jedoch in diesen Fällen bereits Jugendämter eingeschaltet, da eine massive Bedrohung des Kindeswohles vorliegt. Solche Veränderungen sind relativ leicht erkennbar und aktivieren im Normalfall schneller soziale Unterstützungsstrukturen oder Gerichte. Deutlich wird, dass alles oben Erwähnte die Anpassungsfähigkeiten des Kindes massiv überfordert.

## 3.4 Welche psychologischen Überlebensstrategien entwickeln Kinder?

Dass eine psychische Erkrankung eine extrem belastende Krise darstellt, darf als erwiesen angesehen werden. Das DSM-III-R klassifiziert Belastungen bei Kindern wie in Tabelle 7 gezeigt wird, im DSM-IV-TR findet sich diese Aufstellung jedoch nicht mehr.

Tabelle 7: Skala der Schwere der psychosozialen Belastungen bei Kindern und Erwachsenen (Wittchen et al. 1989, 31)

| Kode | Begriff | Akute Ereignisse | Länger andauernde Lebensumstände |
|---|---|---|---|
| 1 | keine | keine akuten Ereignisse, die im Zusammenhang mit der Störung stehen | keine länger andauernden Lebensumstände, die im Zusammenhang mit der Störung stehen |
| 2 | leicht | Auseinanderbrechen der Freundschaft mit Freund oder Freundin, Schulwechsel | beengte Wohnsituation, Familienstreitigkeiten |
| 3 | mittel | Schulausschluss, Geburt eines Geschwisters | chronisch behindernde Krankheit eines Elternteiles, ständiger Streit der Eltern |
| 4 | schwer | Scheidung der Eltern, unerwünschte Schwangerschaft, Gefängnisaufenthalt | strenge oder zurückweisende Eltern, chronische lebensbedrohliche Krankheit eines Elternteiles, verschiedene Aufenthalte in Pflegeheimen |
| 5 | sehr schwer (extrem) | sexueller Missbrauch oder körperliche Misshandlung, Tod eines Elternteiles | wiederholter sexueller Missbrauch oder körperliche Misshandlungen |
| 6 | katastrophal | Tod beider Eltern | chronische lebensbedrohende Krankheit |
| 0 | ungenügende Information oder keine Änderung der Bedingungen | | |

Der Münchner Psychiater und Psychotherapeut Helmut Kolitzus (1997) hat in seiner täglichen Arbeit mit suchtkranken Eltern und deren Kindern vier Rollen gefunden, *wie Kinder das Trauma „Suchtfamilie" für sich zu bewältigen versuchen.* Vergleichbare Rollen finden sich auch innerhalb von Familien mit anderen psychischen Erkrankungen:

1. **Der Held** versucht, Ersatzpartner für den gesunden Elternteil zu sein, oder kann sogar zur Ersatzmutter oder zum Ersatzvater werden. Wenn der eigene Vater oder die Mutter schon am Morgen nicht zu Hause ist oder sich vor Verzweiflung im Schlafzimmer eingeschlossen hat, geht der Held zur Schule, kauft anschließend für die Familie ein, tröstet die Mutter und kocht für die ganze Familie. Der 8-jährige Fabian hatte das Aufpassen auf seinen kleineren Bruder übernommen, weil er gesehen hatte, dass seine Mutter durch ihre zahlreichen Zwangshandlungen des Händewaschens keine Zeit für ihn gehabt hatte.

2. **Der Sündenbock** versucht, in seinem Verhalten noch auffälliger als der erkrankte Elternteil zu sein, und lenkt dadurch alle Aufmerksamkeit auf sich. Neben dem stehlenden Sohn oder der drogenabhängigen Tochter ist die Schizophrenie der Mutter nur noch halb so schlimm.

3. **Das verlorene Kind** zieht sich von der erkrankten Familie in seine innere Einsamkeit zurück. Während sich die Mutter schon seit Tagen nicht mehr um das Kind kümmert, träumt das verlorene Kind von einer glücklichen Familie, von schönen Reisen und der lang ersehnten Geburtstagsparty. Es verhält sich unauffällig, scheu und „pflegeleicht".

4. **Das Maskottchen** wird zum schutzbedürftigen Baby, gibt sich niedlich, süß und nett und versucht, Schwierigkeiten durch Komik zu überdecken. Gerade bei adoleszenten Eltern (mit bisweilen mangelnder persönlicher Reife) ist die Maskottchenrolle – mit der damit verbundenen Gefahr einer Vernachlässigung, wenn die Bedürfnisse des „realen Kindes" wahrzunehmen und zu befriedigen sind – häufiger zu beobachten.

Etwa ein Drittel der betroffenen erwachsenen Kinder, deren Eltern an Depression erkrankt waren, schildern Auswirkungen auf ihr Leben, meist ausschließlich negative. Mehr als die Hälfte beschreiben eigene psychische Schwierigkeiten, 39 % befanden sich in Behandlung (Meyer et al. 2001).

Trotz dieser multiplen Belastungen und Risiken entwickeln sich manche Kinder zu gesunden Erwachsenen. Wir können es ihnen leichter machen, wenn wir sie frühzeitig „stärken". Welche Hilfsangebote wünschen sich stationär aufgenommene Eltern (Sommer et al. 2001)?

# Welche psychologischen Überlebensstrategien entwickeln Kinder? 55

- Hilfe bei der Information des Kindes (58,3 %), im Vorschulalter ist der Wunsch danach jedoch geringer.
- Die Hälfte der Eltern, die mit ihren Kindern zusammenleben, ist generell für Hilfe zugänglich.

Die Autoren beschreiben jedoch auch, dass kaum Angebote im Kleinkindbereich bestehen. Studien aus dem Bereich früher Interventionen sprechen für frühe Interventionsformen, auch wenn Effekte kaum auf die Spezifität der Unterstützungsmaßnahmen zurückzuführen sind:

- Frühförderung kann als eine Bedingung zur Ermöglichung protektiv wirkender Prozesse angesehen werden (Weiß 2008).
- Lüders und Deneke (2001) gehen davon aus, dass eine Kombination von Mutter-Säuglings-Psychotherapie mit „interaction guidance" (im Sinne der Sensibilisierung für die Bedürfnisse von Babys) am erfolgreichsten zu sein verspricht.
- Regelmäßige Babymassage verbessert die Mutter-Kind-Interaktion bei Neugeborenen von Müttern mit Wochenbettdepressionen (Onozawa et. al 2001).
- Mutter-Kind-Psychotherapie bei 20 Monate alten Kleinkindern verbesserte sowohl sprachliche als auch kognitive Entwicklungsparameter der Kleinkinder (Cicchetti et al. 1998).
- Ein Frühförderprogramm mit 24 Müttern und deren Säuglingen (0–6 Monate) bewirkte, dass das Verhalten der Kinder für die Mütter vorhersehbarer wurde, dass verbales und Ausdrucksverhalten häufiger imitiert wurde und die Kleinkinder mehr Vokalisationen produzierten (Moreau et al. 1998).
- Depressive Mütter, die Psychotherapie in Anspruch nahmen, waren besser in der Lage, die emotionalen Reaktionen ihrer Kinder zu interpretieren (Free et al. 1996).

Die beiden Zeichnungen von Michael, 6 Jahre, vor und nach der Unterstützung bei der Bewältigung der Depression seiner Mutter sprechen für sich (siehe Abbildung 5 und 6, S. 56).

56  Leben mit einem psychisch erkrankten Elternteil

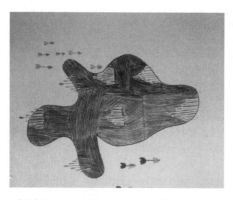 

Abbildung 5: Zeichnung von Michael *am Beginn* der depressiven Episode

Abbildung 6: Zeichnung von Michael *nach Behandlung* der depressiven Episode seiner Mutter und psychosozialer Unterstützung

**? Fragen zur Selbstevaluation der Fachkräfte**

- Über welche Strategien verfüge ich, mit Kleinkindern über belastende Ereignisse zu sprechen?
- Wie würde ich als Fachkraft einem Kleinkind die psychische Erkrankung eines Elternteiles erklären?
- Welcher Ebene (biologisch, psychologisch, sozial) habe ich bislang psychische Erkrankungen zugeschrieben?
- Welche „blinden" Gesprächsteile, Tabus erlebe ich in meinem beruflichen Umfeld bzw. in meiner eigenen Herkunftsfamilie?
- Welche Rollen der Kinder erlebe ich sehr leicht als nicht angebracht, bei welchen fällt mir diese Zuschreibung schwer?

# 4 Was Kinder psychisch kranker Eltern stärkt

Die psychische Widerstandskraft zu aktivieren (auch wenn die wissenschaftliche Diskussion darüber noch sehr offen ist) und Kinder über die Erkrankung der Eltern aufzuklären – erinnern wir uns an die im vorangegangenen Kapitel hohe Zahl nicht informierter Kinder und Jugendlicher – sind unser Ausgangspunkt zur Förderung. Information und Resilienz stellen die beiden Faktoren dar, die aktives Management der Belastungssituationen erlauben (siehe Abbildung 7)

## 4.1 Kleinkinder über die Erkrankung ihrer Eltern informieren

Unter *Information* verstehen wir die kindgerechte Aufklärung über die Entstehung, den Verlauf und die Behandlungsmöglichkeiten einer psychischen Erkrankung.

Eine solche Informationsvermittlung darf von Seiten der Fachkräfte *nur unter Zustimmung* der Betroffenen oder der nächsten Angehörigen an ein Kleinkind gegeben werden. Diese Einwilligung stellt bei freiwilligen Unterstützungsangeboten ein absolutes *Muss* dar und sollte von Seiten der Fachkraft wenigstens in ihren eigenen Aufzeichnungen vermerkt werden. Fehlende Zustimmung verstärkt bestehende Loyalitätskonflikte beim Kind und kann auch zivilrechtliche Folgen (Verleumdung, Rufschädigung) nach sich ziehen. Damit bedarf die professionelle Information durch eine päda-

Abbildung 7: Die zwei Säulen der frühen Förderung von Kleinkindern psychisch kranker Eltern

gogische Fachkraft einer *minimalen Krankheitseinsicht* der Erkrankten. Wenn diese nicht gegeben ist, obliegt die Information der Kinder anderen Experten (Fachärzten für Psychiatrie, Sozialarbeitern, Sachwaltern/Verfahrenspflegern/Betreuern, Gericht). Die Alltagserfahrungen zeigen jedoch, dass Eltern ihre Kinder vermeintlich schützen und sie nicht mit Informationen über die Krankheit belasten wollen. Sie glauben oft, dass das Ganze bald vorüber ist oder dass die Information die Kinder noch mehr belasten kann.

Häufig ist gerade das Gegenteil der Fall. Unser Abschnitt über kindgerechte Informationsvermittlung soll auch dazu dienen, Angehörigen einen Leitfaden zu bieten, wie Kinder über die Erkrankung eines Elternteiles aufgeklärt werden können. Die Vorsicht der Eltern, vor ihren Kindern eine „heile Welt" aufrechtzuerhalten, muss respektiert werden und stellt meist den Ausgangspunkt der Auseinandersetzung dar. Der erste Schritt besteht meist darin, Eltern zu sensibilisieren, dass Kinder durchaus die Veränderungen wahrnehmen. Im Gespräch kann den Eltern z. B. eine mögliche Verhaltensänderung des Kindes beschrieben werden: „Seit meinem letzten Besuch beobachte ich, dass Kathrin jetzt nicht mehr das Zimmer verlässt, in dem Sie sich aufhalten. Sie erzählen mir, dass sie nicht mehr alleine schlafen gehen mag. Wie erklären Sie sich das? Für mich sind das Anzeichen, dass sich Kathrin Sorgen um Sie macht und Sie immer beobachten möchte, ob noch alles in Ordnung ist." Diese Beobachtungen sind für die Eltern meist überraschend. Eine Auseinandersetzung vor allem beider Eltern mit eigenen professionellen Beobachtungen führt meist dazu, dass ein Reflexionsprozess einsetzt – sofern Eltern dazu noch in der Lage sind.

**Eine mögliche Aufklärung sollte:**

**Kindgerecht erfolgen,** d. h. dem Entwicklungsalter des Kindes angemessen sein. Vor allem bei kleinen Kindern wird es notwendig sein, Hilfsmittel, wie z. B. Bilderbücher oder bekannte Geschichten bzw. Filme, heranzuziehen: Wie z. B. Mogli durch den Sumpf des Vergessens zieht, von Traurigkeit übermannt wird und aufzugeben droht (Dschungelbuch). Die Beschreibung muss an der kindlichen Vorstellungswelt „andocken": „Transmitter" können ruhig einmal durch den „Kopf" der Eltern „hüpfen" und Stimmen oder Bilder produzieren, wie z. B. im Traum. Die Traurigkeit kann so stark werden, dass man aufhört zu essen oder sich wünscht, nicht mehr hier zu sein. Es kann schon einmal passieren, dass nichts zu essen im Haus ist, weil die Mutter mit so vielen Sachen im Kopf beschäftigt ist, die alle gleichzeitig da sind, wie im Film, wenn ich zwischen den Programmen hin- und herspringe.

**Situationsadäquat sein,** d. h. dass prinzipiell den Fragen des Kindes gefolgt werden sollte und genug Raum und Zeit vorhanden ist, ein solches Gespräch zu führen. Vor allem Kleinkinder sind in solchen Situationen kaum an langen Beschreibungen interessiert. Es ist besser, das Gespräch zu einem späteren Zeitpunkt fortzusetzen. Kleinkinder benötigen nicht nur Information, sie wollen auch über ihre eigenen Erfahrungen und Gefühle sprechen. Auch ein 5-jähriges Kind kann man befragen, was es von der Situation zu Hause hält.

**Behutsam sein,** insofern, als vor allem mögliche internale Zuschreibungen (ich bin schuld) grundsätzlich vermieden werden sollten.

**Lösungsorientiert für das Kind sein,** d. h. dass vor allem Handlungsstrategien für das Kind erarbeitet werden sollten. „Wenn dein Papa einmal vergisst, dich vom Kindergarten abzuholen, was kannst du dann tun, wen kannst du um Hilfe fragen usw."

**Differenzierend** sein zwischen gesunden und kranken Anteilen. Die Hauptbotschaft an das Kind bleibt, dass „Mama oder Papa mich lieb haben, dass sie jedoch manchmal Dinge sagen oder tun, die ich nicht verstehe oder die mir auch wehtun. Vor diesen kann ich mich jedoch schützen, indem ich als Kind z. B. Lösungsstrategien zur Verfügung habe".

Meist sind Phantasien für die Kinder in viel höherem Maße belastend als eine kindgerechte Information darüber, was los ist. Dies erfordert Ehrlichkeit und die Fähigkeit, zuzuhören. Vor allem in „stürmischen Zeiten", wenn Kinder für sie mögliche beunruhigende Informationen (z. B. über die Erkrankung eines Elternteiles) erhalten, sollten sowohl andere Familienmitglieder als auch eingesetzte Fachkräfte an vertrauten Gewohnheiten des Kindes festhalten. Die Einbeziehung anderer Erwachsener (siehe 4.2) kann sinnvoll sein, aber auch die Akzeptanz, dass sich das Kind möglicherweise einer außen stehenden Person bereits „anvertraut" hat. Da bislang kaum spezifische Ratgeber zur Vermittlung als bedrohlich geltender Informationen für Kleinkinder vorliegen, werden einige Richtlinien aus dem Bereich älterer Kinder adaptiert (Sektion Psychiatrie o. J.); sie sind in Tabelle 8 zusammengefasst.

Dass ein solches Gespräch nicht einfach ist und hohes eigenes Verantwortungsgefühl und Empathie erfordert, dürfte deutlich gemacht worden sein. Nicht zu unterschätzen ist jedoch die mögliche Unterstützung des transdisziplinären Teams, das vor einem solchen Gespräch als Vorbereitung oder danach als Reflexion konsultiert werden kann.

Tabelle 8: Richtlinien der Information für Kleinkinder

| Erlebnisaspekt | Sprachliches Beispiel | Funktion |
| --- | --- | --- |
| *Eins ist sicher.* | Es gibt verschiedene Krankheiten, für die meisten gibt es eine Medizin oder eine Behandlung. Manche sieht man nicht so gut, wie Fieber, aber man spürt sie. Manche Menschen sind plötzlich furchtbar traurig oder müde. Das sieht man auch nicht von außen, aber sie spüren das. Das kann auch eine Krankheit sein, und dafür gibt es auch Medizin. Das wird dann wieder gut. | Sicherheit vermitteln, dass psychische Erkrankungen wie alle anderen behandelbar sind. Symptome einführen, die normalerweise von einem Kleinkind nicht als „krankheitswertig" angesehen werden. Über Krankheiten informieren, die man auf den ersten Blick nicht „sehen" kann, wohl aber „spüren". |
| *Reden und spielen kann helfen.* | Wenn man mit der Erzieherin spricht oder z. B. „Krankenhaus" spielt, kann das helfen, denn dann weiß man ganz genau, was man machen kann und was passiert: Der Papa kommt ins Krankenhaus, bekommt eine Spritze, kann dort schlafen, fernsehen und kommt dann gesund wieder nach Hause. | Die Erlaubnis geben, über Belastendes zu sprechen oder es mittels kindlicher Mittel darstellen zu dürfen. Prozesswissen vermitteln, was im Rahmen der Behandlung passiert, damit das Kind dies in seine Welt integrieren kann. |
| *Die Leitungen im Kopf spielen „verrückt".* | Irgendetwas ist mit den Leitungen im Kopf nicht in Ordnung. Das passiert manchmal. Da kann dein Papa nichts dafür und du auch nicht. Da sagt oder tut der Papa dann komische Sachen, das kommt jedoch von den Leitungen, die krank sind. Die kann man auch wieder gesund machen. | Kindadäquate Erklärungen bieten, die vor allem eine externe Ursachenzuschreibung erlauben und der kindlichen Vorstellungswelt entsprechen. Mechanische Erklärungen bieten in höherem Maße externe Ursachenzuschreibung. |

| | | |
|---|---|---|
| *Meine Eltern haben mich lieb.* | Kannst du dich auch an schöne Sachen erinnern? Wie es sehr lustig war? Die Krankheit ist nicht mit dem Liebhaben verbunden. Es ist eine Krankheit und kein Zeichen des Nicht-lieb-Habens. Es kann auch wiederkommen. | Fokussieren auf positive Aspekte, die für das Kind verständlich machen, dass es auch geliebt wird. |
| *Wie heißt die Krankheit, was hat meine Mutter, mein Vater (am Beispiel der Psychose bzw. Schizophrenie)?* | Dein Vater hört Stimmen im Kopf, wie im Traum. Manchmal verhält er sich auch komisch, das heißt dann „psychotisch". Das ist eine ganz normale Krankheit, wie das Ohrensausen vom Opa. Das kannst du auch den anderen sagen, wenn sie dich fragen. | Dem Kind einen Begriff geben, da schon sehr früh gelernt wird, dass Krankheiten „Namen" haben. Je mehr um eine Erkrankung „herumgeredet" wird, desto bedrohlicher wird sie für das Kind. |
| *Bekomme ich das auch, ist das ansteckend?* | Kleine Kinder, wenn sie viel spielen, Freunde haben, mit der Frühförderin spielen und viel fragen, bekommen diese Krankheit nicht. | Phantasien des Kindes in Bezug auf eine mögliche eigene Erkrankung reduzieren und gleichzeitig gesundheitsförderliche Verhaltensweisen beschreiben. |

## 4.2 Resilienzprozesse aktivieren

Resilienz als Folge schützender Prozesse zeigte in verschiedenen Studien (Werner 1993, 1995, 1997) eine vermittelnde Wirkung beim Vorhandensein von Risikofaktoren. Das Streben nach Autonomie bei Jungen bzw. nach sozialer Unterstützung erwies sich z. B. als Hauptfaktor in der Kauai-Studie. Ob Resilienz nun einen pufferenden Effekt, insofern die Wirkung von Risikofaktoren geschwächt wird, oder eine generell schützende Wirkung hat, indem das Auftreten von Belastungen bereits weniger Auswirkung zeigt (= Haupteffekt), mag der wissenschaftlichen Klärung überlassen bleiben. Auch auf die Unschärfe der Begriffe „Schutzfaktoren", „Resilienzprozesse" und Resilienz (z. B. als Metapersönlichkeitseigenschaft „adaptiver Flexibilität") sei hingewiesen. Dabei zeigen neuere Ansätze zur Resilienz-

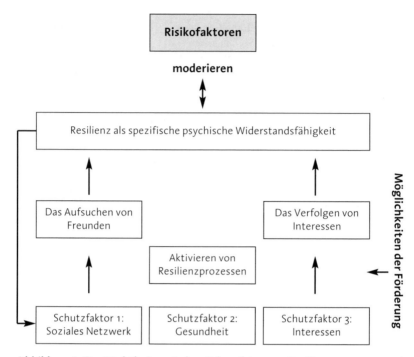

Abbildung 8: Das Verhältnis zwischen Schutzfaktoren, Resilienzprozessen und Resilienz

foschung, dass es sich sowohl um ein dynamisches Konstrukt handelt, d. h. Resilienzprozesse sind lebensabschnitt- und situationsabhängig bzw. konsequenterweise auch anforderungsabhängig in Bezug auf jeweilige Entwicklungsaufgaben. Resilienz wird dabei als Ergebnis des Erwerbs bereichsspezifischer Ressourcen verstanden, die durch die Interaktion mit der Umwelt erworben worden sind. Resilienz bezeichnet somit die Fähigkeit, erlernte Mechanismen trotz schwieriger Umstände zu aktivieren. Dies ermöglicht eine relativ gesunde Entwicklung auch unter belastenden und/oder risikoreichen Bedingungen (nach Petermann/Schmidt 2006).

„Unabhängig von methodischen Problemen und den Perspektiven für die weitere Forschung ist der praktische Wert des Konzepts der Schutzfaktoren oder der Schutzprozesse für die Pädagogik wohl darin zu sehen, dass es das Augenmerk der Praktiker auf den Aufbau und die Förderung von Bewältigungskapazitäten lenkt" (Opp et al. 1999, 16).

Generell verweisen vorliegende Studien auf drei große miteinander verbundene Faktorengruppen, die mit Resilienz in Verbindung gebracht werden (siehe Abbildung 9).

Das Konzept der „Vulnerabilität" 63

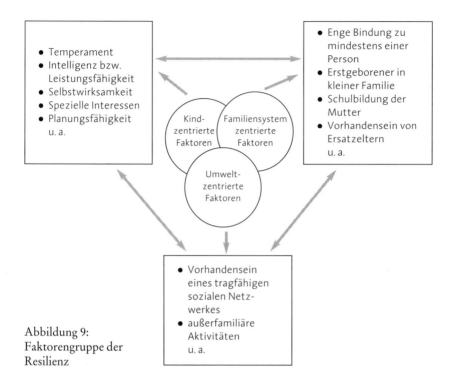

Abbildung 9:
Faktorengruppe der
Resilienz

Es wird angenommen, dass diese Faktoren, wenn auch jeweils unterschiedlich in Lebensphasen (siehe S. 43) und auch das Geschlecht der Kinder betreffend (siehe S. 27, 64), die Wirkung adversiver Bedingungen differenziert abschwächen. Es dürfen auch Zusammenhänge mit Immunparametern vermutet werden, als resiliente Menschen auch ein besseres Immunsystem besitzen und damit weniger krankheitsanfällig sind (Jamner et al. 1988).

## 4.3 Das Konzept der „Vulnerabilität"

Eng verbunden – vor allem im Bereich psychiatrischer Fragestellungen – ist das Modell der „Vulnerabilität". Darunter wird die Hypothese verstanden, dass sich Menschen in ihrer „Verletzbarkeit" in Bezug auf ein Erkrankungsrisiko unterscheiden. Medizinisch wird Vulnerabilität als „Erkrankungsbereitschaft" definiert. Um an einer psychischen Störung zu erkranken, muss notwendigerweise eine biologische Tendenz für eine Erkrankung, im Sinne genetischer oder früher biologischer Faktoren, vorliegen. Durch aktuelle Belastungen – verstärkt durch Alkohol oder Substanzmissbrauch – kann es dann im Einzelfall zur Auslösung der Erkrankung kommen. Dies hängt jedoch auch davon ab, inwiefern ein System über-

64   Was Kinder psychisch kranker Eltern stärkt

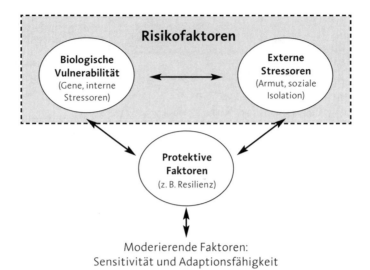

Abbildung 10: Das Verhältnis zwischen biologischer Vulnerabilität, Risikofaktoren und protektiven Aspekten (nach Dimova/Pretis 2003)

haupt *sensibel* ist, Veränderungen wahrzunehmen oder sich auf Veränderungen einzustellen. Ein sensibles Kind reagiert somit möglicherweise stärker und früher auf externe Stressoren als ein Kind mit einem „robusten" Wahrnehmungssystem.

In der Heilpädagogik ist durchaus Vorsicht geboten: Vulnerabilität bei Kleinkindern psychisch kranker Eltern ist keine defektologisch-medizinische Kategorie, die auf ein „Reparaturmodell" verweist. Vielmehr verstehen wir damit, dass sich mit hoher Wahrscheinlichkeit bei unserer Zielgruppe durch die Kumulation von Belastungsfaktoren vorhandene „Reserven" und Ressourcen" schneller erschöpfen und sie somit „anfälliger" auf Störungen des Erlebens oder Verhaltens ist. Durch die Förderung von Resilienzprozessen erwarten wir eine Stärkung der Autonomieprozesse der Kinder (und der Eltern) und eine Unterstützung der sozialen Eingebundenheit der Kinder.

So sind z. B. Jungen in der Kindheit verletzlicher in Bezug auf psychische Störungen, Lernschwierigkeiten oder Erkrankungen als Mädchen, wohingegen Letztere in ihrer Adoleszenz „erkrankungsbereiter sind". Im Alter kehrt sich dieses Verhältnis in Richtung männlichem Geschlecht wieder um (Werner 2008). Dieser Befund spiegelt die häufig in Beratungsstellen zu beobachtende Tendenz wider, dass Beratung oder auch frühe Förderung im Vorschulbereich zu zwei Drittel Jungen betreffen (Pretis 2002a).

Eine generelle Vulnerabilität kann dadurch kaum vermindert werden, wohl aber die „Auslöseschwelle" für Störungen, da Kinder auf schwierige Situationen besser zugehen können. Aufgrund der in Kapitel 3 beschriebenen Zusammenhänge zwischen der kindlichen Entwicklung und psychischer Erkrankung gehen wir davon aus, dass die grundsätzliche Vulnerabilität von Kindern, die im Kontext psychisch kranker Eltern aufwachsen, im Vergleich zur Allgemeinbevölkerung *erhöht* ist.

### 4.4  Was kennzeichnet „resiliente" Kinder?

Resilienzförderung benötigt ein Ziel, in dessen Richtung wir uns mit unseren Fördermaßnahmen bewegen sollen. Es geht dabei auch um die Frage, was Kinder benötigen, um (psychologisch) glücklich zu sein. Dass vor allem im Zusammenhang mit dem zu beobachtenden sozialen Drift meist viel basalere Bedürfnisse bereits gefährdet sind, mag hier der Einfachheit halber vernachlässigt werden. Es ist auch nicht die Frühförderung, die z. B. für die Deckung adäquater Lebens- oder Wohnverhältnisse sorgen kann. Resiliente Kinder verfügen über:

- *unterstützende persönliche Beziehungen* auf der Basis sicherer Bindungen. Dies bedeutet Feinfühligkeit der Betreuungspersonen, emotionale Verfügbarkeit und kontingente Rückmeldungen auf das eigene Verhalten.
- *gute kognitive Fähigkeiten, Strategien der Problemlösung bzw. der Informationsgewinnung bzw. -verarbeitung.* Dies erfordert sowohl die Notwendigkeit der Führung von Seiten der Eltern als auch Möglichkeiten autonomen Lernens und Ausprobierens (Kühl 2005, Weiß 2005, Pretis 2005).
- *soziale Kompetenzen*, mit anderen in Kontakt zu treten, gemeinsame Wirklichkeiten im Spiel zu schaffen und Konflikte zu lösen (Guralnick 2003).
- *emotionale Fähigkeiten der Selbstregulation*, des Bedürfnisaufschubes und der Selbstmotivation (Goleman 2001).
- *eine positive Selbstwahrnehmung.*
- *eine positive Wahrnehmung der eigenen Zukunft.*
- *Kompetenzen* (d. h. eine generelle Leistungsfähigkeit) und deren Umsetzung in konkrete Leistung (Performanz). Dies erfordert auch das Vorhandensein einer entwicklungsadäquaten Umgebung z. B. durch Spielmaterialien.
- *positive Vorbilder* als Identifikationspotentiale, die nicht immer primär Familienmitglieder umfassen müssen.
- *das Gefühl der Zugehörigkeit* zu einer Familie, zu einer Gruppe oder Ethnie. Bei Menschen, deren Zugehörigkeitsgefühl z. B. durch Migration bedroht ist, lässt sich ein erhöhtes Risiko zu psychischer Erkrankung beobachten.
- *(Selbst-)Verantwortung* in entwicklungsadäquater Form. Sowohl ein Übermaß an Selbstverantwortung (Vernachlässigung) als auch ein Man-

gel an Möglichkeiten (überprotektive Erziehung) bedrohen die gesunde Entwicklung eines Kindes.
- *Teilhabe (Partizipation)* an bedeutsamen Aspekten des Lebens in kindadäquater Weise, abhängig vom jeweiligen kulturellen Kontext.

## 4.5 Resilienzfaktoren

Wir gehen nicht davon aus, dass jedes Kleinkind psychisch kranker Eltern Frühförderung benötigt. Die jeweilige Unterstützungsnotwendigkeit hängt in hohem Maße vom *Gleichgewicht* zwischen Risikofaktoren und Resilienzprozessen ab. Auch in der Behindertenhilfe bleibt zu überlegen, ob nicht die Einschätzung dieser Balance dazu führen sollte, welche Art von Hilfe Eltern oder Kinder erhalten sollten, ganz im Sinne der Second Generation Research (Guralnick 1997).

Am Ende des Kapitels präsentieren wir eine Resilienzcheckliste, die als Screeninginstrument dienen soll, das Vorliegen oder die Verfügbarkeit von Schutzprozessen deutlicher zu machen. Da keine Normwerte vorliegen, soll dieses Instrument nur dazu dienen, eine Landkarte von Schutzfaktoren und -prozessen eines Kleinkindes und seiner Familie zu zeichnen und mögliche Unterstützungsleistungen zu planen.

### 4.5.1 Kindzentrierte Resilienzfaktoren und -prozesse

**Ein guter gesundheitlicher Status:** Gesunde Kleinkinder sind besser in der Lage, externe Anforderungen zu bewältigen. Die Förderung gesundheitsbezogenen Verhaltens der Eltern (Ernährung, Einhalten der empfohlenen kinderärztlichen Vorsorgeuntersuchungen, Impfungen, Vermeidung von Noxen u. a.) kann indirekt die Aufgabe der Fachkraft sein, wenn z. B. die nötigen Informationen bei den Eltern fehlen. Hauptverantwortlich sind der Hausarzt, behandelnde Kliniken oder Kinderfachärzte. Gerade bei Hausärzten wäre in diesem Zusammenhang eine höhere Sensibilisierung für die Bedürfnisse der Kleinkinder zu wünschen, da sie meist in „Warteposition" sind: „Das wird sich schon auswachsen."

**Ein „einfaches" Temperament:** Ruhige, aktive, gutmütige, liebevolle und ausgeglichene Kinder gehen mit Belastungen leichter um als Kinder mit „schwierigem" Temperament. Es muss jedoch auch betont werden, dass Interventionen auf der Ebene von Persönlichkeitseigenschaften (und dazu zählen so genannte Temperamentsfaktoren) kaum möglich sind und sich letztendlich auf die Reaktionen der Umwelt beschränken: „Wie kann ich als Frühförderin die Umwelt des Kindes gestalten, damit es nicht sofort mit einem Wutausbruch reagieren muss?" Der Aspekt des Temperamentes wird auch mit einer guten genetischen Basis in Zusammenhang gebracht (Rende et al. 1993).

**Gute Entwicklung bzw. (intellektuelle) Leistungsfähigkeit:** Intelligenz steht positiv mit psychischer Widerstandsfähigkeit in Zusammenhang. Dies umfasst nicht nur akademische Fähigkeiten, sondern auch praktische Fertigkeiten des Problemlösens und der Kommunikation. Frühförderung kann hier durch kindadäquate Fördermaterialien und durch Üben von Problemlösestrategien (z. B. durch „lautes Denken" oder „Selbstinstruktion") die Basis für einen leichteren Start schaffen. Dazu kommt, dass bei den meisten betroffenen Kleinkindern im Hochrisikobereich (siehe Kapitel 3) mit Entwicklungsverzögerungen zu rechnen ist. Gerade im Bereich hoher sozialer Risiken sind die höchsten kindzentrierten Präventionseffekte früher Förderprogramme zu beobachten (Dunst et al. 1989).

**Hoher Selbstwert:** Auch wenn auf das „Doppelgesicht" des Konstruktes „Selbstwert" vor allem bei Kindern mit externalisierenden Störungen hingewiesen werden muss, zählt ein positives Selbstkonzept zu den Schutzfaktoren: Ein guter Selbstwert geht z. B. mit einem besseren Gesundheitsstatus einher. Vor allem retrospektive Befragungen lassen häufig eine Bedrohung des Selbstwertes im Rahmen psychischer Erkrankung der Eltern erkennen.

> **Zur Vertiefung: Selbstwert bei Kleinkindern**
>
> Für Kleinkinder beruht „Selbstwert" vor allem auf erlebten Reaktionen von Seiten der Umwelt. Selbstwert kann dann entstehen, wenn das Kleinkind von seiner primären Bezugsumwelt Feedback hinsichtlich seiner eigenen Handlungen erhält. Selbstwert schließt ein, dass sich ein Kind als handelnd erleben (= Selbstwirksamkeit) und interne Kontrollüberzeugungen entwickeln kann. „Ich bin es, der diese oder jene Handlung plant, beginnt, durchführt und abschließt." Mit zunehmendem Alter kommen Rückmeldungen darüber sowohl aus der Umwelt als auch aus den Anforderungen selbst (z. B. Montessori-Spielzeug). Selbstwert kann nur dann entstehen, wenn diese Botschaften konsistent und differenziert gegeben werden. Beides ist z. B. in Familien mit depressiver Erkrankung in hohem Maße bedroht.

Selbstwertförderung in der frühen Hilfe zielt somit vor allem darauf ab, dass sich Kleinkinder als „Handelnde" erleben: dass sie Situationen aktiv auswählen, planen, durchführen, abschließen und letztendlich auch bewerten dürfen. Mit dem Selbstwert ist in hohem Maße „Selbstwirksamkeit" verbunden.

**Selbstwirksamkeit:** Als soziales Lernkonzept beschreibt „Selbstwirksamkeit" die Überzeugung, dass durch eigenes Handeln ein gewünschtes Ziel erreicht wird. Hohe Selbstwirksamkeit bedeutet, dass das Kind die Erwartung entwickeln kann, dass seine Handlungen zu gewünschten Effekten führen. Interne Kontrollüberzeugungen, dass eine Reihe von Situationen von mir abhängen und bewältigbar sind, stehen damit eng im Zusammenhang. Fehlende Überzeugung, gewisse Stressoren aktiv zu bewältigen (d. h. geringe wahrgenommene Selbstwirksamkeit), kann mit geringem Selbstwertgefühl und erhöhter Depressivität, Angst und Hilflosigkeit in Verbindung gebracht werden (Schwarzer 1993). Die Selbstwirksamkeit ist bei Kleinkindern psychisch kranker Eltern aufgrund der schwierigen Vorhersagbarkeit von Reaktionen und Krankheitsverläufen generell vermindert.

Die Förderung beruht vor allem darauf, dass eine konsistente positive Rückmeldung – vor allem bei Babys – in Bezug auf ihre Aktivitäten erfolgt. Dies betrifft auch die Eltern, indem ihnen z. B. vor allem positives Verhalten rückgemeldet wird.

**Interne Kontrollüberzeugungen:** Wie beim Selbstwert und der Selbstwirksamkeit geht es darum, dass das Kleinkind im Sinne einer generalisierten Lernerfahrung lernt, dass Veränderungen der Umwelt mit *eigenem* Verhalten in Zusammenhang gebracht werden können und dass die Umweltantworten somit vorhersehbar und aus der Sicht des Kindes „kontrollierbar" werden. Dabei muss jedoch differenziert werden, dass diese Kontrollüberzeugung bei krankheitsrelevanten Aspekten (Schuld, Verantwortung) extern zugeschrieben werden soll (siehe Information). Eine interne Kontrollüberzeugung ist nur für de facto veränderbare Situationen förderlich. In der Frühförderung gilt es mittels geeigneter Förderspiele zu differenzieren, in welchen Situationen

a) es sich lohnt, sich anzustrengen, da das Ergebnis vom persönlichen Verhalten abhängig ist (z. B. Konstruktionsspiele)
b) es sich nicht lohnt, da Ergebnisse vom Zufall abhängen (z. B. Würfelspiele)

**Planungsprozesse,** das Vorhandensein von Zielen: Kinder, die klare Ziele haben und diese – im Sinne der Selbstwirksamkeit und interner Kontrollüberzeugungen – auch erreichen, gelten als resilienter. Für die Frühförderung bedeutet dies, dass ein Hauptaugenmerk auf die Struktur von jeweiligen Handlungsbögen oder Fördereinheiten gelegt werden sollte:

a) Zuerst planen wir, was wir heute tun und wie wir das machen.
b) Dann schauen wir, ob wir alle Sachen haben, um unseren Plan durchführen zu können.
c) Dann beginnen wir das Förderspiel und überlegen nach einer Weile, ob wir auch noch nach unserem Plan spielen.
d) Danach schließen wir das Spiel ab und
e) bewerten, ob es nach dem Plan gelaufen ist und ob es uns gefallen hat.

Eine solche Struktur bedeutet freilich nicht, dass keine kreativen Abweichungen möglich sind, sie sollen nur wahrgenommen werden. Gerade bei Babys oder Kleinkindern mit Aufmerksamkeitsproblemen ist es wichtig, kleine erreichbare Planungseinheiten durchzuführen, um dem Kind – und auch sich selbst als Fachkraft – das Gefühl des Erfolges (= Selbstwirksamkeit) zu ermöglichen.

**Durchhaltevermögen** (Hardiness), Frustrationstoleranz: Das Aufschieben von Belohnung und das Durchhalten von Spannungsbögen oder offenen Gestalten werden, da mit Planungsaktivitäten und Selbstwirksamkeit in engem Kontakt, als weitere Resilienzfaktoren angesehen. Aufgrund der schwierigen Vorhersehbarkeit von Situationen (mit Ausnahme bei Zwangserkrankungen) sind diese Fähigkeiten bei Kindern psychisch kranker Eltern meist beeinträchtigt: Belohnungen werden meist sofort eingefordert, da keineswegs sicher ist, dass sie auch später noch verfügbar sind. Meist erleben die Kinder auch bei ihren Eltern verringertes Durchhaltevermögen mit der Tendenz, schnell aufzugeben. Die Förderung des Durchhaltens betrifft dabei alle geplanten Frühförderprozesse. Wichtig erscheint, diese so zu gestalten, dass das Kleinkind in der Lage ist, erfolgreich zu sein.

**Optimismus:** Dies umfasst positive Erwartungen in Bezug auf die Zukunft. Auch wenn Frühförderung durch die limitierte Zeit, in der sie in oder mit der Familie durchgeführt wird, nur für einen kurzen Zeitraum Vorhersagbarkeit schaffen kann, gelingt es durch aktives Abrufen positiver Erlebnisinhalte („Wann war es auch lustig mit deinen Eltern?"), durch die Ermöglichung „positiver Events", durch Prozessinformation („Was passiert heute?") und das Hervorheben von Erreichtem kleine Inseln des „Optimismus" zu schaffen.

**Hilfsbereitschaft:** Kleinkinder, die soziale Austauschprozesse frühzeitig erfahren und für kindadäquate Bereiche Verantwortung übernehmen können, lernen zwei Dinge:
   a) ich kann mir selbst helfen,
   b) ich kann mich auf Hilfsprozesse anderer verlassen, da es sich dabei um soziale Austauschprozesse des „Gebens und Nehmens" handelt.

In der Frühförderung können somit Methoden angewandt werden, in denen es um das Miteinander oder Füreinander geht: Mit Knetmasse können kleine Geschenke für den jeweils anderen gemacht werden, Förderspiele können z. B. einer klaren Reihenfolge folgen: Zuerst komme ich, dann du, dann wieder ich etc.

**Soziale Kompetenz:** Diese ist in engem Zusammenhang mit dem oben Erwähnten zu sehen: Sie beruht darauf,

a) Gefühle und soziale Signale anderer wahrzunehmen
b) eigene Gefühle zu verbalisieren
c) eigene Gefühlszustände zu modulieren (im Sinne erhöhter Frustrationstoleranz)
d) soziale Regeln wahrzunehmen, zu verstehen und danach zu handeln
e) mit Konflikten umzugehen
f) die Wirklichkeit mit anderen zu teilen

Soziale Kompetenz ist förderbar durch Verbalisierung eigener Gefühle, Austauschprozesse des Gebens und Nehmens, erhöhte Selbstwahrnehmung („Sei dein eigener Verhaltensdetektiv") bzw. Konfliktlösungs- und Rollenspiele.

**Aktives Einfordern/Zugänglichmachen von Hilfe** bzw. sozialer Unterstützung: Ahmann und Bond (1992) beschreiben die Wichtigkeit aktiven Einforderns und Organisierens von Hilfe bei chronisch kranken Kindern und bei Katastrophen. Kinder, die wissen, wo und wie sie sich Hilfe organisieren können, erleben sich in geringerem Ausmaß als „Opfer" der Umstände.

Kerstin (8 Jahre) informierte telefonisch eigenständig ihre Sozialarbeiterin, um sie von zu Hause fortzuholen: Ihr Vater hatte sich vor ihren eigenen Augen suizidiert, indem er sich auf einen Stuhl in der Garage stellte, seinen Kopf in eine Schlinge gesteckt, und seine Tochter aufforderte, entweder ihm die Wahrheit (über eine Bagatellverfehlung) zu sagen oder den Stuhl umzukippen. Nachdem Kerstin in Panik zu ihrer Mutter gelaufen war, fanden sie den Vater tot in der Schlinge hängend. Die von Kerstin informierte Sozialarbeiterin brachte die Kleine noch am selben Abend auf einen Krisenpflegeplatz.

Gerade das von vielen betroffenen Erwachsenen beschriebene Gefühl, keine Hilfe gehabt zu haben, lässt die frühe Selbstorganisation für wichtig erscheinen, auch in der Frühförderung: „Zu wem kann ich gehen, wer kann mir helfen, wenn es meiner Mama nicht gut geht, wen kann ich anrufen?"

### 4.5.2 Familienzentrierte Resilienzfaktoren und -prozesse

Resilienzprozesse beim Kind hängen in hohem Ausmaß mit der jeweiligen Familie zusammen. Die beste Resilienzförderung umfasst die Einbindung des gesamten Familiensystems. Folgende Faktoren spielen auf dieser Ebene eine Rolle:

**Bindung:** Eine enge Bindung zu mindestens einer kompetenten oder stabilen Person, die auf die Bedürfnisse eines Kindes eingehen kann, lässt das Kind – auch in psychotischen Familien – ein grundlegendes Vertrauen entwickeln (Egeland et al. 1993). Sichere Bindung wird dabei in Zusammenhang gebracht mit

a) der Feinfühligkeit/Einfühlsamkeit einer Betreuungsperson, ob die Bedürfnisse eines Kleinkindes überhaupt wahrgenommen werden.
b) der emotionalen Verfügbarkeit, d. h. ob diese Person real oder emotional verfügbar/anwesend ist.
c) der kontingenten, d. h. zeitlich stabilen, Beantwortung der Bedürfnisse des Kleinkindes.
d) dem Vorhandensein von Materialen/Hilfsmitteln, um auf die Bedürfnisse des Kindes einzugehen (Fläschchen, Spielsachen etc.).

Gerade im Bereich der Bindung, dem Wahrnehmen der Bedürfnisse der Kleinkinder, dürfen videounterstützte Verfahren, um erkrankten Eltern positive Rückmeldungen zu geben, was sie mit ihren Kindern gut machen, als gute Möglichkeit gesehen werden (sofern Eltern daran interessiert sind).

**Die Einbindung des Vaters/der Mutter** in die Pflege des Kindes: Je mehr ein zweiter, optimalerweise gesunder Elternteil in die Erziehung und Pflege eingebunden ist, desto entlastender ist dies für das Kind. Dies kann im Einzelfall in der Frühförderung auch bedeuten, familienentlastende Dienste einzuschalten oder generell abzuklären, wer als möglicher Helfer für die Familie in Frage kommt. Abzuklären ist vor allem die Verfügbarkeit eines nichterkrankten Elternteils.

**Positive Partnerschaftsbeziehung:** Carro et al. (1993) verweisen auf die Wichtigkeit einer positiven Beziehung zwischen den Eltern oder primären Pflegepersonen. Frühförderung ist Arbeit im Familiensystem. Gerade bei psychischen Erkrankungen (siehe Kapitel 5 bis 7) ist es unumgänglich, auch den Partner/die Partnerin in die Familienarbeit einzubinden. Dies mag im Einzelfall sehr diagnosenspezifisch sein und wird genauer beschrieben.

**Strukturen und Regeln innerhalb der Familie:** Das Vorhandensein von für das Kind erkennbaren klaren Strukturen und Regeln wird als wichtiger Schutzfaktor angesehen. Dies betrifft sowohl den Haushalt als auch das Erziehungsverhalten von Eltern. Für die Frühförderung kann dies bedeuten, in der Familienarbeit die Wichtigkeit klarer Struktursignale für das Kind hervorzuheben. Teilweise wird es notwendig sein, wie in der Fallgeschichte von Andreja, Eltern externe Strukturhilfen zu geben: einen Kalender aufzuhängen, einzutragen, wann der Kindergarten offen hat und wann nicht. Dies betrifft auch die Fördereinheit selbst: Mittels Symbolen wird der genaue Ablauf dargestellt, sodass das Kleinkind selbst die Struktur erkennt. Widerstandsfähige Jungen kamen meist aus Haushalten mit klaren Strukturen und Regeln, in denen ein männliches Familienmitglied als Identifikationsmodell diente und in denen Gefühle nicht unterdrückt wurden (Werner 2008).

**Kleine Familiengröße:** Da ein Zusammenhang zwischen der Beengtheit von Wohnverhältnissen und psychischer Erkrankung zu bebachten ist, verweist Werner (1993) darauf, dass in der Kauai-Studie eine Familiengröße unter fünf Personen eher damit einherging, dass Kinder widerstandsfähiger aufwuchsen. Das mag mit der vermehrten Möglichkeit zu tun haben, dass in kleinen Familien die Bedürfnisse des Einzelnen eher wahrgenommen werden bzw. dass letztendlich mehr persönlicher „Raum" für jedes Familienmitglied zur Verfügung stand und Konflikte verringert werden konnten.

**Trennung vom kranken Hintergrund:** Das Aufsuchen von Lebensräumen außerhalb der kranken Familie kann für das Kleinkind „Inseln der Normalität" und der Stressreduktion darstellen. Für die Frühförderung bedeutet dies, auch den öffentlichen Raum (den Spielplatz, den Hof, den Dorfplatz) vermehrt als Raum der Förderung zu nutzen – natürlich nur mit Zustimmung der Eltern. Gerade die Frühförderstelle bietet bei Kindern sozial benachteiligter Familien einen idealen Raum, neue Erfahrungen machen zu können. Aus unserer Sicht sollten diese Möglichkeiten in Zukunft noch mehr genutzt werden.

Die weiteren drei Faktoren beziehen sich in ihrer Beschreibung hauptsächlich auf Mütter, da sie als primäre Bindungspersonen hauptsächlich beforscht wurden. Falls der Vater die primäre Bezugsperson des Kleinkindes sein sollte, ist mit hoher Wahrscheinlichkeit davon auszugehen, dass diese Resilienzfaktoren auch für ihn gelten.

**Ausbildung der Mutter:** Je höher die Ausbildungssituation der Mutter (der Eltern), desto eher erscheinen Kleinkinder „geschützt". Dies verweist darauf, dass Frühförderung auch die Bedürfnisse der Eltern wahrnehmen soll: z. B. nach Wiederaufnahme der Berufstätigkeit, nach Entlastung oder Erleben von Partnerschaftlichkeit – ein Wochenende einmal ohne Kind. Diese (distalen) Effekte der Frühförderung sind zwar schwer nachzuweisen, bei Kindern mit Down-Syndrom konnte Cunningham (1987) beobachten, dass Mütter frühgeförderter Kinder wieder früher ins Berufsleben einstiegen.

**Berufstätigkeit der Mutter:** Oben Gesagtes betrifft auch die Berufstätigkeit von Müttern (Eltern). Aktives Coping (und Berufstätigkeit darf als solches angesehen werden) verfügt bei Entwicklungsrisiken oder vorliegenden Behinderungen über einen „Puffereffekt" (Sieverding 1995).

**Positive (Selbst-)Wahrnehmung der Mutter:** Ein positives Selbstbild als Elternteil oder in Bezug auf die Entwicklungspotenzen des Kindes gilt als Schutzfaktor vor allem bei depressiven Erkrankungen: Ringel (1987) spricht in diesem Zusammenhang von der negativen Trias hoffnungsloser

Einschätzung der eigenen Person, der Umwelt sowie der Zukunft. Gerade Familienarbeit bei depressiven Eltern fokussiert das Erleben kleinster positiver Schritte (z. B. beim Kind). Methodisch kann dies über Videofeedback geleistet werden, wie in einigen Modellprojekten: Kurze Interaktionssequenzen zwischen Mutter und Kind werden aufgenommen und dann gemeinsam angesehen. Die Eltern erhalten *nur positive* Rückmeldungen über jene Dyaden, in denen sie gut auf die Bedürfnisse ihres Kindes eingegangen sind (Papousek 2000). Es wird davon ausgegangen, dass der Lernprozess zwischen Eltern und Kind vor allem durch positive Verstärkung geschieht, da Eltern meist sehr genau wissen, was sie falsch machen. Positive Rückmeldungen von Seiten der Fachkraft stärken indirekt auch das Selbstwertgefühl und die Selbstwirksamkeit der Eltern.

### 4.5.3 Umwelt- bzw. systemabhängige Resilienzfaktoren und -prozesse

Auch wenn Resilienzfaktoren und -prozesse im Text beispielhaft nebeneinander dargestellt werden, weisen die Verbindungen zwischen den einzelnen Konstrukten darauf hin, dass Resilienz vor allem eine „dynamisch-transaktionale, systemische Dimension darstellt". Damit erhalten auch externe Rahmenbedingungen (auf die vor allem Bronfenbrenner 1981) hinweis, große Bedeutung.

**Positive Beziehung zu mindestens einem anderen Erwachsenen:** Wurde bereits auf die Bedeutung einer sicheren Bindung zu einem gesunden Elternteil hingewiesen, so zeigt sich vor allem bei Vorschul- und Schulkindern, dass Außenkontakte zu anderen Erwachsenen Stabilität ermöglichen: durch emotional soziale Unterstützung, indem es eine Person gibt, mit der ich über meine Familiensituation reden kann, die mich versteht und akzeptiert, oder durch reale instrumentelle Unterstützung, als diese Person in stürmischen Zeiten auch verfügbar ist und aufgesucht werden kann. Frühförderung und Sozialarbeit erheben im Sinne einer Landkarte der „sozialen Unterstützung", welche Außenkontakte ein Kind hat. Kleingruppen in der Frühförderstelle mögen eine Alternative zu fehlenden Kontakten darstellen.

**Außerfamiliäre Unterstützung** der Mutter bzw. der Eltern: Der Einsatz von Familienhelfern, freiwilligen sozialen Diensten oder der Frühförderung selbst unterstützt die Familie und ermöglicht das Freiwerden von Ressourcen für das Kind: Diese sind andernfalls in der Sorge um die Mutter, in der Pflege des kleinen Geschwisters oder dem Management des Haushaltes gebunden. Wang et al. (1998) warnen, dass nicht von einem 1:1-Verhältnis zwischen belastenden und protektiven Faktoren ausgegangen werden dürfe: Es ist wahrscheinlich nicht möglich, genau zu bestimmen, welcher der protektiven Faktoren eine bestimmte Situation bessern kann: Es ist eher zu erwarten, dass verschiedene Faktoren dazu beitragen, eine spezifische Belastung zu verringern; genauso gut kann auch ein Schutzfaktor den Einfluss verschiedenster Risiken abschwächen.

**Verantwortung übernehmen:** Dies darf im Zusammenhang mit Selbstwirksamkeit und Planbarkeit gesehen werden, aber auch mit der Teilnahme an Aktivitäten in der Gemeinde. Diese Partizipation ist gekennzeichnet durch gegenseitige Unterstützung, gemeinsame Erwartungen und Ziele (z. B. bei einer Theatergruppe oder einem Kindersportverein) und eine hohe Beteiligung der Gemeindebürger selbst. All diese Aktivitäten gehen mit aktiver Verantwortungsübernahme im außerfamiliären Raum einher: z. B. kleine Jobs übernehmen, zu Teamtreffen kommen, für eine Aufführung proben u. a. Inwiefern frühe Fördermaßnahmen solche Teile übernehmen können und sollen, muss in Zukunft diskutiert werden, da die gegenwärtigen Finanzierungsdiskussionen bereits deutlich die Grenzen des Leistungsangebotes zeigen.

**Teilnahme an anderen Aktivitäten:** Dies betrifft die konkrete Durchführung von Aktivitäten mit anderen: Frühförderung ist im gesamten europäischen Raum eine sehr individuelle Betreuungsform. Gleichzeitig äußern vor allem Eltern behinderter Kinder vermehrt den Wunsch nach mehr Einbindung in andere gemeindenahe Aktivitäten (Lanners/Mombaerts 2000): Eltern- oder Kindergruppen, möglicherweise ein Elterncafé u. a. Mit Ausnahme von Sommerfesten, Bastelabenden in der Weihnachtszeit oder beginnenden Kleingruppenaktivitäten schien es der Frühförderung seit ihrer Entstehung noch nicht so recht gelungen zu sein, Strukturen zu schaffen, die über die individuelle Förderung hinausgehen. Eine gemeindenahe Zukunftsvision könnte sein, dass Frühförderung ein Angebot für alle Kinder darstellt, d. h. auch für Hochbegabte, und dass sich die Dienste vermehrt mit anderen kind- oder elternzentrierten Aktivitäten in einer Gemeinde verbinden. Zu klären bleibt freilich die Frage der Finanzierbarkeit solcher Vernetzungsstrukturen.

**Das Eröffnen von Möglichkeiten:** Psychische Erkrankungen, vor allem die Depression, sind durch eine laufende Einengung (z. B. der eigenen Möglichkeiten) gekennzeichnet. Sozialer Rückzug und Scham bzw. Scheu, an die Öffentlichkeit zu treten, kommen dazu. Kleinkindern müssen Möglichkeiten erleichtert oder Bedingungen geschaffen werden, in denen sie selbst Alternativen und außerfamiliäre Auswege sehen: Das bedeutet, sie auch mitentscheiden zu lassen, z. B. bei der Auswahl von Fördermaterialien oder Aktivitäten. Allein die Perspektive zu haben, selbstbestimmt zwischen Alternativen auswählen zu können, verringert das Gefühl des „Ausgeliefertseins" und der Fremdbestimmung durch die Krankheit.

**Gute Schulleistungen** bzw. außerfamiliäre Verstärker auf der Leistungsebene: Wie bereits unter 4.2.1 beschrieben, stellt eine gute Entwicklung bzw. die Förderung von Talenten, Interessen oder kognitiven Leistungen eine wichtige Basis für die seelische Gesundheit eines Kindes dar. Gerade bei Kindern psychisch kranker Eltern ist somit konkrete Entwicklungsförderung wichtig. Dies ist sicherlich ein Unterscheidungskriterium zur frühen Förderung behinderter Kinder. Entwicklungsförderung benötigt:

a) die Einschätzung des gegenwärtigen Entwicklungspotenzials
b) die Vorbereitung von Aufgaben, die erfolgreich absolvierbar sind, jedoch eine gewisse Anstrengung erfordern
c) Rückmeldungen an das Kind in Bezug auf seine Leistung, denn es hilft die beste (Schul-)Leistung nicht, wenn sie niemand wahrnimmt

**Einbindung des Kindes in die „Community":** Gemeindenahe Angebote holen das Kind dort ab, wo es lebt und Sinnzusammenhänge erfasst. Eine Enttabuisierung des Themas und die konkrete Inanspruchnahme von Hilfsangeboten erfordern Öffentlichkeit und Gemeindenähe, wenn auch eine gewisse Anonymität als Schutz. Frühförderstellen, die dezentral niederschwellig für Eltern – und in Zukunft vielleicht auch direkt für Kinder – zugänglich sind, stellen eine Grundvoraussetzung dafür dar.

**Kirchliche oder andere weltliche Institutionen:** Das Vorhandensein von Strukturen, die sich außerhalb der Familie um die Bedürfnisse kleiner Kinder kümmern, sei es von kirchlicher Seite oder von anderen nichtstaatlichen Organisationen, öffnet „Spielräume" für das Kind, in denen es vieles ausprobieren kann oder Regeln und Strukturen erhält, die möglicherweise in der eigenen Familie bedroht sind.

**Religiosität:** Auch wenn dieser Aspekt kontrovers diskutiert wird, gilt Spiritualität oder auf der kindlichen Ebene mögliche „Religiosität" als Resilienzfaktor, da viele bereits beschriebene Faktoren darin indirekt enthalten sind: Hoffnung und Optimismus, eine klare Wertestruktur, möglicherweise auch Identifikationsfiguren oder Attachment (Gott, Allah ...). Frühförderung kann und soll nicht konkrete konfessionelle Glaubensarbeit übernehmen, auch wenn einige Trägerorganisationen aus diesem Einflussbereich kommen. Wohl aber kann Frühförderung den Wert von „Spiritualität" oder ethischer Sensibilisierung thematisieren: „Was ist mir wichtig, was sind meine Ziele, wovon lasse ich mich leiten ...?" Das weltliche Konstrukt „Sense of Coherence" (SOC) spielt hier eine Rolle, als

„globale Orientierung, die das Ausmaß ausdrückt, in dem jemand ein durchdringendes Vertrauen darauf hat, dass erstens die Anforderungen aus der internalen und externalen Umwelt im Verlauf des Lebens strukturiert, vorhersehbar und erklärbar sind, und dass zweitens die Ressourcen verfügbar sind, die nötig sind, um den Anforderungen gerecht zu werden. Und drittens, dass diese Anforderungen Herausforderungen sind, die Investitionen und Engagement verdienen" (Antonovsky 1979, nach Göppel, 2008, 253f).

Einfach ausgedrückt, geht es um die Frage, inwieweit wir darauf vertrauen können, dass das Leben individuellen Sinn macht. Bei Kindern psychisch kranker Eltern mag sich diese Frage in erhöhtem Maß stellen, sodass wir als Erwachsene vermehrt dazu aufgefordert sind, diese Kinder in ihrem Sinnfindungsprozess zu begleiten.

**Fragen zur Selbstevaluation der Fachkräfte**

- Welche Fragen und Zweifel erlebe ich bei mir selbst, Kleinkinder über Belastendes zu informieren?

- Wie hätte ich es mir selbst gewünscht, über eine potentielle Erkrankung meiner Eltern informiert zu werden?

- Welche Resilienzfaktoren erachte ich für mich selbst in meiner Arbeit als wirksam?

- Über welche spezifischen Methoden der Resilienzförderung verfüge ich, welche sind mir fremd?

- Was benötige ich, um meine Arbeit gemeindenäher zu gestalten?

### 4.5.4 Screeninginstrument zur Erfassung von Resilienzfaktoren bei Kleinkindern

In Tabelle 9 finden Sie für die Bereiche „Kind, Familie und Umwelt" Faktoren, die mit Resilienz in Verbindung stehen. Kodieren Sie Ihre Beobachtungen in der Familie mit hoch, niedrig bzw. nicht bestimmbar. Notieren Sie bitte auch, wie Sie zu Ihrer Einschätzung gekommen sind („erfasst durch"). Abbildung 11 hilft dabei, die bestimmten Kodierungen auf einen Blick darzustellen. Dieses Screeninginstrument ist auch online verfügbar unter www.strong-kids.eu.

Resilienzfaktoren 77

Tabelle 9: Screeninginstrument

| Bereich | Kindzentrierter Faktor | Beurteilung | | | Erfasst durch | Anmerkungen |
|---|---|---|---|---|---|---|
| | | hoch | niedrig | nicht bestimmbar | | |
| *Basis* | gesundheitlicher Status | | | | | |
| | einfaches Temperament | | | | | |
| Summe/Anzahl = Wert: ............ | Leistungsfähigkeit | | | | | |
| *Selbst* | Selbstwert | | | | | |
| | Selbstwirksamkeit | | | | | |
| Summe/Anzahl = Wert: ............ | interne Kontrollüberzeugung | | | | | |
| *Zukunft* | Planungskompetenz | | | | | |
| | Durchhaltevermögen | | | | | |
| Summe/Anzahl = Wert: ............ | Optimismus | | | | | |
| *Sozial* | Hilfsbereitschaft | | | | | |
| | soziale Kompetenz | | | | | |
| Summe/Anzahl = Wert: ............ | aktives Einfordern von Hilfe | | | | | |

Fortsetzung Tabelle 9

| Bereich | Familienzentrierter Faktor | Beurteilung | | | Erfasst durch | Anmerkungen |
|---|---|---|---|---|---|---|
| | | hoch | niedrig | nicht bestimmbar | | |
| *Bindung* | Bindung an eine stabile Person | | | | | |
| Summe/Anzahl = Wert: ............ | Einbindung des Vaters/der Mutter in die Pflege | | | | | |
| | positive Partnerschaftsbeziehung | | | | | |
| *Struktur* | Strukturen und Regeln | | | | | |
| Summe/Anzahl = Wert: ............ | kleine Familiengröße | | | | | |
| | Trennungsmöglichkeit vom kranken Hintergrund | | | | | |
| *Bildung* | Ausbildung der Mutter | | | | | |
| Summe/Anzahl = Wert: ............ | Berufstätigkeit der Mutter | | | | | |
| | Optimismus | | | | | |

Fortsetzung Tabelle 9

| Bereich | Umweltzentrierter Faktor | Beurteilung | | | Erfasst durch | Anmerkungen |
|---|---|---|---|---|---|---|
| | | hoch | niedrig | nicht bestimmbar | | |
| *Außerfamiliäre Bindungen* | positive Beziehung zu einem anderen Erwachsenen | | | | | |
| | außerfamiliäre Unterstützung der Mutter | | | | | |
| | Verantwortung übernehmen | | | | | |
| Summe/Anzahl = Wert:............ | | | | | | |
| *Teilhabe an Leistung* | Teilnahme an anderen Aktivitäten | | | | | |
| | Ermöglichung von anderen Möglichkeiten | | | | | |
| | gute Schulnoten | | | | | |
| Summe/Anzahl = Wert:............ | | | | | | |
| *Gemeinde* | Einbindung der Community | | | | | |
| | Kirche | | | | | |
| | Religion/SOC | | | | | |
| Summe/Anzahl = Wert:............ | | | | | | |

80  Was Kinder psychisch kranker Eltern stärkt

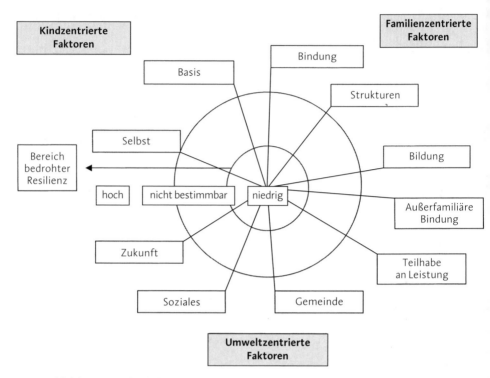

Abbildung 11: Schaubild zum Screening – Resilienzlandkarte

# 5 Frühförderung mit Kleinkindern depressiver Eltern

Die vier weiteren krankheitsspezifischen Kapitel (Depression, Manie, Zwangsstörungen und Schizophrenie) ergänzen die Förderung der Resilienz vor allem um die Elternarbeit der Fachkräfte. Die Kommunikation mit psychisch kranken Eltern in der Frühförderarbeit steht dabei im Vordergrund. Bei der Auswahl der psychischen Erkrankungen haben wir uns auf solche beschränkt, die am häufigsten auftreten.

## 5.1 Fallgeschichte

Die Mutter von Melanie (13 Monate alt) kommt zufällig zu mir ins psychosoziale Zentrum. Sie wünscht sich „Unterstützung bei der Verarbeitung nach der Geburt ihres ersten Kindes". Nachdem sie von uns eine Betreuerin erhalten hatte, teilte mir diese nach ein paar Treffen, die mit mangelndem Erfolg verliefen, mit, dass sie das Gefühl habe, hier stimme etwas nicht. Es gehe nicht nur „um die nicht verarbeitete Geburt". Bereits beim Betreten des Zimmers schilderte mir die Mutter bagatellisierend: „Wissen Sie, ich kann einfach nur nicht die Geburt verarbeiten." Dabei begann sie zu weinen. Sie hatte einige Zeit gebraucht, um sich zu beruhigen. Sie erzählte mir, dass sie schon als Kind sensibler als ihre Geschwister gewesen sei. Melanie war ein Wunschkind und geplant. Die Geburt habe sie als sehr schmerzhaft erlebt, was sie sehr erschöpft habe. Sie konnte sich bis heute noch nicht davon erholen. Die fehlende Kraft machte es ihr nicht möglich, sich über ihr Kind zu freuen. Die Gedanken, dass sie durch ihre Schmerzen die Geburt unnötig verlängert und damit dem Kind unnötigerweise Schmerzen verursacht hätte – obwohl sich Melanie gut entwickelte –, quälten sie noch immer. Sie weinte sehr oft. Ihr Partner hatte anfangs versucht, sie davon zu überzeugen, dass alles in Ordnung mit dem Kind sei, aber da dies nicht geholfen hatte, gab er auf. Anfangs zeigte er Verständnis für ihr Leiden, aber nach einigen Monaten wurde er weniger einfühlsam gegenüber den Sorgen seiner Frau. Er begann mit Wut und Zorn auf ihre immer wiederkehrenden Sorgen und Fragen zu reagieren. Er distanzierte sich mehr und mehr. Die Atmosphäre zu Hause war getrübt. Frau O. konnte sich nicht mehr entspannen, sich nicht über ihr Kind freuen. Den ersten Geburtstag beschrieb sie als „eine Katastrophe": Melanie habe sie noch nie lachend gesehen. Ihre Schuldgefühle, was sie bei der Geburt dem Kind angetan hatte, nahmen ihr das „Lachen". Das beunruhigte sie noch immer sehr stark. Melanie wollte nicht mehr von ihr gefüttert werden oder mit ihr spielen. Sie aß oder spielte nur noch gern mit ihrem Vater oder anderen. Das verletzte sie als Mutter noch mehr. Es war wie eine Spirale, die sich immer enger um sie schnürte.

Die massiv ausgeprägte depressive Verstimmung, Schuldgefühle, über die Frau O. zwanghaft nachdachte (Zwangsgrübeln), ihre Angst, der Interessenverlust, die Freudlosigkeit, der Energieverlust, die geringe Belastbarkeit, die innere Unruhe und die Dauer (mehr als ein Jahr) entsprachen für mich allen Kriterien für eine zumindest mittelgradige depressive Episode. Auch die durchgeführte Hamilton-Depressionsskala mit einem erhöhten Depressionswert (Hamilton 1960) verwies auf die Diagnose. Eine medikamentöse Behandlung wäre die erste und schnellste Hilfe, die auch den „Boden" für eine erfolgreiche Psychotherapie vorbereitet hätte. Leider lehnte Frau O., fixiert auf die „nicht verarbeitete" Geburt, bislang eine medikamentöse Behandlung ab. Sie wollte es mit Bachblüten probieren.

## 5.2 Aus der Sicht des Kindes

### 5.2.1 Unverständliche Signale

Melanie sieht das *traurige Gesicht* ihrer Mutter. Depression betrifft doppelt so häufig Frauen. Manchmal im Laufe des Tages erlebt sie, dass *die Mutter plötzlich zu weinen beginnt*. Die Betroffenen versuchen, das zu verbergen, und sind sehr oft überzeugt, dass es ihnen auch gelingt.

Obwohl das Verbergen der Symptome mit guter Absicht geschieht, spürt bereits der Säugling die Traurigkeit und leidet mit.

Die *Stimme der Mutter ist leise, Sprache und Bewegungen sind verlangsamt*. Menschen mit Depressionen bewegen sich wenig, sie sitzen viel oder verlassen kaum das Bett oder die Couch. In Gedanken versunken, hören und erleben sie wenig, was aus der Außenwelt kommt. Die Fragen des Kindes bleiben häufig unbeantwortet, die fehlende Modulation der Stimme lässt Kleinkinder weniger aktiv werden. Für die Betroffenen ist jede Aktivität sehr anstrengend. Dieses fehlende Feedback von der primären Bezugsperson hat fatale Auswirkungen auf Selbstwert- und Selbstwirksamkeit.

Die *Sätze sind unterbrochen oder nicht zu Ende gebracht*. Die Reaktionen auf externe Reize bleiben oft ohne Antwort: Auf diese mangelnden, meist inkonsistenten, teils aufgrund der Überforderung negativen Rückmeldungen versuchen die Kinder anfangs ihrerseits intensivere Impulse zu senden, mit der Erwartung, dass sie dann auch eine Antwort bekommen. Eine Zeit lang bemüht sich der Säugling, die Aufmerksamkeit der Mutter so auf sich zu ziehen, die meisten Babys lernen jedoch „Hilflosigkeit" und „Aufgeben" als Strategie der Frustrationsvermeidung.

Dann hören die Kinder verunsichert auf, ziehen sich zurück, weinen mehr, „verstummen" emotional. Aus der Hospitalisationsforschung ist bekannt, dass Kleinkinder nach drei bis vier Tagen des „Widerstandes" aufgeben. Für den Fall, dass keine ausreichende soziale Unterstützung vorhanden ist, versuchen sie meist, „innerlich" eine Antwort zu finden, wieso es zu dieser Veränderung in der Familie kommt. Größere Kinder suchen den Grund für diese Veränderungen meist bei sich, ohne dies verbalisieren zu können.

In weiterer Folge versuchen die Kinder, den betroffenen Elternteil vor eigenen angenehmen und unangenehmen Erlebnissen zu schützen: Melanie begann ihre Mutter zu vermeiden, um sie – als Hypothese – vor Überforderung zu schützen. Sie ziehen sich verstärkt zurück, bleiben allein.

Alles, was in dieser veränderten Familiendynamik passiert, nehmen die Betroffenen selbst auch wahr. Am Beginn einer Depression investieren Patienten viel Energie in den Versuch, ihr Verhalten „normal" aussehen zu lassen. Sie beobachten die Reaktionen der Umgebung gut, ob sie sich ihrerseits auch richtig verhalten. Sie nehmen die Bedürfnisse ihrer Kinder wahrscheinlich intensiver wahr als der gesunde Elternteil. Sie wissen, wie sie reagieren sollten, die „Lebensenergie" jedoch, die für jede Aktivität notwendig ist, wird immer geringer, sodass die adäquate Reaktion (z. B. in die Arme nehmen, wickeln u. a.) ausbleibt. Im Laufe der Zeit erkennen sie selbst, dass sie immer weniger Kraft für notwendige Reaktionen (sowohl emotional als auch pflegerisch) haben. Schuldgefühle und das Gefühl, dass sie selbst eine Belastung für die Familie werden, nehmen zu.

Ängste, dass z. B. etwas mit dem Kind passieren könnte, wenn es draußen im Garten spielt oder unterwegs ist, sind häufig ein Symptom der Depression. Aus diesem Grund erlauben Betroffene manchmal nicht, dass Kinder allein aus dem Haus (z. B. auf den Spielplatz) gehen, oder sind überfroh, wenn sie wieder „gesund und unverletzt" nach Hause kommen. Diese Reaktion ist für das Kind etwas gänzlich Neues, unverständlich und übertrieben. Wie soll es einerseits das Nichtreagieren der Eltern im Alltag, dann jedoch wieder die Überinvolviertheit in Bezug auf vermeintliche Gefahren interpretieren?

### 5.2.2 Sorgen und Gedanken, die die Kinder nicht verstehen

Bei schweren Formen einer Depression können Wahnideen vorhanden sein. Wenn die Betroffenen unter dem Einfluss von *Schuldwahn* oder *Versündigungsideen* stehen, schildern sie, dass sie ihr Leiden verdienen, und zwar aufgrund von vielen Fehlern, die sie irgendwann gemacht haben. Das Kind hört von der Mutter: *„Ich bin schuld, das Ganze habe ich verdient."* Den gemachten Fehler erlebten die Kinder zwar nicht mit, sie hören meist auch nichts davon vom Erkrankten, sie sehen nur tiefes Leiden.

Im Laufe der Erkrankung, wenn sich die Kräfte zur Realitätskontrolle über diese Sorgen und Ideen erschöpfen, erzählen die Erkrankten über vor vielen Jahren gemachte vermeintlich katastrophale Fehler: Wie sie z. B. während eines Streites schlecht über den Ehemann oder den Freund sprachen, oder „damals" vermehrt Alkohol tranken, an einer falschen Fakultät studierten oder die Geburt unnötig verlängerten. Kleine Kinder können jedoch kognitiv keinen Zusammenhang zur gegenwärtigen Situation herstellen, sie erhalten nur die Botschaft, wie „arm" die Mama ist und dass sie besonders Rücksicht nehmen müssen.

Beim *Verarmungswahn* hören die Kinder, dass die Familie sehr arm ist oder verarmen wird. Die Eltern werden plötzlich sehr sparsam, manchmal vermeiden sie zu essen. Zwischen den realen gut situierten Verhältnissen, die das Kind erlebt (in der Garage steht ein Auto, ein neuer Computer wird gekauft), und den Äußerungen des betroffenen Elternteiles besteht eine unverständliche Diskrepanz. Kinder reagieren ratlos, verunsichert, hilflos, verzweifelt. Die Wahrnehmung des eigenen Realitätsbildes steht unter einem mehrfachen Fragezeichen.

Beim *hypochondrischen Wahn* äußert der betroffene Elterteil, dass er oder sie an einer unheilbaren Erkrankung leidet oder der Tod bald kommt. Größere Kinder, die die Bedeutung des Wortes „Tod" oder „Sterben" verstehen, können in anhaltender Angst vor dem Verlust der Mutter oder des Vaters leben. Wenn Mütter befragt werden, ob sie mit ihrem Kind über ihre depressive Stimmungen gesprochen haben, lautet die Antwort oft „nein", damit ihre Kinder nichts bemerken. Andererseits bedeutet dieser Wunsch, die Krankheit zu verbergen, auch Hoffnung auf Genesung, selbst wenn häufig die Kraft fehlt, darüber zu sprechen: „Mir tut mein Kind so Leid, wenn ich darüber zu sprechen beginne. Ich mag mein Kind nicht verunsichern, wenn ich ihm sage, dass es mir nicht gut geht."

### 5.2.3 Alltagsstrukturen, die zusammenbrechen

Eine depressive Episode entwickelt sich üblicherweise allmählich. Die anfangs „normale" Traurigkeit, die immer eine alltägliche Erklärung hat, verliert ihre „Normalität". Dies dauert oft lange. Jede mögliche Erklärung (Erkältung, viel zu tun, anstrengende Arbeit usw.) verliert an Glaubwürdigkeit. Diese Normalität geht auf die „Substanz". Menschen mit einer Depression bringen immer weniger Kraft auf, diese Normalität zu „pflegen". Kinder bemerken, dass sich die Mutter oder der Vater öfters niederlegt. Kurz nach dem Aufstehen, schon vormittags, gehen sie wieder zu Bett. Eine unerklärliche Müdigkeit ist zu beobachten. Immer mehr Pflichten bleiben unerledigt. Bei traditionellen Rollenverteilungen ist dies früher zu erkennen, dass sich etwas verändert. Der Vater beginnt zu kochen oder zu bügeln, was er früher wahrscheinlich sehr selten oder nie gemacht hat. Dies ist jedoch ganz anders, wenn die Kinder allein mit einer depressiven Mutter oder einem depressiven Vater leben. Dann übernehmen sie selbst meist die existenziell notwendigen Tätigkeiten im Haushalt. In diesem Fall sind es die Kinder selbst, die versuchen, die Alltagsexistenz zu sichern.

Gegenüber der Umgebung pflegen Kinder dann das „heile Bild" der Familie. Bei vielen, die solche Elternrollen übernehmen oder übernehmen müssen, ist zu beobachten, dass sie sich viel „erwachsener" als andere Kinder verhalten. Der Preis dafür ist jedoch der Verlust der „Kindlichkeit" und letztendlich der Kindheit selbst. Im späteren Alter schildern Adoleszente häufig das Gefühl, permanent überfordert oder ausgenutzt worden zu sein. Bisweilen wird versucht, „helfende Berufe" anzunehmen, da der eigene Selbstwert über das Übernehmen von Verantwortung und Hilfe vermehrt definiert wird.

Bei Kleinkindern, die noch nicht über diese lebenspraktischen Fähigkeiten verfügen, besteht ab diesem Zeitpunkt die akute Gefahr der Vernachlässigung, sodass dringend sozialarbeiterische Unterstützung notwendig wird. Grundvoraussetzung ist jedoch Zivilcourage des sozialen Netzwerkes, die Bedürftigkeit des Kindes und der Familie auch zu erkennen und zu benennen.

### 5.3 Wie erkenne ich als Helfer eine depressive Erkrankung?

Professionelle Hilfe erfordert:

**a)** das Wissen um Ursachen
**b)** das Wissen um den Verlauf
**c)** das Wissen um die Symptome und deren Behandlung
**d)** die Fähigkeiten der Wahrnehmung der Symptome
**e)** die Fähigkeit, über dieses Wissen kommunizieren zu können
**f)** die Fähigkeit zu intervenieren

#### 5.3.1 Depression als Krankheit: das Wissen um die Ursachen

Die genauen Ursachen der Depression als seelische Erkrankung sind noch weitgehend *unbekannt*. Jedoch gilt generell, dass die Depression eine Krankheit wie jede andere ist, d.h. sie benötigt professionelle Behandlung und regelmäßige Kontrollen. Auch bei der Depression spielt häufig das Zusammenspiel von *biologischen, psychologischen und sozialen Faktoren* eine Rolle (siehe Kapitel 4).

**Zur Vertiefung: biologische Faktoren**

Als Erklärungsmodell der Depression im biologischen Sinne gilt ein *neurobiochemisches Konzept*. Dabei geht man davon aus, dass das Gleichgewicht im Stoffwechsel des Gehirns gestört ist. Bei Depressionen spielen besonders die Botenstoffe Serotonin und Noradrenalin eine wichtige Rolle. Eine andere *biochemische Erklärung der Depression* stellt ein Hormon in den Mittelpunkt. Dieses Hormon, CRH, reguliert seinerseits die Ausschüttung des Stresshormons Cortisol. Menschen mit Depression befinden sich dadurch in einer Art „Dauerstress", weil CRH und damit Cortisol im Übermaß produziert werden. Genauso wie es biologische Ursachen für Depressionen gibt, gibt es auch biologische Auslöser. Diese können z. B. Veränderungen im Hormonsystem (nach der Geburt, in den Wechseljahren), körperliche Erkrankungen (z. B. an der Schilddrüse) sein oder eine chronische Überbelastung. Depressionen können auch durch körperliche Erkrankungen begründbar sein. Dabei ist jedoch eine genaue Abklärung eventueller Erkrankungen wichtig. Außerdem können viele Medikamente und Drogen Depressionen verursachen, z. b. bestimmte Medikamente gegen Bluthochdruck und Herzrhythmusstörungen, hormonelle Verhütungsmittel, Antibiotika, Mittel gegen grünen Star, Beruhigungsmittel und Alkohol.

### 5.3.2 Depression als Krankheit: das Wissen um den Verlauf

Depression ist eine lebenslange Erkrankung, die meist phasenweise verläuft. Bei der Hälfte aller an Depression Erkrankten kommt es nach der ersten depressiven Phase zu weiteren. Die Abstände zwischen den einzelnen Phasen können sehr stark variieren (von einigen Monaten bis zu vier oder fünf Jahren). Im Laufe der Erkrankung werden die Abstände meist kürzer. Bei zwei Drittel der Erkrankten heilt die Phase komplett aus (öfter unter medikamentöser Therapie, seltener nur unter Psychotherapieverfahren). Sehr selten können diese Phasen auch ohne therapeutische Maßnahmen abklingen.

Das größte Risiko einer Depression ist der Selbstmord. 15 % aller depressiv Erkrankten nehmen sich im weiteren Verlauf der depressiven Zustände das Leben. Unter allen Krankheiten, die ein suizidales Risiko mit sich bringen, steht die Depression mit Abstand an der Spitze. Aufgrund ihres hohen Leidensdruckes sind die Betroffenen sowohl selbstmordgefährdet als auch fremdgefährdend, z. B. wenn eine Mutter auch ihr Kind oder ihre Kinder in den Selbstmord mitnimmt, weil das Leben unerträglich ist und die Kinder nur von unnötigem Leiden befreit werden sollen. Dies tritt relativ selten auf, wird jedoch in den Medien meist sehr hochgespielt.

### 5.3.3 Depression als Krankheit: das Wissen um die Symptome

Menschen mit Depression leiden unter anhaltender deutlich gedrückter, pessimistischer Stimmung und/oder verlieren das Interesse für die meisten Tätigkeiten. Depression wird sehr oft auch die „Losigkeits"-Erkrankung genannt, weil Antriebs-, Hoffnungs-, Lust-, Freude-, Appetit-, Interesselosigkeit sehr oft vorhanden sein können.

**Zur Vertiefung: Anzeichen einer Depression**

Eine Depression wird nach DSM IV als depressive Episode und nach ICD 10 als Major Depression diagnostiziert. Die Symptome, die für eine Diagnose jeweils vorliegen müssen, sind nach DSM IV und ICD 10 relativ übereinstimmend. Damit Fachkräfte die diagnostischen Kriterien besser wahrnehmen können, auch wenn sie nicht in erster Linie im Bereich der Psychiatrie tätig sind, wurden die Symptome didaktisch in vier Kategorien angeordnet (etwas abweichend vom DSM-IV), und zwar in den Kategorien Fühlen, Denken, Verhalten und körperliche Reaktionen.

*Fühlen*
- Depressive Stimmung beinahe den gesamten Tag, beinahe jeden Tag, berichtet durch subjektive Angaben (z. B. fühlt sich traurig oder leer) oder von anderen beobachtet (z. B. erscheint weinerlich). Bei Kindern und Jugendlichen kann dies auch als gereizte Stimmung charakterisiert werden.
- Deutlich vermindertes Interesse oder Freude an allen oder fast allen Aktivitäten, die meiste Zeit des Tages, fast jeden Tag

*Denken*
- Wiederkehrende Gedanken an den Tod (nicht nur die Angst vor dem Sterben), wiederkehrende Suizidgedanken ohne spezifischen Plan bzw. ein Suizidversuch oder ein konkreter Plan, Selbstmord zu begehen
- Verminderte Fähigkeit zu denken bzw. sich zu konzentrieren oder Entscheidungsunfähigkeit beinahe jeden Tag

*Verhalten*
- Psychomotorische Unruhe (höhere Aktivität) oder Verlangsamung beinahe jeden Tag
- Müdigkeit oder Energieverlust beinahe jeden Tag
- Gefühle der Wertlosigkeit oder übermäßige bzw. unangemessene Schuldgefühle fast jeden Tag

*Körperliche Reaktionen*
- Deutlicher Gewichtsverlust ohne Diät oder Gewichtszunahme (z. B. eine Schwankung von mehr als 5 % des Körpergewichts in einem Monat) oder die Ab- bzw. Zunahme des Appetits beinahe jeden Tag
- Schlaflosigkeit oder extreme Schläfrigkeit beinahe täglich

Die Symptome bessern sich durch Trauerarbeit (nach dem Verlust eines geliebten Menschen) nicht.

### 5.3.4 Behandlung der Depression

Depressionen können *erfolgreich* behandelt werden, sie müssen nicht – wie landläufig gemeint – „ertragen werden". Die Therapie erfolgt entweder ambulant oder stationär, je nach Schweregrad. Es ist sehr wichtig, zu wissen, dass eine depressive Phase *durch fachliche (ärztliche) Hilfe viel schneller bewältigt werden kann. Deswegen sollte eine solche so früh wie möglich in Anspruch genommen werden.* Für Patienten, aber auch für Angehörige, die Angst vor eigenem Kontrollverlust oder einem möglichen Selbstmord haben, ist die Krankenhausaufnahme eine Entlastung. Für andere kann die Aufnahme eine Belastung darstellen, und zwar als Angst vor Stigmatisierung oder Abwesenheit von zu Hause und der Familie, verbunden mit der Gefahr einer Verschlechterung. Von Anfang jedes therapeutischen Verfahrens an ist es wichtig, dass Familienangehörige mit in die Therapie einbezogen und über das Erscheinungsbild, die guten Behandlungsmöglichkeiten und die Prognose informiert werden.

Die Therapieverfahren bei Depressionen

**1. Antidepressiva zur Akutbehandlung und als Schutz vor Rückfällen:** Die medikamentöse Therapie ist die Therapie der ersten Wahl bei der Behandlung von Depressionen. Die Medikamente, die zur Anwendung kommen, – so genannte Antidepressiva – wirken stimmungsaufhellend, antriebssteigernd, beruhigend und angstlösend. Das Risiko von Nebenwirkungen neuester Antidepressiva ist sehr gering. Die Kombination einer medikamentösen Therapie mit begleitender Psychotherapie bringt die besten Ergebnisse.

Nach der ersten depressiven Episode *müssen* Antidepressiva als Schutz vor einem möglichen Rückfall bis *mindestens sechs Monate* nach Abklingen der depressiven Phase eingenommen werden. Bei Wiederholung einer depressiven Episode ist eine lebenslange medikamentöse Therapie, in geringeren Gaben, zu erwarten. Unter Medikamenten werden

- die depressiven Phasen verkürzt und gemildert, sodass:
- eine mögliche notwendige stationäre Behandlung vermieden werden kann.
- Die Dauer der normalen beruflichen und familiären Aktivität wird verlängert.
- Weiterhin ist eine höhere Lebenserwartung zu beobachten.

**2. Psycho- und Soziotherapie:** Mehrere psychotherapeutische Verfahren können bei der Behandlung von Depressionen zum Einsatz kommen, über die spezifische Wirksamkeit gibt es kaum Konsens. Eine positive Wirkung dieser verschiedenen Therapieverfahren ist nachweisbar, jedoch sind die Mechanismen noch nicht völlig klar. Voraussetzung für eine psychotherapeutische Intervention ist, dass der Betroffene insoweit belastbar sein sollte, sich mit massiv emotionalen Lebensereignissen auseinander setzen zu können. Das Risiko: Bei wenig erfahrenen Psychotherapeuten besteht die Möglichkeit einer Verschlechterung des depressiven Zustandes, was die Selbstmordgefährdung des Patienten erhöhen kann.

**3. Lichttherapie:** In den letzten Jahren wurde eine saisonale Häufung von Depressionen („Winterdepression") beobachtet, bei denen Licht eine Besserung erbrachte. Bei der Lichttherapie wird der Patient bis zu zwei Stunden täglich sehr starkem Licht (mindestens 2000 Lux) ausgesetzt, dies entspricht ungefähr dem Licht eines hellen Sommertages (ein durch normale Glühbirnen erhellter Raum reicht nicht). Die Behandlung ist nebenwirkungsfrei und vor allem bei saisonalen Depressionen ein guter Zusatz zur antidepressiven Therapie.

**4. Schlafentzug:** Schlafentzug bedeutet eine durchwachte Nacht. Bei manchen depressiven Patienten kann dies zu einer deutlichen Besserung der depressiven Verstimmung führen. Man unterscheidet:

- *partiellen Schlafentzug:* Der Patient wird um ein oder zwei Uhr morgens geweckt.
- *kompletten Schlafentzug:* Der Erkrankte wird die ganze Nacht wachgehalten.

Die Behandlung kann nach ca. einer Woche wiederholt werden und hat kaum Nebenwirkungen. Schon ein kurzer Schlaf während des Schlafentzugs bzw. am Morgen danach hebt die Wirkung des gesamten Schlafentzugs auf. Die Betroffenen sollten daher tagsüber komplett angezogen bleiben und sich nicht im Schlafzimmer aufhalten. Ruhepausen auf dem Bett sind ebenfalls nicht erlaubt.

Nebenwirkung: Die Schlafentzugstherapie birgt das Risiko schneller Rückfälle.

**5. Elektrokrampftherapie:** Die Elektrokrampftherapie (EKT), sowohl von Fachleuten als auch von Betroffenen als das unbeliebteste antidepressive Therapieverfahren eingestuft, wird – als letzte therapeutische Wahl – bei schweren Depressionen angewandt, die auf andere, oben genannte Therapieverfahren nicht ansprechen. Eine Anwendung gegen den Willen des Patienten erfolgt nicht. Die Situationen, in denen eine Elektrokrampftherapie durchgeführt wird, sind:

- akutes, hohes Selbstmordrisiko
- depressiver Stupor (Gestik und Mimik wirken starr)
- Gefahr für die körperliche Gesundheit, z. B. weil der Patient keine Flüssigkeit mehr zu sich nimmt
- extreme körperliche Erschöpfung

Wenn diese Therapie dem Patienten vorgeschlagen wird, erfolgt eine genaue Aufklärung über den Ablauf des Verfahrens. Im Gegensatz zu früher ist die EKT für den Patienten heutzutage relativ wenig belastend, da er in Kurznarkose versetzt wird und Muskelkrämpfe durch die Gabe eines Muskelrelaxans unterbunden bzw. abgeschwächt werden. Als Hauptnebenwirkungen können Gedächtnisstörungen, Angst, Kopfschmerzen, Übelkeit und Schwindel auftreten, die jedoch für gewöhnlich nach Abschluss der Behandlung wieder verschwinden. Obwohl sehr wirkungsvoll, besitzt die EKT nur eine kurzfristige Wirksamkeit.

## 5.4 Konkrete Fördermaßnahmen für Kleinkinder in depressiven Lebenszusammenhängen

Im Vordergrund der Förderung von Kindern von an Depression erkrankten Eltern steht das Herstellen von Situationen, in denen:

- die Kontaktfähigkeit zum erkrankten Elternteil aufrechterhalten bleibt und
- sich das Kind als Handelnder erlebt

Wie bereits ausgeführt, liegt ein Hauptrisiko bei Familien mit Depression in der Unvorhersagbarkeit der Reaktionen des erkrankten Elternteiles. Manchmal ist für das Kind die Mutter gut ansprechbar, in Phasen tiefer Krise und Niedergeschlagenheit wird das Kind mit völliger Unkontrollierbarkeit und Unvorhersehbarkeit der Situation konfrontiert. Es ist vor allem diese Unvorhersehbarkeit, die mit unsicherem Bindungsverhalten, erhöhter Ängstlichkeit, geringer Expressivität auf Sprachebene und aktivem Explorationsverhalten und verringerten Rückmeldungen einhergeht. Interventionen in der Frühförderung sind für gewöhnlich auf drei Ebenen angesiedelt:

- auf der Ebene kindzentierter Förderung
- auf der Ebene der Eltern- oder Familienarbeit, was z. B. auch die Arbeit mit Geschwisterkindern umfasst
- auf der Ebene transdisziplinären Austausches

Die Basis für die Fachkraft stellt das Erkennen von Symptomen und das Kommunizieren darüber dar, deshalb beginnen wir auch mit der Eltern- bzw. Familienarbeit. Ziel dieses Abschnittes ist es, Fachkräften in der Frühförderung für diskrete Zeichen zu sensibilisieren und Kommunikationsstrategien zur Verfügung zu stellen.

### 5.4.1 Depression oder Traurigkeit: das Wahrnehmen von Symptomen – Elternarbeit

Jeder Mensch empfindet neben Freude auch Traurigkeit. Stimmungsschwankungen, die in der Umgangssprache ebenfalls als „Depressionen" bezeichnet werden, gehören zum alltäglichen Leben. Nicht jede traurige Stimmung ist eine Depression.

Tabelle 10: Unterschiede zwischen Trauer und Depression

| Traurigkeit | Depression |
| --- | --- |
| Die Stimmung *ist immer* unmittelbar mit einem wichtigen und für den Betroffenen großen Verlust verbunden. | Die Stimmung *ist nicht immer* unmittelbar mit einem wichtigen und für den Betroffenen großen Verlust verbunden. |
| Diese Menschen sind von ihrer Trauer *durchaus ablenkbar* (z. B. eine erzählte Anekdote aus dem Leben des Verstorbenen kann sie zum Lächeln oder sogar Lachen bringen). | Menschen mit Depression sind von ihrer Trauer *überhaupt nicht ablenkbar*. |
| Traurige Menschen *spüren ihre Traurigkeit*. | Menschen mit Depression klagen, dass sie *nicht das Gefühl der Trauer verspüren*. |

Konfrontiertsein mit einer depressiven Person ist nicht einfach. Die Reaktionen, die beim Helfer entstehen können, sind vielfältig: Am häufigsten jedoch wird Mitleid ausgelöst, weil beinahe jeder von uns ein solches Gefühl einmal in seinem Leben erlebt hat. Depression berührt uns irgendwo tief in uns. Die nächste, ganz menschliche Frage, die sich dann jeder stellt, ist meist jene nach Hilfe:

- Wie kann ich helfen?
- Kann ich überhaupt helfen?
- Darf ich mich als eine fremde Person in die Traurigkeit des anderen einmischen?
- Darf ich als Helfer in der Familie Fragen stellen?
- Wenn ja, welche und wie?

Jede Information, die das Bild über die Depression klarer macht, ist für den professionellen Helfer auch im Frühbereich sehr wichtig. Abhängig von der Klarheit dieses Bildes können Interventionen besser geplant und ihre Effizienz gesteigert werden, sodass die maximalen Ressourcen des Betroffenen genutzt werden können. Fragen dürfen gestellt werden, jedoch mit viel Respekt, Verständnis und ohne Überheblichkeit.

Nicht zu vergessen ist, dass bei einer Depression Erlebnisse nicht mit rationalen Argumenten korrigierbar sind. Das Argument, das alles „ist ja nicht so schlimm" oder „man muss sich nur zusammenreißen", „es wird schon wieder alles gut", hilft einem Menschen mit Depression nicht, sondern vermittelt noch dazu das Gefühl, dass er nicht verstanden wird.

### Die Depression als Zustand depressiver Verstimmung

Diese wird von jedem Betroffenen anders erlebt und beschrieben. Die einen fühlen sich niedergeschlagen, hoffnungslos und verzweifelt, andere betonen, dass sie nicht zu echten Gefühlen wie Freude und Trauer fähig sind (Gefühl der *Gefühllosigkeit*). Sie fühlen sich „leer" und innerlich „wie ausgebrannt und abgestorben". Die Betroffenen können sich auch selbst nicht mehr positiv wahrnehmen und fühlen sich wertlos oder als Belastung für den Partner oder die ganze Familie.

Sie grübeln über alle Fehler, die sie im bisherigen Leben gemacht haben. Diese „Fehler", die so alltäglich und normal sind, gewinnen an Schwere. Es gibt keine Hoffnung, dass eine Besserung möglich wäre, auch keine Zukunft. Der eigene Zustand erscheint aussichtslos. Alles wird sehr mühsam. Nach einiger Zeit ist das Weiterleben häufig unerträglich und sinnlos, sodass einige Betroffene *den Selbstmord* als den letzten Ausweg sehen, um sich und die Angehörigen zu „erlösen". *Selbstmordgedanken, Selbstmordvorstellungen,* Selbstverletzungen oder *Selbstmordhandlungen* sind Schritte näher zum Suizid, die durch Selbstmord beendet werden können.

## Depression als Zustand mit Tagesschwankungen

Depressionen treten nicht bei jedem Betroffenen auf. Aber wenn sie präsent sind, dann ist die Stimmung meistens morgens, nach dem Aufwachen, auf dem Tiefpunkt (Morgentief), im Laufe des Tages (gegen Mittag) bessert sich dies, um sich unter Umständen bis zum Abend manchmal weitgehend zu normalisieren. Als Helfer in der Familie ist die Information über die Tagesschwankungen insofern wichtig, als Besuche oder Fördereinheiten darauf abgestimmt werden können und somit die Effizienz der Förderarbeit höher wird.

Fragen Sie einfach den Betroffenen, wann der Antrieb am schlechtesten/am niedrigsten ist. Wenn dies vormittags passiert (Morgentief), sollten Sie Ihre Besuche nachmittags organisieren. Bei niedrigerem Antrieb ist jede Information oder Anforderung Ihrerseits überfordernd.

## Depression im Zusammenhang mit körperlichen Beschwerden

Verstopfung, Kopfschmerzen, Muskelkrämpfe, Ohrgeräusche, Übelkeit, Magenbeschwerden, Schwindel, unklare Herz- und Kreislaufstörungen sowie Störungen der Sexualfunktion können auch als Teil der gesamten depressiven Symptomatik vorhanden sein. Diese Beschwerden können eine Depression verdecken (maskieren) und die ärztliche Aufmerksamkeit in Richtung einer körperlichen (somatischen) Erkrankung führen. Wenn aber eine allgemeine ärztliche Untersuchung keine körperliche Ursache für die Beschwerden findet und die Betroffenen trotzdem immer wieder von einem Arzt zum anderen gehen (Doctor-Shopping), dann ist es sehr wahrscheinlich, dass es sich um eine Depression handelt. Weil diese Depressionen hinter den körperlichen Symptomen – wie hinter einer Maske – versteckt sind, nennt man sie „maskierte" oder „larvierte" Depression.

Wenn Sie hören, dass ein Elternteil über verschiedene körperliche Beschwerden klagt, fragen Sie, ob eine ärztliche Untersuchung durchgeführt wurde und dabei etwas herausgefunden wurde. Ihre Pläne und Erwartungen in Bezug auf den gesamten Frühförderprozess sind ganz unterschiedlich, wenn ein erkrankter Elternteil an einer somatischen oder an einer psychischen Erkrankung leidet. *Vorsicht*: Wenn Ihnen klar ist, dass die Mutter oder der Vater eigentlich an einer Depression leidet, sagen Sie nicht offen Ihre Meinung, insbesondere nicht am Anfang der Frühförderung, wenn Sie noch das Vertrauen in der Familie aufbauen. Noch immer gilt die Überzeugung, dass es „normaler" oder „menschlicher" ist, an einer körperlichen als an einer seelischen Erkrankung zu leiden. Als Fachkraft sollten Sie nicht versuchen, die Patienten von der psychischen Ursache der Symptome zu überzeugen, da die Erkrankten häufig rationalen Argumenten nicht zugänglich sind. Es ist meist ein langer individueller Prozess der Ausschlussdiagnose (was es alles somatisch nicht ist), bis Menschen mit einer psychischen Erkrankung akzeptieren können, dass es sich um eine solche handelt.

### Unsicherheit und Angst bei Depression

Vermindertes Selbstwertgefühl und Selbstvertrauen treten bei Depressionen sehr oft auf. Bilder depressiver Menschen spiegeln die Mut- und Energielosigkeit häufig wider, Angst spielt häufig eine Rolle. Aufgrund ihrer Unsicherheit unternehmen diese Menschen immer weniger und weniger. Das Spielen im Hof mit dem Kind wird zur Anstrengung, auch die Gespräche mit Nachbarn. Alltagstätigkeiten und Aktivitäten fallen mehr und mehr aus. Es zeigen sich erste Anzeichen von Vernachlässigung

- die eigene Person oder das Lebensumfeld sowie
- das Kind betreffend (der Säugling ist nicht gewickelt vor der Frühförderung, Wäschestapel häufen sich im Badezimmer usw.)

### Energielosigkeit, Ermüdbarkeit und Antriebshemmung

Alles, was früher leicht war, ermüdet den Betroffenen sehr schnell. Energiemangel drückt sich auch in der Mimik aus: Der Gesichtsausdruck ist leidend oder starr, die Sprache leise, verarmt und verzögert. In Extremfällen kommt es zu einem depressiven Stupor. Bei solchen Fällen ist der Erkrankte stumm und wie erstarrt, reagiert kaum mehr auf Aufforderungen, sodass keine verbale Kontaktaufnahme mehr möglich ist.

*Soll ich die Eltern in der Fördereinheit motivieren, sich doch zu beteiligen, oder soll ich sie ausruhen lassen?* Es ist die eigene Entscheidung des Helfers, ob er den an Depression leidenden Elternteil in der Fördereinheit motivieren will oder nicht. Mit kleinen Anforderungen oder Teilnahme an einfachen Handlungsbögen (Interaktionsspiele) können Sie die Belastbarkeit der Patienten „checken". Wenn die Teilnahme des erkrankten Elternteiles die Fördereinheit „stört", dann ist es auch für ihn besser, nicht teilzunehmen und sich „auszuruhen". Die eigene geringe Belastbarkeit wird von den Betroffenen meist klar erkannt und soll ernst genommen werden. Wenn Menschen mit Depression während des Frühförderungsprozesses selbst erfahren, dass sie mitmachen dürfen und etwas erfolgreich abschließen können (z. B. ein Spiel), wirkt dies meist selbstwertstärkend. Obwohl solche positiven (euthymen) Erlebnisse nur eine kurzfristige Wirkung haben, ist es wichtig, dieses Gefühl der eigenen Handlungsfähigkeit und Selbstwirksamkeit positiv zu „nähren". Der Weg der Einbindung ist ein sehr langsamer und fordert die Geduld der Fachkräfte heraus, da nur sehr kleine Schritte zu erwarten sind.

## Verlust an Interessen

Häufig ist ein Verlust an Interessen zu beobachten. Dinge, die früher Freude bereitet haben, verlieren plötzlich ihren Aufforderungs- und Lustcharakter. Die Beschreibung des Alltags des depressiven Elternteiles während eines angemessenen Zeitraumes (z. B. innerhalb einer Woche) gibt Informationen über die Lebensqualität des Betroffenen. Es ist aber wichtig, dass ein Unterschied zwischen früherer und aktueller Lebensqualität im Sinne eines Rückganges besteht. Die Frühförderung ist weder für die *Freizeitgestaltung noch für die Animation Erkrankter zuständig*.

Aufgrund des Interessenverlustes muss damit gerechnet werden, dass kaum Rückmeldungen oder Mitteilungen über den Förderungsprozess von Seiten des Erkrankten kommen. Dies hat nichts mit der Professionalität der Arbeit zu tun, sondern hängt primär mit der krankheitsbedingten Interesselosigkeit zusammen. Menschen mit Depression interessieren sich sehr wenig oder überhaupt nicht mehr, was in der Fördereinheit passiert.

## Innere Unruhe

Dies ist ein Aspekt, der Patienten fast immer quält. An häufigsten erleben die Betroffenen die innere Unruhe als Druck, Spannung, leichtes Zittern im Brustbereich oder im ganzen Körper. Im Extremfall kann sich diese innere Unruhe auch durch eine körperliche (motorische) Unruhe manifestieren, die sich bis zur psychomotorischen Agitiertheit steigern kann. Dann atmen die Betroffenen laut, seufzen, die Hände sind unruhig, sie ringen mit den Händen, während des Besuches bewegen sie sich oft ziellos hin und her oder laufen rastlos auf und ab. Eine geringere Ausprägung dieser Unruhe tritt häufig nur sehr versteckt auf, da sie durch Alltagsaktivitäten und „Geschäftigsein" gut verdeckt werden kann: Die Mutter bleibt nur kurz am Beginn der Fördereinheit sitzen, geht dann in die Küche, beginnt eine Mahlzeit zu kochen, kommt wieder ins Kinderzimmer, fragt spontan, ob das Kind etwas trinken möchte, fängt mit etwas anderem an etc.

*Wie wirkt sich diese innere Unruhe in der Förderung eines Kindes aus?* Die innere Unruhe kann mit geringerer Stresstoleranz verbunden sein: Bereits geringe Stressfaktoren lösen hohe motorische Reaktionen aus: Das 2;5-jährige Kleinkind, das seiner Mama zeigen möchte, wie toll es „Unfälle mit Autos spielen kann", wird aus heiterem Himmel beschimpft. Aus Ungeduld wird das 3-jährige Kleinkind noch immer gefüttert, da der erkrankte Elternteil das Tempo des Kindes nicht „aushält". Der Wunsch der Fachkraft, dass die Mutter an einer Fördereinheit teilnehmen sollte, kann die bereits vorhandene Belastung verstärken. Das ist für beide Seiten nicht effektvoll. Agitation kann nicht durch zusätzliches Tun oder Einbindung in die Fördereinheit reduziert werden. In diesem Fall sollte die Fördereinheit außerhalb des Hauses stattfinden.

## Depression als Denkhemmung oder Denkverlangsamung

Das *Denken* ist erschwert und verlangsamt. Inhaltlich dominiert das *Grübeln* (die Gedanken kreisen oft nur um gleiche Themen). *Wichtig*: Wahnideen sind nicht durch rationale Fakten korrigierbar, d. h. es soll nicht versucht werden, diese Ideen mit Argumenten zu korrigieren. Im Gegenteil, die mit der Förderung des Kindes betraute Fachkraft läuft Gefahr, das Vertrauen in der Familie zu verlieren. Für Helfer ist es wichtig, zu wissen, dass Wahnideen ein Zeichen dafür sind, dass der betroffene Elternteil an einer schweren Depression (oder anderen Psychose) leidet.

## Verminderte Konzentration, Aufmerksamkeit und Gedächtnis

Vergesslichkeit und Konzentrationsstörungen sind häufige Begleiterscheinungen. Die Umwelt reagiert meist mit Unverständnis und bisweilen mit Aggression, wenn einfache Aufträge nicht ausgeführt werden: „Warum haben Sie nicht beim Arbeitsamt angerufen, das Kindergeld noch nicht beantragt usw." Einfache Aufträge oder Pläne werden nicht oder nur teilweise durchgeführt. Im Zusammenhang mit Energielosigkeit kann dies freilich so weit führen, dass der betroffene Elternteil auch „vergisst", das Baby zu füttern oder zu wickeln. Bei ungefähr einem Viertel schwerer Wochenbettdepression – ohne Vorhandensein stabiler sozialer Netzwerke (Partner, Großeltern, andere Verwandte) – müssen Kinder, wenn auch nur temporär, fremduntergebracht werden. Diese Information ist für Helfer wichtig, weil sich darin das geringe Leistungsniveau der Erkrankten widerspiegelt. Erwartungen an die Zusammenarbeit, eine effektive Teilnahme oder kleine Arbeitsaufträge an den erkrankten Elternteil im Frühförderprozess sollten diesem Niveau angemessen sein.

### 5.4.2 Depression macht Helfer hilflos? Die Fähigkeit, über dieses Wissen mit dem Betroffenen kommunizieren zu können

Wenn bemerkt wird, dass in der Familie ein Elternteil psychische Probleme hat, ist es zunächst wichtig, *Hilfe für die erkrankte Mutter oder den erkrankten Vater zu organisieren*. Dies bedeutet vor allem, offen, aber vorsichtig zu reden, ohne den Betroffenen „zu verletzen". Offen zu reden über die Traurigkeit des anderen ist für beide Seiten nicht einfach. Sehr oft wird befürchtet, dass der andere dadurch noch mehr verletzt werden könnte. Erfahrungen zeigen, dass im Normalfall ein Gespräch mit Liebe, Respekt und Mitgefühl für den Zustand des Betroffenen die „Tür" zur Depression eröffnet, was eigentlich das Ziel sein sollte. Phänomene der Einigung sind nicht zu vergessen.

Abbildung 12:
Die Einengung des Denkens

Vermitteln Sie dem Betroffenen, dass Sie seine Traurigkeit sehen oder spüren, dass Gesicht, Stimme oder Bewegungen dies deutlich ausdrücken. Wenn wir eine Botschaft von uns an den depressiven Menschen auf der Gefühlsebene senden, dann können sich diese uns auch mitteilen und öffnen. Diese „Öffnung" geschieht meistens durch Weinen, oder die Betroffenen beginnen darüber zu reden, was sie erleben. Seien Sie verständnisvoll für das Leiden dieser Menschen. Traurig zu sein ist menschlich. Vermitteln Sie diese Botschaft.

Sehr oft haben depressive Menschen das Gefühl, dass das, was sie erleben, einzigartig auf dieser Welt ist und sie die Einzigen (in ihrer depressiven Welt) sind. Zu vermitteln, dass Depression eine menschliche Daseinsmöglichkeit ist, die viele betrifft, gibt ihnen wieder das Gefühl, ein Teil dieser Welt sind. Menschen mit Depression versuchen ihre eigene Familie vor der Traurigkeit zu schützen. Das bedeutet auch, mit allen Mitteln gegen diese Traurigkeit zu kämpfen. Vielleicht sind Sie als Fachkraft die erste Person, mit der die Mutter offen reden kann. Das kann eine wichtige Unterstützung sein.

Beurteilen Sie nicht, wie z. B. der Haushalt aussieht. Das wissen die Betroffenen selbst. Wenn Sie spüren, dass der betroffene Elternteil von einem Hausbesuch zum anderen tiefer in die Depression sinkt, *fragen Sie, ob schon eine professionelle, d. h. ärztliche Hilfe in Anspruch genommen wird.*

Wenn eine Depression länger dauert und sich immer mehr verschlechtert, erhöht sich die Wahrscheinlichkeit, dass auch *Selbstmordgedanken* auftreten. Die Verantwortung, jemanden auf Selbstmordgedanken anzusprechen, ist groß. Haben Sie jedoch keine Angst. Stellen Sie wieder mit Verständnis und Respekt ganz einfach die Frage: „Haben Sie Selbstmordgedanken?" Wenn die Betroffenen spüren, dass Sie echtes Verständnis für ihr Leiden haben, dann werden sie oft als Antwort ein „Ja" bekommen. Diese Information sagt noch nichts darüber aus, wie hoch die Wahrscheinlichkeit eines tatsächlichen Selbstmordversuches ist.

Als nächster Schritt ist es wichtig, sich klar zu machen, aus welchem Grund die Betroffenen diesen Schritt (d. h. den aktiven Suizidversuch) noch nicht realisiert haben. Die Sorge um das Kind, das ohne Mutter oder Vater aufwachsen muss, stellt dabei häufig einen stark motivierenden und kraftspendenden Faktor dar, weiter mit der Depression zu kämpfen. Geben Sie Unterstützung darin, dass dies die richtige Entscheidung ist. Fragen Sie, ob der betroffene Elternteil schon *Selbstmordvorstellungen* hat, d. h. wie der

Selbstmord durchgeführt werden könnte, mit welchen Mitteln. Konkrete *Selbstmordvorstellungen* verweisen auf ein höheres Selbstmordrisiko im Vergleich zu bloßen Selbstmordgedanken.

*Unterschätzen Sie nicht die Sorgen des Erkrankten* (z. B. um die eigene Gesundheit oder die Gesundheit des Kindes usw.), obwohl diese für Sie übertrieben klingen können. Die Realität der an Depression erkrankten Menschen ist nicht mit vernünftigen Argumenten korrigierbar. Damit können Sie nur das Vertrauen der Betroffenen verlieren. Hören Sie verständnisvoll zu.

*Schlagen Sie nie vor, dass sich die Betroffenen zusammenreißen sollten.* Das wissen sie selbst und versuchen es ja die ganze Zeit. Häufig ist dieser Versuch jedoch allein und ohne ärztliche Hilfe nicht erfolgreich. Die Botschaft, sich zusammenzureißen, dass alles nur Einbildung sei, hören Menschen mit Depression häufig genug.

*Checken Sie die Bereitschaft, sich behandeln zu lassen.* Schlagen Sie eine Kontrolle beim Hausarzt vor. Checken Sie die Bereitschaft des Betroffenen, sich einer ärztliche Behandlung zu unterziehen, und die Möglichkeit, dass Sie ihn als Fachkraft dabei begleiten. Vor allem in der Frühförderung erscheint es wichtig, als Fachkraft mögliche Helfernetze persönlich zu kennen. Die Inanspruchnahme fachlicher Hilfe (Fachärzte, Psychotherapeuten, Psychologen) hängt in hohem Maß davon ab, inwiefern der Patient von der fachlichen und menschlichen Kompetenz des Helfers überzeugt ist. Deshalb ist es sinnvoll, dass die Fachkraft selbst sich ein „Bild" des Helfernetzes (fallunabhängig) macht.

*Geben Sie im Fall einer Selbst- oder Fremdgefährdung Informationen an den Hausarzt weiter*, unabhängig von der Bereitschaft des Betroffenen oder der Familie, sich einer ärztlichen Behandlung zu unterziehen.

*Seien Sie offen zu anderen wichtigen Familienmitgliedern (Partner, Eltern).* Teilen Sie diese wichtigen (teils lebenswichtigen) Informationen dem wichtigsten Familienmitglied (Partner/Partnerin) mit.

Mit allen diesen Schritten ist Ihre menschliche und moralische Verantwortung ausgeschöpft. Es ist nie möglich, mit hundertprozentiger Sicherheit einen Selbstmord zu verhindern, auch nicht im Rahmen einer stationären Behandlung. Aus langjähriger Erfahrung im Bereich der Frühförderung (konkrete Zahlen liegen dazu leider nicht vor) erscheint jedoch der „Worst Case" im Sinne des Helfers – d. h. der Suizid eines Elternteiles während der Frühförderung – äußerst unwahrscheinlich. Im Rahmen der 10-jährigen Berufstätigkeit in einem österreichischen Bezirk/Kreis mit 50.000 Einwohnern und ungefähr 40 betreuten Kindern pro Jahr trat – trotz stationärer medikamentöser Behandlung – nur ein Suizid bei einer an Depression erkrankten Mutter eines behinderten Kindes auf.

## 5.4.3 Kindzentrierte Interventionen

Der gesunde Elternteil soll so gut und oft wie möglich in die Förderarbeit eingebunden werden. Die Aktivierung von an Depression Erkrankten hängt – wie oben erwähnt – vom Schweregrad ab. So zeigt z. B. das gemeinsame Durchführen von Babymassagen gute Erfolge in Bezug auf die Festigung der Mutter-Kind-Beziehung. Methodisch kann z. B. die Fachkraft ein Füßchen des Babys massieren und die Mutter das andere. Grundsätzlich sind alle Aktivitätsschritte beim Betroffenen zu verstärken. Nicht Schocktherapien wirken beim depressiven Patienten, sondern die sukzessive Verstärkung all jener Aktivitäten, die potentiell Freude bereiten. Viele konkrete Förderschritte wurden bereits in Kapitel 4 über Resilienz beschrieben und in Tabellenform aufgelistet, einige werden exemplarisch vertieft.

Tabelle 11: Resilienzfördernde Prozesse bei Kleinkindern von an Depression erkrankten Eltern

| Schutzfaktoren | Einfluss auf die frühe Förderung |
|---|---|
| a) kindbezogen | |
| Entwicklungsförderung | vor allem Sprachanbahnung, Modulation der Stimme, lustvolles Lautieren, experimentieren dürfen und direktes Feedback darüber erhalten, Leistungen verstärken, mit Zustimmung die inkonsistente Reaktion des Erkrankten erklären |
| Temperament | Erziehungsratschläge zur vorbereiteten Umgebung bei „schwierigen" Babys, Aktivieren „ruhiger" Kinder |
| Selbstwert, Selbstwirksamkeitsförderung | Situationen schaffen, in denen das Kind sich als Handelnder erlebt, die Gestalt von „Handlungs- und Interaktionsbögen" berücksichtigen |
| interne Kontrollüberzeugung und Planungsaktivitäten | das Kind wählen und durchführen lassen, Planbarkeit herstellen, möglicherweise den Besuch im Krankenhaus planen, Bilderbücher zum Thema „Kranksein" ansehen |
| Optimismus und positive „Events" | Frühförderung soll und darf Spaß machen, wobei zu berücksichtigen ist, nicht mit Überaktivität erkrankte Eltern zu überfordern. |
| soziale Kompetenz | Bedürfnisse und Gefühle ausdrücken (Trauer, Wut, Freude), einander helfen und unterstützen in der Frühförderung (Kooperationsspiele) |

| Schutzfaktoren | Einfluss auf die frühe Förderung |
|---|---|
| Hilfsbereitschaft/ Verantwortung | Verantwortung in der Frühförderung übernehmen (gemeinsames Zusammenräumen), Hilfe organisieren |
| Hardiness (Durchhaltevermögen) | Umfeld so gestalten, dass Kinder Erfolg haben, Wettspiele durchführen |
| **b) Familienfaktoren** | |
| positive Bindung | den gesunden Elternteil ins Spiel bringen, den erkrankten in der gemeinsamen Interaktion aktivieren, positives Videofeedback über das Wahrnehmen und Eingehen auf die Bedürfnisse von Säuglingen |
| Struktur (Tagesstruktur) | Visualisieren der Struktur bzw. der Frühförderstruktur für das Kleinkind, andere Unterstützungsmöglichkeiten erwägen: Familienhelfer… |
| Kontaktmöglichkeit, Beziehungsarbeit | Kontakt zum gesunden Elternteil, zu anderen relevanten Hilfspersonen, Beziehungsorientierung zum Partner (d. h. Reflexion und Information mit dem gesunden Partner) |
| Erwartungen an das Kind | Gespräche über seine mögliche Zukunft, positive Bilder, Information des Kindes z. B. über seine Mutter |
| Trennung vom schwierigen Hintergrund | Frühförderung im Freien, in der Frühförderstelle |
| **c) System** | |
| andere Erwachsene | Frühförderer, Einbinden der Großeltern |
| andere Aktivitäten | Kindergruppen, Spielgruppen in sozialpsychiatrischen Tagesstätten |
| Kirche, Gemeindeaktivitäten | Aktivieren des sozialen Netzwerkes, mit dem Kleinkind in die „Öffentlichkeit" zu gehen: ins Schwimmbad, zur Kirchweih… |
| andere Unterstützungsmöglichkeiten für die Eltern | persönlicher Kontakt zu anderen Strukturen für psychische Gesundheit (sozialpsychiatrisches Zentrum, Sozialarbeiter, Facharzt, Psychotherapeut), Vorhandensein eines „Krisenplans für die Fachkraft (Pretis 1999) usw. |

*Fortsetzung Tabelle 11*

Konkrete Fördermaßnahmen für Kleinkinder 101

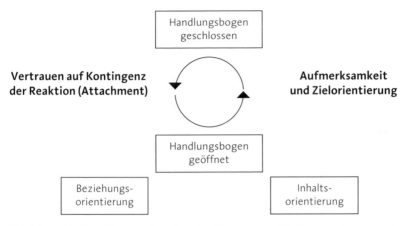

Abbildung 13: Geschlossene Gestalten im Kontext von Bindung und zielorientiertem Tun

Zur Interaktionsförderung zählt auch die Sensibilisierung des Betroffenen für positive Rückmeldungen. Diese Sensibilisierungsprogramme können auch in den Alltag eingebaut werden. Ziel ist es, dass der Betroffene Botschaften des Kindes wahrnimmt und „kontingent" (d. h. in zeitlich engem Kontakt) darauf reagiert: „Schauen Sie, jetzt zeigt Ihnen Paula den Kuchen, den sie gerade aus Sand gebacken hat."

Das Kind eröffnet dadurch einen Interaktionsbogen (Gestalt), von dem es erwartet, das er von der Mutter geschlossen wird. Somit erlebt sich das Kind in seiner Kommunikation als erfolgreich. Der Förderprozess der Fachkraft besteht darin, das Öffnen und Schließen dieser Handlungsbögen verbal zu begleiten.

**Beispiel:**
1) Felizitas (1;5) reicht der Frühförderin die Puppe. (Interaktionsbogen geöffnet)
2) „Du möchtest, dass ich deine Puppe halte?" (Verbalisierung des Interaktionsbogens)
3) Die Frühförderin nimmt die Puppe und hält sie. (Interaktionsbogen geschlossen)

Das „Losigkeits-Syndrom" bedingt bei depressiven Menschen auch eine gewisse „Ideenlosigkeit", was sie denn mit ihren Kleinkindern anfangen sollten. Gerade im Bereich der Entwicklungsförderung werden manche Eltern klare Anweisungen benötigen, welche Spiele für ihre Sprösslinge passend sind.

Auf der Ebene der Erziehungsberatung werden vor allem als herausfordernd interpretierte Verhaltensweisen (das Kind wird als ungezogen, laut

usw. erlebt) Anlass zu Unterstützung geben: Neben „Freiräumen" des Austobens und „Wildseins" wird es bei sehr belasteten Familien notwendig sein, als „negativ" erlebte Verhaltensweisen zu „reframen", d. h. in einen neuen Bezugsrahmen zu stellen:
„Franz ist nicht laut, er freut sich nur."
„Paul ist nicht anstrengend, er wünscht sich gemeinsames Spielen usw."
In Systemen sich auflösender Strukturen stellen die Kontinuität der Betreuung, das strikte Einhalten von Ritualen und Strukturmustern während der Einheit externe Sicherheitssignale für das Kind dar. Unterstützt werden kann dies z. B. durch visuelle Hilfen, in dem man graphische Symbole für folgende Fröderteile wählt:

- Begrüßungsspiel mit Paula, der Puppe (Ritual)
- Planungsarbeit: Was machen wir heute? (Planbarkeit, Selbstwirksamkeit)
- Such dir einen Gegenstand aus meiner Zaubertasche. (Selbstbestimmtheit)
- Wir spielen dein Spiel zu Ende, du sagst, wann du fertig bist. (Hardiness, Abschließen, Durchhalten)
- Ich darf mir als Fachkraft ein Fördermaterial aussuchen. (Lernen von vorhersehbaren sozialen Regeln)
- Wir spielen mein Spiel zu Ende, ich sage, wann ich fertig bin. (Hardiness, Abschließen, Durchhalten)
- Wir basteln etwas füreinander. (Soziales Lernen, sich gegenseitig unterstützen)
- Verabschiedungsritual
- Frühförderzeit mit der Mama

Bei der Frühförderung von Kleinkindern depressiver Eltern stehen vor allem Feinfühligkeit, emotionale Verfügbarkeit und Kontingenz der Rückmeldungen im Mittelpunkt. Aber auch das gemeinsame Singen soll nicht zu kurz kommen. Chang und Mazerick (2003) beschreiben – wenigstens für Ratten – wie wichtig die stimulusabhängige Vorbereitung des Hörens bei Säuglingen ist: Eine nicht adäquate akustische Stimulation führt nicht zur nötigen Differenzierung von Hörzellen. „So lasst uns singen in der Frühförderung, und gerade dort, wo mit hoher Wahrscheinlichkeit den Menschen nicht zum Singen zumute ist!"

### 5.4.4 Transdisziplinäre Arbeit

Das Vorhandensein eines (gesunden) Helfersystems sowohl zur Therapie und Stützung des Betroffenen als auch zur zeitweiligen Betreuung des Kindes in einem gesunden Kontext stellt einen wichtigen Resilienzfaktor dar. Dies umfasst:

a) Informationen über regionale psychosoziale Unterstützungsstrukturen (wo gibt es fachliche Hilfe, eine Selbsthilfegruppe, einen Facharzt für Psychiatrie, Tagesmütter, familienentlastende Dienste u. a.?)
b) konkrete persönliche Kontakte zu diesen Einrichtungen, um Betroffene auf der Basis eigener Erfahrung vermitteln zu können
c) Krisenpläne in den Frühförderstellen, wie z. B. im Falle einer Suizidäußerung oder -handlung vorzugehen ist: „Wen kann ich anrufen, wie ist z. B. bei vermuteter Selbst- oder Fremdgefährdung umzugehen?"

Die Frühförderung in Familien mit Depression läuft bisweilen selbst Gefahr, an Erreichtem oder Effekten zu zweifeln. Mindestens einmal im halben Jahr sollte eine Reflexionseinheit gemeinsam mit dem Frühförderteam, wenn möglich auch mit begleitenden psychiatrischen Betreuungssystemen, durchgeführt werden. Der Fokus sollte vor allem darauf liegen, welche Ziele erreicht wurden und was in der Förderung erfolgreich läuft (Pretis 2005).

**Fragen zur Selbstevaluation der Fachkräfte**

- Welche Handlungsimpulse löst die Diagnose „Depression" bei mir aus?

- Welche Prozesse erlebe ich selbst als unterstützend bei Niedergeschlagenheit, Lustlosigkeit oder Energiemangel?

- Welche Kompetenzen benötige ich weiterhin, um mit Menschen mit Depression zu arbeiten?

- Wie gehe ich mit Hilflosigkeit in meinem Beruf um?

# 6 Frühförderung mit Kleinkindern von Eltern mit Manie

## 6.1 Fallgeschichte

Die Mutter von Stefan (3;5 Jahre) bewegte sich nach einer monatelang dauernden depressiven Episode, begleitet von Selbstmordgedanken, in eine leichte und kaum erkennbare manische Episode. Allmählich wurde sie sehr gereizt und untolerant. Mit der Ausrede, dass sie jetzt wieder „leben" wolle, vernachlässigte sie ihre „mütterlichen" Pflichten. Sie hatte weniger Zeit, die Alltagsbedürfnisse ihres Sohnes Stefan wahrzunehmen. Wenn sie schon einmal, nach häufigeren Vorwürfen ihres Mannes, kochte, dann waren es immer Nudeln. Weil seine Mutter weniger zu Hause war, sah Stefan, wie sein Vater langsam mehr und mehr das Kochen, Bügeln, Putzen übernahm. Er war dabei auch nicht immer bei guter Stimmung. Für Stefan stand weniger Zeit zur Verfügung. Die Spannungen zwischen den Eltern wurden stärker, täglich gab es Streit. Die Mutter war beinahe ständig unterwegs. Öfters sah Stefan seine Mama nur noch kurz vor dem Schlafengehen, wenn überhaupt. Sie geriet auch leicht in Rage, wurde untoleranter und gereizter. Stefan verstand seine Welt nicht mehr, jederzeit konnte es zum Streit kommen. Gestritten wurde auch mit der Schwiegermutter, die im gleichen Haus wohnte. Stefan sah sie nach Auseinandersetzungen mit seiner Mutter weinend das Haus verlassen. Die Verhaltensweisen seiner Frau waren für Stefans Vater kaum mehr zu ertragen. Er forderte die Eltern seiner Frau auf, ihre Tochter wieder aufzunehmen. Sein Sohn und er benötigten Ruhe. Obwohl von seiner Mutter getrennt, entspannte sich die Situation für Stefan merklich. Der Alltag bekam wieder seinen alten Rahmen. In der Zwischenzeit ließen sich die Eltern scheiden. Stefan lebte bei seinem Vater, dem die Fürsorge übertragen wurde. Zuletzt musste seine Mutter wegen einer neuerlichen Verschlechterung, dieses Mal aufgrund einer depressiven Episode, wieder stationär behandelt werden. Stefan traf seine Mutter bei den Wochenendbeurlaubungen der Klinik.

Mein Interesse, seinen Sohn zu treffen, kam für den Vater etwas überraschend, jedoch auch in der Hoffnung, dass es ihm helfen könnte. Er ersuchte mich, Stefans Verhalten bei einem Hausbesuch zu beobachten, ob es ihm gut gehe. Stefan wurde bereits über meinen Besuch informiert. Während des kurzen Gespräches mit dem Vater rannte er kreuz und quer durch das Zimmer und lachte laut. Das könnte man als Spiel betrachten, jedoch die psychomotorische Unruhe überschritt merklich die Grenzen einer normalen „Freude"-Reaktion über einen Besuch. Der Vater beschrieb, dass Stefan sich in letzter Zeit immer häufiger so verhalte, insbesondere wenn er mit etwas überfordert sei. Herr P. versuchte, ihn in seinem Hin- und Herrennen zu stoppen, es gelang ihm jedoch nicht leicht. Stefan wehrte sich stark und rannte weiter.

Ich ersuchte den Vater, ob es kurz möglich sei, mit Stefan zu sprechen. Mit strengerer Stimme gelang es ihm, dass Stefan zu uns kam. Dann passierte eine überraschende Änderung des Verhaltens: Stefan setzte sich zusammengekauert auf den Schoß seines Vaters. Sein Gesicht bohrte er in die väterliche Brust. Er sah noch kleiner aus, als er für sein Alter war. Mit sanfter Stimme sagte ich zu ihm: „Hallo, Stefan!" Seine Reaktion kam auch für mich unerwartet, überraschend und berührte mich tief. Er begann hemmungslos zu weinen und zu zittern. Der Vater ergänzte: „So verhält er sich auch, wenn wir alleine sind. Er reagiert immer häufiger auf diese Art." Seine „Verhaltenssprache" war für mich sehr klar.

Als ich dem Vater erklärte, dass es notwendig sei, abzuklären, ob es sich bei Stefans Reaktionen nur um eine „Anpassungsreaktion" auf die neuen Lebensumstände handle oder ob Stefan deutliche Signale eines psychischen Leidens zeige, zog sich der Vater zurück. Er würde mich kontaktieren, wenn es Bedarf dafür gebe. Ich verwies auf die Möglichkeit von psychologischer Abklärung sowie Frühförderung und hinterließ die Telefonnummer des örtlichen Frühförderzentrums und erklärte mögliche Vorgangsweisen. Es war deutlich, dass sich der Vater zurückzog. Er hatte Angst, sich mit einem möglichen Unterstützungsbedarf zu konfrontieren, dass „auch" sein Sohn mit hoher Wahrscheinlichkeit Hilfe benötigen würde.

Auch wenn dieser Kontakt aus professioneller Sicht vielleicht nicht ganz zufrieden stellend verlief, da Stefans Vater vorerst mögliche Hilfe ablehnte, entspricht dieses Bild der Realität, vor allem im Zusammenhang mit Manien oder bipolaren Störungen: Diese zeichnen sich wie bei Stefans Mutter durch einen Wechsel zwischen manischen und depressiven Episoden aus. Was braucht Stefan bzw. sein Vater?

- psychologische Diagnostik
- Information und Rückmeldungen über die Verhaltensweisen, die durch motorische Unruhe und häufige Stimmungswechsel gekennzeichnet sind
- Erziehungsberatung, welche Sicherheitssignale der Vater bzw. die im Haus lebende Schwiegermutter Stefan geben könnte
- Selbstwertförderung durch eine außerfamiliäre stabile Bezugsperson, die nicht in das Krankheitsgeschehen involviert ist

Stefan benötigt professionelle Unterstützung zur Stabilisierung seiner chaotischen Lebenssituation, nicht primär eine psychiatrische Behandlung. Der 3,5-jährige Junge zeigte erste Zeichen auffälligen Verhaltens, das ihn in seiner Entwicklungsfähigkeit (z. B. bei der Regulation und Modulation der eigenen Emotionen) einzuschränken drohte. Wie bei vielen Kleinkindern, die für sich noch keinen eigenen Leidensdruck spüren, liegt die Hauptarbeit der frühen Hilfe damit vor allem in der Aufklärung der Eltern über mögliche Hilfsangebote und der Sensibilisierung, diese für ihre Kinder auch in Anspruch zu nehmen.

## 6.2 Aus der Sicht des Kindes

### 6.2.1 Unverständliche Signale

Während einer manischen Episode erleben die Kinder vorerst *gesteigerte Aktivitäten*. Der Vater oder die Mutter ist schon in der Früh voll mit Plänen, die auszuführen sind. Sie *reden sehr viel, schnell und auch laut* (Rededrang = Logorrhoe). Aufgrund ihres Einfallsreichtums wechseln sie häufig die Themen, die Sätze sind manchmal nicht fertig ausgesprochen, schon kommt ein neuer Satz (Ideenfluss). Nicht nur die Sätze, sondern auch die meisten *begonnenen Aktivitäten werden nicht zu Ende geführt*. Es kommen immer wieder neue Ideen. Für das Kind ist es schwer, alle Informationen, die vom erkrankten Elternteil kommen, wahrzunehmen, zu verstehen. Es passiert so viel in kurzer Zeit.

*Es gelten keine Regeln mehr. Es gibt kaum mehr Strukturen. Alles wechselt fast von Stunde zu Stunde.* Die Zeiten zum Essen oder Schlafen verändern sich in kaum vorhersagbarer Weise. Aufgrund von so vielen Interessen vergessen die Eltern, die Windeln zu wechseln, das Essen vorzubereiten oder anzubieten.

Kleinkinder sehen sich einem Wechselbad der Gefühle ausgesetzt, die nicht mehr mit äußeren Auslösern im Zusammenhang stehen. Die Stimmung kann *übermütig-euphorisch*, *dysphorisch-gereizt* oder inadäquat gehoben sein. Wenn sie *übermütig-euphorisch* ist, dann kann es für die Kinder für kurze Zeit auch sehr angenehm und lustig sein. Es wird viel gelacht, Spaß gemacht. Dem Kind wird alles erlaubt. Jeder Wunsch des Kindes – vor allem, wenn es um das Einkaufen geht – wird erfüllt. *Leichtsinniges Geldausgeben*, das zu finanziellen Problemen führt, ist ein häufigeres (Begleit-) Symptom der Manie. *Schuldenmachen* ist die Folge.

Anfangs mag sich Stefan in solchen Situationen ganz gut gefühlt und amüsiert haben. Das Radio spielt fast die ganze Zeit. Seine Mutter, die noch nie getanzt hat, beginnt auf einmal zu tanzen. Im Laufe der Zeit beginnen die fortwährenden Aktivitäten für das Kind auch körperlich anstrengend und erschöpfend zu werden. Stefan braucht Schlaf oder Nahrung, was der betroffene Elternteil nicht versteht oder schnell vergisst.

Kippt die Stimmung ins *Dysphorisch-Gereizte*, erscheinen die Erkrankten arrogant, untolerant, streitsüchtig, verbal aggressiv. Es reicht nur ein kleiner Anlass, und die Mutter explodiert. Auch Stefan hörte immer wieder: „Ich mag dich nicht mehr, weil du nicht brav bist." Die Wutausbrüche werden häufiger. In seinem Zorn kann der betroffene Elternteil das Kind auch physisch misshandeln. Wenn ein Elternteil allein erziehend ist, kann es passieren, dass das Kind alleine zu Hause gelassen oder eingesperrt wird. Die Reaktionen des Erkrankten sind für das Kind schwer zu verstehen. „Was habe ich so Schlimmes gemacht, dass so geschimpft wird und ich bestraft werde?" Mit hoher Wahrscheinlichkeit bezieht Stefan die aggressive Kritik auf sich und sieht auch die Schuld dafür bei sich: „Wahrscheinlich war ich so schlimm!"

Der Betroffene möchte ausgehen, es ist sechs Uhr in der Früh: Das Kind wird geweckt, um gemeinsam ins Schwimmbad zu gehen. Der Sprössling ist überrascht. Der Vater versucht, zu intervenieren, was die Mutter empört und zum Streit führt. Für das Kind ist klar: „Meine Eltern streiten wegen mir." Wer ist in der Lage, eine *kritische Realitätseinschätzung durchzuführen*? *Das 3,5-jährige Kind oder der* erkrankte Elternteil, der schon um halb sieben in der Früh ins Schwimmbad gehen will oder um Mitternacht laut Radio hört?

Menschen, die an manischen Episoden erkranken, *überschätzen ihre eigenen intellektuellen und körperlichen Fähigkeiten,* aber auch jene des Kindes. An einem kalten und regnerischen Herbsttag können die Eltern den ganzen Tag, oft ohne Regenschirm, sehr leicht bekleidet unterwegs mit dem Kind sein. Es besteht nicht nur *Selbstgefährdung* (Lungenentzündung), sondern auch eine *Fremdgefährdung* des Kindes.

Manchmal kann diese Überschätzung in *wahnhafte Größenideen* einmünden. In diesem Fall ist der erkrankte Elternteil davon überzeugt, dass er mit einer königlichen Familie verwandt ist, dass eine bekannte Person in ihn verliebt ist oder dass er sehr viel Geld besitzt. Das Verhalten entspricht dann meist dieser Überzeugung: Das Kleinkind wird wie eine kleine Prinzessin behandelt, neue Kleider werden gekauft u. a.

*Distanzlosigkeit und Enthemmung* sind weitere Bestandteile der Manie. Die erkrankte Mutter bzw. Vater knüpft sehr leicht Kontakte mit fremden Personen auf der Straße. Die Umwelt kichert und lächelt darüber. Kindern im Vorschulalter wird dies peinlich: Der Betroffene geht im Sommer nur mit einem T-Shirt oder einem Badeanzug bekleidet in die Stadt. Die schockierenden, überraschenden Blicke der Umgebung sind für das Kind deutlich. Um nicht mit der Mama oder dem Papa gesehen zu werden, versuchen Schulkinder bisweilen, diese Situationen zu vermeiden. Für Kleinkinder ist dies jedoch aufgrund ihrer Abhängigkeit von den Eltern kaum möglich. Adoleszente berichten häufig, dass sie sich in solchen Situationen mit dem erkrankten Elternteil allein gelassen fühlten. Alleinsein in solchen Situationen macht hilflos und traurig. Weil die Erkrankten sich in der Manie durchaus wohl fühlen, voller Kraft und Energie sind, fehlt ihnen meist die Krankheitseinsicht und damit auch die Bereitschaft, sich behandeln zu lassen.

### 6.2.2 Verhaltensweisen, die die Kinder nicht verstehen

Manie ist durch eine gehobene situationsinadäquate Stimmung gekennzeichnet. Wenn die Stimmung *übermütig-euphorisch* ist, sind Betroffene sehr lustig und unternehmungsfreudig. Anfangs kann das für das Kind sehr lustig sein: Ob es regnet, schneit, ob es dem Schützling warm oder kalt ist, wird nicht wahrgenommen. Das „Muss, immer mitzumachen" – oft vom Kleinkind verlangt – erweist sich sehr schnell als körperlich anstrengend und sehr erschöpfend: Tagelang hatte eine allein erziehende Mutter in ihrer manischen Episode ihre 2-jährige Tochter bei kaltem und nassem Wetter mitgeschleppt. Keiner konnte sie davon überzeugen, dass es für Stefanie nicht gut war. Sie war „die Mutter" und niemand anderer als sie hatte aus ihrer Sicht das Recht zu entscheiden, was für ihre Tochter gut war oder nicht, solange sie keine Lungenentzündung bekommen würde, was ein „ausreichender" Grund für eine Zwangseinweisung gewesen wäre.

Wenn Kinder größer sind und „nein" sagen können, erfahren sie sehr schnell Ungeduld, Wut oder Geringschätzung ihre eigene Person betreffend: „Du bist feige, gehe mir aus den Augen!" usw. Die intensiven Äußerungen von Liebe oder Hass wechseln sich im Laufe eines Tages ab. Rat- und Orientierungslosigkeit setzen ein: „Was will meine Mama, was gilt?" In solchen Situationen ist zu erwarten, dass Selbstwert und Sicherheitsgefühl beim Kleinkind massiv bedroht sind. Das Kichern der Umgebung, verursacht durch das Verhalten und Aussehen des erkrankten Elternteiles z. B. extravagant gekleidet, üppig geschminkt, viel Schmuck, verletzt den Selbstwert des Kindes: Ich muss mich schämen. Hilflosigkeit und Scham, mit einem solchen Elternteil leben zu müssen, werden von erwachsenen Angehörigen oft geschildert. Es gibt keine Möglichkeit, sich davor zu schützen oder z. B. wegzugehen. Kleinkinder, insbesondere wenn sie alleine mit dem erkrankten Elternteil leben müssen, sind „gezwungen", den Wünschen ihrer Erziehungsberechtigten zu folgen. Häufig ist bei Interventionen in solchen Fällen nur eine temporäre Fremdunterbringung das Mittel der Wahl.

### 6.2.3 Äußerungen, die Kinder nicht verstehen

Wenn die Manie sehr ausgeprägt ist, kann Größenwahn auch die eigene Identität oder Rolle betreffen: Ein Vater, der eine Lehre abgeschlossen hatte und seit sechs Jahren arbeitslos war, schilderte mir vor kurzem, dass er Direktor einer Bank werden würde. Die Bank warte nur, bis er ihr Angebot annehme. Er benötige nur noch Zeit zum Überlegen. Ähnliche Angebote habe er schon erhalten.

Für Kleinkinder haben solche Äußerungen keine größere Auswirkung (außer, dass sie Stolz erleben, dass ihr Vater so erfolgreich ist, was sich freilich als Illusion erweist). Da aber für den programmierten Misserfolg, den Bankdirektorposten nicht erhalten zu haben, die „anderen" verantwortlich gemacht werden, ist dies für ein Kleinkind nur in dem Maße bedrohlich, als es erlebt, dass die „böse" Außenwelt die wahren Fertigkeiten nicht wertschätzt. Teilweise besteht die Gefahr, dass Kinder in Wahnsysteme der Eltern auch hineingezogen werden (siehe Kapitel 8 über Schizophrenie).

Wenn sie größer sind, verfügen sie bereits über adäquatere Realitätseinschätzungen: Kindern sind dann Informationen darüber zugänglich, was möglich, wahrscheinlich oder gänzlich absurd ist. Dies verdeutlicht die Bedeutung von Aufklärung über die Erkrankung: In allein erziehenden Familien besteht jedoch die Gefahr, dass das Kind die Rolle des „Realitätskorrekturfaktors" übernimmt: „Papa, ich glaube, es geht wieder los, wir gehen so oft aus, bist du sicher, dass nicht wieder deine Krankheit losgeht?" (Originalzitat der 6-jährige Carmen in der Erziehungsberatung). Anfangs klingt alles amüsant und witzig. Nach einigen Wiederholungen und bei unverändertem Verhalten verstärkt sich jedoch das Signal, dass „der Vater oder die Mutter spinnt". Die kindlichen Versuche, den Erkrankten „in die Realität zu bringen", ihn oder sie mit der Realität zu konfrontieren, werden meist mit abschätzigen und deswegen für das Kind schmerzhaften Aussagen beendet: „Du glaubst mir nicht, du bist genauso (schlecht) wie die anderen." Das Kind, auch wenn es die Diskrepanz zur „Realität" erkennt, bleibt weiterhin hilflos mit dem Größenwahn des Erkrankten.

### 6.2.4 Alltagsstrukturen, die zusammenbrechen

Das Auftreten manischer Symptome geht meist nur für die Familienmitglieder mit großer Belastung einher. Für den Elternteil, der an einer Manie leidet, gibt es häufig keine Probleme auf dieser Welt, die nicht gelöst werden können. Kein Problem ist ein Problem. Der Betroffene meint, dass es Zeit ist, „wirklich" zu leben und alles bisher Verpasste nachzuholen und auszuleben. Wie bei vielen anderen psychiatrischen Krankheiten äußert sich das Auftreten und Auswirken der Manie auf den Alltag einer Familie schrittweise. Dies ist jedoch meist nur aus der Retrospektive zu erkennen.

Die ersten Veränderungen nimmt die Familie und das Kind als „sympathisch und erfrischend" wahr. Aber das Leben ohne Regeln beginnt auch zu ermüden. Bekannte, gewohnte und erprobte Alltagsstrukturen beginnen zu leiden. Das anfangs lustige Chaos dauert zu lang. Die Versuche des Kindes, sich anzupassen, zeigen wenig Wirkung. Das, was jetzt gilt und woran sich das Kind anzupassen versuchte, hat in kurzer Zeit keine Bedeutung mehr, verkehrt sich ins Gegenteil. Das ist nicht nur für Kinder, wie Stefan, sondern auch für den gesunden Elternteil schwer auszuhalten. Bestehende soziale Normen existieren, um „gebrochen zu werden". Musik sehr laut bis nach Mitternacht zu hören oder ohne Geschwindigkeitseinschränkung zu fahren ist „kein Problem". Wutausbrüche und Intoleranz, manchmal verbale, aber auch körperliche Angriffe erschöpfen die Geduld der Angehörigen. Krankheitseinsicht, d.h. anzuerkennen, dass das eigene Erleben krankheitsbedingt ist, fehlt meist, kein vernünftiges Gespräch kann das Verhalten des Erkrankten korrigieren. Sehr oft endet eine solche Eskalation mit einer stationären Zwangsaufnahme als einzigem Weg, den Betroffenen zu behandeln. Trennungen vom erkrankten Elternteil – kurzfristig oder durch Scheidung (langfristig) – sind Teil des Lebens mit einem Elternteil, der an Manie leidet.

## 6.3 Wie erkenne ich als Helfer eine Manie?

Wir folgen dem gleichen Darstellungsmuster wie in Kapitel 5: Ursachen, Krankheitsbild und Behandlung, Wahrnehmung der Symptome in der Frühförderung sowie die Fähigkeit, darüber zu kommunizieren und zu intervenieren.

### 6.3.1 Manie: das Wissen um Ursachen und Verlauf

Patienten mit ausschließlicher Manie (manische Episoden) sind selten und repräsentieren nur 9 % der so genannten bipolaren Störungen (Kasper 2000). Häufiger ist der Krankheitsverlauf durch einen Wechsel von manischen mit depressiven Episoden gekennzeichnet. Dann spricht man von einem phasenweisen Verlauf und einer *bipolaren* affektiven Störung, die meist lebenslang anhält. Nach einer manischen Phase erkranken die Betroffenen in 90 % der Fälle neuerlich (Thau 2003). Ähnlich wie bei der Depression muss auch bei bipolaren Störungen und der Manie von einer multifaktoriellen Ätiologie mit sowohl biologischen als auch psychosozialen Faktoren ausgegangen werden. Die Ursachen liegen in einem komplexen Zusammenspiel zwischen Genetik und Umweltfaktoren.

**Zur Vertiefung: biologische Faktoren**

Im Vergleich zur Depression ist bei bipolaren Störungen eine stärkere genetische Komponente nachweisbar (Kasper 2000). Zwillingsstudien zeigen, dass bei der Erkrankung eines monozygoten Zwillings an einer bipolaren Störung das Erkrankungsrisiko des zweiten 65 % beträgt (Thau 2003). Neurobiologische Untersuchungen zeigen, dass im Zentralnervensystem eine gestörte Funktion des Botenstoffes Serotonin besteht (Kasper 2000).

Wie erkenne ich als Helfer eine Manie? 111

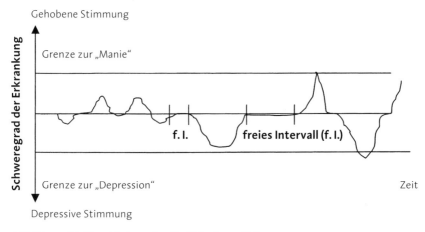

Abbildung 14: Krankheitsverlauf bei bipolaren Störungen

## 6.3.2 Manie: das Wissen um die Symptome

Es ist wichtig, zu wissen, dass die Besserung (= Remission) zwischen den Phasen vollständig ist und Häufigkeit und Dauer der Intervalle mit dem Alter abnehmen. 20% der Erkrankten haben keine „freien Intervalle" (f.I.) (Thau 2003), d.h. Phasen, in denen keine Symptome auftreten. *Manische Episoden*, im Vergleich zu depressiven, *beginnen abrupter und dauern etwas kürzer* (im Durchschnitt bis zu vier Monaten). Die erste Manifestation kann in jedem Alter, von der Kindheit bis zum Alter, auftreten, jedoch am häufigsten zwischen dem 20. und 40. Lebensjahr. *Die Geschlechtsverteilung ist gleich.*

> **Zur Vertiefung: Anzeichen einer bipolaren Störung**
>
> Erhebliche Stimmungsschwankungen über Wochen oder Monate stellen das Hauptcharakteristikum einer bipolarer Störung dar. Mindestens eine Episode überschwänglicher Stimmung muss dabei zu beobachten sein, meist gefolgt von einem Zeitraum an Normalität oder Balance für mindestens zwei Monate vor dem Ausbruch einer depressiven Episode. Die aktuellen diagnostischen Kriterien der bipolaren Störung verweisen darauf, dass eine bipolare Störung eine heterogene Erkrankung beschreibt, die in vielen verschiedenen Formen auftritt. Die Häufigkeit und Intensität von Stimmungsschwankungen (zwischen depressiven und manischen Phasen) variiert dabei stark von einer Person zur nächsten.

*Fühlen*
- Ungewöhnliche und dauerhaft gehobene, expansive oder reizbare Stimmung über den Zeitraum von mindestens einer Woche (oder jeglicher Dauer, wenn ein Krankenhausaufenthalt notwendig ist). Die Stimmungsstörung ist stark genug, um ausgeprägte Beeinträchtigungen in beruflichen Funktionen oder in üblichen sozialen Aktivitäten oder Beziehungen mit anderen zu verursachen, bis hin zu einem notwendigen Krankenhausaufenthalt, um Schaden an sich selbst oder Dritten zu verhindern; oder es bestehen psychotische Merkmale.
- Übersteigertes Selbstbewusstsein oder Größenwahn; es kann auch zu immensen Wahnvorstellungen kommen.

*Denken*
- Ideenflucht oder die subjektive Erfahrung, dass die Gedanken wirr sind
- Ablenkbarkeit, d. h. die Aufmerksamkeit wird zu schnell von unwichtigen oder irrelevanten äußeren Reizen beeinflusst

*Verhalten*
- Gesprächiger als üblich oder bestehender Druck, zu reden
- Vermehrte, zielgerichtete Aktivitäten (entweder sozial, beruflich, in der Schule oder sexuell) oder psychomotorische Unruhe
- Übermäßiges Engagement bei angenehmen Tätigkeiten, die ein hohes Potenzial für schmerzhafte Folgen haben, z. B. hemmungsloser Kaufrausch, sexuelle Indiskretionen oder unbedachte geschäftliche Investitionen

*Körperliche Reaktionen*
- Vermindertes Schlafbedürfnis, z. B. fühlt sich ausgeruht nach nur drei Stunden Schlaf, oder anhaltende Schwierigkeiten beim Einschlafen

Die Symptome treten nicht durch die direkte Wirkung einer Substanz (z. B. Droge, Medikament oder eine andere Behandlung) oder durch eine allgemeine medizinische Behandlung auf.

### 6.3.3 Manie: das Wissen um Behandlung

Im Fall der manischen Episode ist die *medikamentöse Therapie* die Behandlung der ersten Wahl. Psychosoziale Interventionen (Psychotherapie, Psychoedukation als Aufklärung des Patienten und der Familienmitglieder über die Krankheit und die Behandlung) ergänzen die medikamentöse

Therapie. Ziel ist es, „Frühwarnzeichen" möglichst bald zu erkennen. In Bezug auf die Dauer der medikamentösen Therapie ist es wichtig, zu wissen, dass eine kontinuierliche Behandlung auch in symptomfreien Zeiten auf lange Sicht wirksamer ist als eine, die nur dann begonnen wird, wenn wieder die Symptome auftreten. Weil der Verlauf phasenweise ist, stellt die Stimmungsstabilisierung die oberste Priorität in der Therapie bipolarer Störungen dar. Die verwendeten Medikamente kommen aus verschiedenen Medikamentengruppen, die gemeinsam als Stimmungsstabilisierer oder Phasenprophylaktika bezeichnet werden.

Weil Erfahrungen zeigten, dass eine regelmäßige Einnahme dieser Medikamente das Auftreten von manischen und depressiven Episoden zu reduzieren hilft, ist eine langjährige Einnahme notwendig, d. h auch in symptomfreien Intervallen. Dazu gehören

- Lithium
- Antiepileptika
- Neuroleptika, vor allem aus der Gruppe der neuen, atypischen Neuroleptika

Stimmungsstabilisierer reduzieren zwar, verhindern aber nicht das Auftreten von manischen oder depressiven Episoden. Bei einem neuerlichen Auftreten einer Episode wird häufig eine Gabe eines weiteren Medikaments erforderlich, z. B. im Fall einer manischen Episode ein atypisches Neuroleptikum oder bei depressiven Episoden ein Antidepressivum. Dies erfolgt aufgrund der Gefahr eines Umschwunges („Switch) in eine jeweils andere Episode. Insbesondere trizyklische Antidepressiva sind mit einem hohen Switch-Risiko behaftet.

### 6.4 Konkrete Fördermaßnahmen für Kleinkinder in Lebenszusammenhängen einer manischen bzw. bipolaren Störung

*Was ist das Spezifische an diesem Wechsel für die Kinder? Was unterscheidet die bipolare Störung von der Depression?* Wie der Name selbst sagt, zeichnen sich bipolare Störungen sehr häufig durch Stimmungsschwankungen zwischen zwei Extremen (Polen) aus. Im Verlauf der Krankheit kann das Kind den erkrankten Elternteil, manchmal innerhalb von wenigen Monaten, als im Bett liegend, wortkarg, leidend und „krank" erleben, dann aber wieder sehr glücklich, immer unterwegs, aktiv mit vielen tollen Versprechungen, die manchmal nicht realisiert werden. Innerhalb einer Manie erlebt das Kind tolle Sachen, z. B. werden fast alle gewünschten Sachen gekauft, solange die finanzielle Situation dies erlaubt; gleichzeitig stehen auch „tolle" Enttäuschungen auf der Tagesordnung, weil das Versprochene oft vergessen wird. Das Kind erlebt zwei Extreme innerhalb eines Elternteiles, zwei Wertsysteme, die extrem unterschiedlich sind und sich abwechseln. In Zeiten, in denen für den Heranwachsenden sein eigenes Wertsysteme im „Aufbau" ist, ergibt sich eine gewisse Orientierungslosigkeit: „Woran glauben? Was gilt? Was ist richtig und was nicht? Bin ich gut (genug) oder nicht?" Dann kommen die symptomfreien Intervalle, in denen sich der betroffene Elternteil ganz anders zeigt. Verunsicherung und geringeres Selbstwertgefühl als Teil seines psychologischen Gerüstes sind zu erwarten.

Bei Depressionen, die auch phasenweise verlaufen können, ist das Kind geringeren Stimmungs- und Verhaltensmodulationen ausgesetzt, was man nicht als „Vorteil" betrachten sollte, weil der fehlende Anreiz die Entwicklung des Kindes in stärkerem Ausmaß beeinträchtigt.

### 6.4.1 Die Fähigkeiten der Wahrnehmung von Symptomen einer manischen Episode: Elternarbeit

*Manie als Zustand gehobener Stimmung – wie erkenne ich das?* Wenn eine manische Episode vollständig entwickelt ist, dann ist sie sehr leicht erkennbar, meist schon beim Erstkontakt. *Die gehobene Stimmung* kann euphorisch, ungewöhnlich gut oder fröhlich sein. Sie hat oft für die Umgebung ansteckenden Charakter. Das *Gesicht dieser Menschen strahlt, Lachen ist fast fortwährend zu beobachten,* Gestik und Mimik *sind sehr lebhaft.* Die Stimme ist laut, Betroffene reden schnell und sind nicht leicht in ihrem Redegang zu unterbrechen. Erhöhte *Reizbarkeit,* insbesondere bei bereits leichtem Widerspruch, ist oft zu beobachten.

Manchmal kann sich die Begrüßung auch arrogant gestalten. Es ist nicht selten, dass die Betroffenen sehr auffällig und der Situation nicht entsprechend gekleidet sind. Übermäßiger Optimismus ist meist beim ersten Gespräch zu hören. Die *vermehrte Aktivität,* die maßlos übertriebenes Planen und gleichzeitige Teilnahme an mehreren Projekten umfasst, ist ein untrennbarer Teil der gehobenen Stimmung. Die *gesteigerte Ablenkbarkeit,* die sich durch einen schnellen Wechsel beim Reden oder bei Handlungen manifestiert, lässt die Gesprächspartner von einem Thema zum anderen springen. Diese Ablenkbarkeit macht den Betroffenen *paktunfähig.*

*Wie wichtig ist das für mich als Helfer?* Die Ablenkbarkeit ist für Frühförderer ein sehr wichtiges Symptom, und es ist wichtig, dies schnell zu erkennen. Das spart Nerven und Enttäuschungen in Bezug auf misslungene Pläne, die einen Tag zuvor von den Betroffenen als „100 % sicher" dargestellt wurden. Die auf den ersten Blick sehr positive Eigenpräsentation des Erkrankten kann darüber hinwegtäuschen, dass keine Kooperationsprobleme zu erwarten sind. Reich an Ideen, aber nicht an Ausdauer, werden Fördereinheiten immer mit etwas Besserem oder Neuem unterbrochen. Die Erwartungen in Bezug auf gemeinsames Planen, Termine oder erfolgreiche Zusammenarbeit dürfen keineswegs überschätzt werden. Beinahe nichts, was die Teilnahme des erkrankten Elternteiles notwendig macht, wird funktionieren. Wahrscheinlich klingt dies grob und desillusionierend, die tägliche Praxis verdeutlicht dieses Bild jedoch: Eine Person in einer Manie ist nicht kooperationsfähig. Rechnen Sie immer damit während des Frühförderprozesses.

Eine Einheit außerhalb des Hauses kann dem Kind eine ruhige, stabile und strukturierte Zeit ermöglichen, in der Sie Ihre Ziele verfolgen können.

Eine überhöhte Selbsteinschätzung ist ein erster Schritt in Richtung Größenwahn. Spontan hören Sie von dem Betroffenen, dass z. B. eine öffentlich bekannte Person (eine Schauspielerin) in ihn oder sie verliebt ist, dass die Familie von einer bekannten oder auch königlichen Familie abstammt usw. Größenideen sind – wie bei allen Wahrnehmungsstörungen – nicht durch Argumente korrigierbar: Größenideen sollen nicht bezweifelt werden. Eine Strategie ist es, diese „Realität" (im Sinne eines Spieles) zu akzeptieren: „Aha, ja...". Der Zweifel bei der Fachkraft, ob solche Ideen durch Akzeptanz nicht noch verstärkt würden, ist unbegründet.

Kleine Kinder sind kaum zu schützen: Sie werden vorerst glauben, was der Vater oder die Mutter sagt, die Enttäuschung folgt. Meist lernen jedoch bereits Vorschulkinder, dass den Versprechungen der Eltern in solchen Phasen nicht zu glauben ist. Dies führt dazu, dass Kinder ihr Vertrauen in die Aussagen der Eltern und letztendlich in die Eltern selbst zu verlieren beginnen.

### 6.4.2 Die Fähigkeit, über dieses Wissen mit dem Betroffenen kommunizieren zu können

Ihre fachliche Hypothese, dass der Vater oder die Mutter an einer manischen Episode erkrankt ist, hilft meist nicht, da Ihr Gegenüber keine Einsicht hat, was mit ihm oder ihr geschieht. In der depressiven Phase überwiegen dann Schuldgefühle: Die sozialen Konsequenzen der Handlungen sind meist sehr ausgeprägt (Schulden, soziale Ausgrenzung aufgrund der Überschreitung sozialer Normen).

Menschen in der Manie geht es blendend. Sie haben keine Probleme. Sie sind zu allem fähig. Kann man einen Menschen, der sich wohl fühlt, überreden, sich behandeln zu lassen? Das ist fast unmöglich oder sehr schwer.

Ausgangspunkt in der Kommunikation ist vorerst die Annahme aller Äußerungen. Ein feiner Versuch, Menschen in der Manie mit der Realität

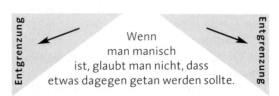

Abbildung 15:
Manie als polare Strategie zur Depression

Abbildung 16: Hauptankerpunkte kindzentrierter Förderung bei Kindern im Lebenszusammenhang einer Manie

zu konfrontieren, überprüft die Festigkeit ihrer Überzeugungen. Bei tiefer Überzeugung ist eine Veränderung der Denkinhalte nicht möglich.

Patienten in einer manischen Episode sind höchstens am Beginn der Episode zu einer Behandlung motiviert, solange die Symptome nicht sehr ausgeprägt sind. Das von den Erkrankten beschriebene überwältigende Gefühl des Wohlfühlens, dass sie alles machen können, verhindert jegliche Behandlung. Nur bei langjähriger Erfahrung mit ihrer Erkrankung lernen sie bisweilen, ihren übertriebenen Optimismus als mögliches erstes Symptom einer manischen Episode zu interpretieren: Ein Patient kam einmal zu einer Kontrolluntersuchung, um seine Wahrnehmungen „zu prüfen": „Glauben Sie, dass das der Beginn der manischen Episode ist?"

Bei fehlender Realitätseinschätzung helfen keine rationalen Argumente: Sie können nur das Vertrauen des Betroffenen verlieren.

### 6.4.3 Kindzentrierte Interventionen

Bei Kleinkindern steht der Umgang mit Stress im Vordergrund, bei Vorschulkindern der Umgang mit Scham und Selbstwertbedrohung. Noch viel stärker als bei der Depression spielen in manischen Episoden die soziale Stigmatisierung und die sozialen Konsequenzen der Erkrankung eine Rolle.

Kindzentrierte Förderung bei manischen Patienten kann nur auf der Kooperation des gesunden Eltern- oder Familienteiles aufbauen. Dadurch verringern sich jedoch die Möglichkeiten direkter Hilfsangebote, die z. B. im Haushalt eines Alleinerziehenden auf meist einer Bezugsperson beruhen.

Stressresistenz bei Kleinkindern zu stärken benötigt spielerisches Vorgehen: Gerade die zu erwartende Belastung zwischen zwei extremen Situationen steht im Vordergrund.

Als Fördervorschlag: Wir spielen „Schiff" auf hohem Meer: Wir verlassen den sicheren Hafen, haben schönes Wetter und guten Wind. Plötzlich taucht aus dem Nichts ein Orkan auf, der uns im Boot hin- und herschaukeln lässt. Was können wir tun? Um Hilfe funken, uns im Schiffsbauch verstecken, alle Besatzungsmitglieder zusammenrufen, Schwimmwesten anziehen usw. Der Sturm legt sich, eine unendliche Windstille herrscht auf See, wir kommen nicht mehr weiter. Die Sonne brennt herunter, wir haben kaum mehr Wasser und Proviant. Alle glauben, nicht mehr lebend herauszukommen. Was können wir tun? Rudern, ein anderes Schiff um Hilfe rufen, das uns vielleicht mit seinem stärkeren Motor aus der Flaute zieht...

Tabelle 12: Schutzfaktoren und -prozesse im Lebenszusammenhang manischer Episoden

| Schutzfaktoren | Einfluss auf die frühe Förderung |
| --- | --- |
| a) kindbezogen | |
| Entwicklungsförderung | Kinder von Patienten bipolarer Störungen zeigen weniger Entwicklungsauffälligkeiten im Sinne von Entwicklungsverzögerungen. Die Förderung muss sich in hohem Maße auf „Stressresistenz" beziehen. |
| Temperament | Da eine starke genetische Komponente angenommen wird, ist Information für die gesunden Elternteile wichtig: Wie entschärfe ich Situationen, in denen z. B. Kleinkinder mit Unruhe oder Überforderung reagieren? |
| Selbstwert, Selbstwirksamkeitsförderung | Das Vertrauen auf die eigene Realitätskontrolle, auf eigene Ziele und Pläne und deren erfolgreiche Durchführung stehen im Mittelpunkt. Frühförderung begleitet durch das ständige Auf und Ab der Erkrankung. |
| interne Kontrollüberzeugung und Planungsaktivitäten | das Kind wählen und durchführen lassen, Planbarkeit herstellen, möglicherweise den Besuch im Krankenhaus planen, Bilderbücher zum Thema „Kranksein" ansehen |
| Optimismus und positive „Events" | An positiven Events mangelt es in der manischen Episode kaum, wohl aber fehlen Aktivierung und Spaß während der depressiven Phasen. |
| soziale Kompetenz | Bedürfnisse und Gefühle benennen, angenehme und unangenehme Situationen unterscheiden lernen, „nein" sagen lernen bei drohender Überforderung |

| Schutzfaktoren | Einfluss auf die frühe Förderung |
|---|---|
| Hardiness (Durchhaltevermögen) | Durchhalten als Mittel des Stresscopings |
| **b) Familienfaktoren** | |
| positives Attachment | Vor allem den gesunden Elternteil über die Bedürfnisse und die Belastungen des Kindes informieren. Ein Hauptaspekt stellt Erziehungsberatung dar, wie dem Kleinkind Sicherheitssignale gegeben werden können. Bei fehlendem gesundem Elternteil ist unbedingt eine Struktur zu schaffen, die das Kind in manischen Phasen vor Überforderung schützt. |
| Struktur (Tagesstruktur) | Dies erfolgt vor allem über Beratung des nichterkrankten Elternteiles, dass Kleinkinder zum gesunden Gedeihen Struktur und Rhythmen benötigen. |
| Kontaktmöglichkeit, Beziehungsarbeit | Kontakt zum gesunden Elternteil, zu anderen relevanten Hilfspersonen ist unbedingt notwendig. Möglicherweise muss der Hausarzt informiert werden. |
| Erwartungen an das Kind | Die Hauptbotschaft ist, dass die Patienten sich so benehmen, weil sie krank sind, und dass sich Kinder nicht schämen müssen. |
| Trennung vom schwierigen Hintergrund | In Erziehungssituationen ohne soziales Netzwerk sind Formen von – wenigstens temporärer – Fremdunterbringung zu überlegen. |
| **c) System** | |
| andere Erwachsene | Frühförderin, Einbinden der Großeltern |
| andere Aktivitäten | Kindergruppen, Spielgruppen in sozialpsychiatrischen Tagesstätten |
| Kirche, Gemeindeaktivitäten | Information des sozialen Netzwerkes, was mit den Eltern los ist, wenn möglich, Aktivieren von sozialer Unterstützung |
| andere Unterstützungsmöglichkeiten für die Eltern | Nach manischen Episoden treten meist soziale Konsequenzen auf, die andere Formen der Unterstützung benötigen: z. B. Schuldnerberatung. |

Im Mittelpunkt steht aktives Stresscoping, d. h. was ich als Kind tun kann, damit es mir in als belastend erlebten Situationen gut geht. Dies erfordert freilich eine Standortbestimmung, wie es mir überhaupt geht. Als Intervention dienen Förderspiele, in denen es um die Identifikation und Benennung von Gefühlen geht. Dies beginnt beim gemeinsamen Betrachten von Fotoalben der Familie und der Benennung von Gefühlen, die dort zu beobachten sind, bis hin zu spezifischen Spielen wie dem „Gefühlslotto" (siehe Kapitel 9).

Jede Betreuungsform, die einem Kleinkind für einige Zeit außerhalb des belasteten Familiensystems kontinuierliche stabile Begleitung bietet, ist ein gesundheitsförderlicher Gegenpol zum Wechsel in bipolaren „Welten". Die Aufnahme in Kinderkrippen, Kindergärten oder bei Tagesmüttern ist wichtig und sollte unbedingt forciert werden.

Für die Frühförderstellen wird es schwieriger sein, die nötige Sensibilisierung für die Bedürfnisse der Kinder zu gestalten, da vor allem die gesunden Familienteile motiviert und überzeugt werden müssen. Meist haben sie jedoch andere Sorgen, als mit ihrem Sprössling regelmäßig zur Frühförderstelle zu kommen.

### 6.4.4 Transdisziplinäre Zusammenarbeit

Bipolare Störungen erfordern eine genaue Abschätzung einer möglichen Gefährdung des Kindeswohles in der manischen Episode. Bei fehlendem sozialem Netzwerk ist die Information einer Vertrauensperson unbedingt erforderlich, sei es der Hausarzt oder der zuständige Sozialarbeiter. Die Verschwiegenheitspflicht der Fachkräfte in der Frühhilfe trifft hier sicherlich auf ihre Grenzen, wenn die physische oder psychische Integrität des Kleinkindes gefährdet ist.

Erster Ansprechpartner ist das Frühförderteam oder die Frühförderstellenleitung, um weitere Strategien zu erarbeiten.

**? Fragen zur Selbstevaluation der Fachkräfte**

- Wie und mit welchen Argumenten würden Sie sich zu einer fachärztlichen Abklärung bzw. Behandlung motivieren lassen, wenn Sie sich gesund fühlen würden?

- Wie reagieren Sie, wenn Sie privat Eltern beobachten, die in offensichtlicher Weise nicht die Bedürfnisse ihrer Kinder wahrnehmen (inadäquate Kleidung, Aufenthalt an Orten, an denen Kinder „nichts verloren" haben)?

# 7 Frühförderung mit Kleinkindern von Eltern mit Zwangsstörung

## 7.1 Fallgeschichte

Leo ist 5 Jahre alt. Seine Mutter, Frau B., kommt seit einigen Monaten zur Behandlung von Zwangshandlungen (Waschzwang) zu mir. Ihr Zwang erschöpft sie sehr und nimmt viel Zeit in Anspruch. Beim Vorbereiten des Frühstücks wäscht sie sich bereits die Hände. Einmal ist jedoch nicht ausreichend für sie. Der Gedanke, dass sie auch danach nicht sauber sind, drängt sie dazu, den Vorgang noch drei- bis viermal zu wiederholen. Nur dann hat sie das Gefühl, dass sie sauber genug sind, um das Essen für die Familie vorbereiten zu können. Insgesamt wäscht sie sich an einem Tag bis zu 40-mal ihre Hände. Am Anfang versuchte ihr Mann, ihr im Haushalt zu helfen, jedoch das Gefühl, dass er seine Hände nicht ausreichend gewaschen habe, löste bei ihr eine zunehmend steigende Spannung aus – bis hin zur Unerträglichkeit. Innere Erleichterung kam nur, wenn sie selbst alles vorbereitete oder abwusch, aber diese Entspannung hielt nur kurz an. Sie wiederholte die Reinigung dessen, was ihr Mann vorher schon gewaschen hatte. Nur dann ging sie davon aus, dass es sauber genug war. Dies begann ihren Mann zunehmend zu irritieren. Es folgte Streit und der Rückzug aus Haushaltsaktivitäten. Nun musste Frau B. alles alleine vorbereiten. Zeit für ihren Sohn und ihren Mann blieb kaum noch. Sie verstand zwar seine Irritation, hatte jedoch keine andere Lösung für ihre unerträgliche innere Spannung.

Das war nicht alles: Sie verlangte zunehmend auch von Leo und ihrem Mann, sich die Hände nach ihrem Muster zu waschen. Ihre Logik wurde für Leo und seinen Vater langsam immer unverständlicher und unerträglicher. Die Mutter wusste genau, dass Forderungen an ihren Mann und Leo, diese Regeln zu respektieren und zu befolgen, sehr belastend waren: „Mein Mann ist sehr angespannt. So kenne ich ihn nicht. Er, der sonst ein ruhiger und toleranter Mensch ist, explodiert, und es fällt ihm schwer, seinen Zorn zu kontrollieren. Das erste Mal in unserer 15-jährigen Ehe hat er meine Hand umklammert und mich festgehalten." Dann frage ich sie weiter „Wie geht es Ihrem kleinen Sohn?" Nach einer Pause antwortet sie: „Er *muss* wahrscheinlich auch leiden. Die Erzieherin hat mir vor kurzem gesagt, dass sie merkt, dass Leo aggressiver zu anderen Kindern geworden ist. Seit einiger Zeit weint er auch im Schlaf." Leicht lächelnd schildert sie weiter: „Manchmal, wenn er mich beim Händewaschen sieht, sagt er zu mir:

,Mama, wasch dir nicht wieder die Hände, du weißt, was der Papa gesagt hat.' Er spürt die Spannung zwischen uns beiden und hört die Kommentare meines Mannes in Bezug auf meinen Zwang. Wenn ich Leo auffordere, sich noch einmal seine Hände zu waschen, reagiert er manchmal wütend und provozierend: ‚Ich habe meine Hände ohne Seife gewaschen', manchmal leicht weinerlich: ‚Aber ich habe nichts berührt, die Hände sind sauber', bisweilen auch trotzig: ‚Muss ich wieder die Hände waschen?' Das Ganze hilft dem Kleinen nicht." Frau B. schildert, dass sie noch stärker und dominanter sei, Leo müsse sich wieder – für jeden Fall – seine Hände waschen.

Mein Interesse, ihren Sohn treffen zu wollen, kommt für Frau B. etwas überraschend. Eigentlich, gibt sie an, sei sie die Patientin. Als ich ihr jedoch erkläre, dass auch er an seine Umgebung Signale des Leidens schickt, nimmt sie mit Verständnis und Erwartung von Hilfe das Angebot an.

Leo ist ein offenes und liebes Kind. Schnell gewinne ich sein Vertrauen, vorsorglich habe ich ihm auch eine Schokolade mitgebracht. Er darf sie leider nicht essen, weil er an Neurodermitis leidet. Neurodermitis zählt im weitesten Sinn zu den psychosomatischen Erkrankungen, bei denen Stress eine ausgeprägte Rolle bei der Verschlechterung der Symptome spielt. Für ihn ist es nicht einfach, über seine eigenen Erlebnisse zu sprechen. Das überschreitet seine Reife. Er schämt sich auch, darüber zu sprechen.

Mit verschmitztem Lächeln und stolz schildert er: „Ich habe nichts angefasst und sie will, dass ich die Hände wasche. (…) Manchmal wasche ich meine Hände ohne Seife. Sie weiß das nicht." Ich frage ihn: „Hast du Angst?" Leo beginnt an seinem T-Shirt zu nesteln und nickt wortlos mit dem Kopf. „Wir könnten in diesem Jahr ohne Wasser bleiben." Später erklärt mir die Mutter, dass sie voriges Jahr wirklich ein Problem mit der Wasserversorgung hatten. Im Brunnen war wenig Wasser. Leo schilderte auch Ängste, seine Mutter zu verlieren. Beim nächsten Treffen äußerte die Mutter: „Ich war überrascht, dass er bei Ihnen so offen war. *Ich habe ihm verboten, darüber im Kindergarten zu sprechen, was mit mir zu Hause passiert.*"

Leo war nicht erlaubt, über seine Belastung zu sprechen. Gleichzeitig erlebte er seine Mutter als überkontrollierend und versuchte Strategien zu entwickeln, diese „Überstimulierung" zu vermeiden: Er reagierte mit erzwungener Unterordnung (Händewaschen) oder bisweilen auch mit offener Aggression. Dies ist ein Mechanismus, der häufig bei Kleinkindern zu beobachten ist, die im Kontext von Angst, Wahn- oder Zwangsstörungen leben. Leo versteht zwar die Unsinnigkeit der Zwangshandlungen („Ich habe ja gar nichts berührt."), kann zurzeit aufgrund seiner Abhängigkeit kaum etwas dagegen tun (Deneke/Lüders 2003). Die geäußerte Angst Leos um die Wasserversorgung (dass der hohe Wasserverbrauch die Familie in Gefahr bringen könnte) ist nur der kindliche Ausdruck hoher Unsicherheit, was denn mit seiner Mutter passiert.

Frau O. nahm ihre Realität sehr bewusst wahr und sah, dass ihr Zwang sie zu kontrollieren begann. Sie sah die Konsequenzen für ihre Familie und ihre Beziehung. Die Sorge um ihre eigene Lebensqualität, aber auch um die psychische Gesundheit von Leo motivierten sie, sich in Behandlung zu begeben.

Der erste Schritt – um eine schnellere positive Wirkung zu erreichen – war eine medikamentöse Therapie mit einem Antidepressivum. In der Behandlung von Zwangsstörungen erwies sich diese Medikamentengruppe als wirksam, weil die Häufigkeit von Zwangshandlungen reduziert werden konnte. Die genauen Wirkmechanismen sind jedoch noch ungeklärt. Als Ursache auf biologischer Ebene – ähnlich wie bei der Depression und der Manie – wird eine Unausgewogenheit von Neurotransmittern angenommen. Daneben wurde eine intensive gesprächstherapeutische Begleitung angeboten, mit dem Ziel einer Aufdeckung belastender Familienereignisse in ihrer Kindheit.

Frau O. wuchs als Kind mit der Überzeugung heran, „völlig unfähig" zu sein. Diese Botschaft erhielt sie aus ihrer Umgebung, auch von Lehrern. Sie glaubte diesen Botschaften und fühlte sich häufig überfordert, war jedoch auch überzeugt, dass sie Dinge konnte, die ihr nicht zugetraut wurden. Die Zwänge traten dann bei der zweiten Geburt auf: Frau O. fühlte sich massiv überfordert. Aufgrund ihrer angenommenen biologischen Vulnerabilität zeigten sich erste Zwangshandlungen.

In der begleitenden Gesprächstherapie wurde auch Aufmerksamkeit auf vorhandene Ressourcen gelegt: Frau O. wollte immer „singen" und begann, sich in einem Chor zu engagieren, was ihren Selbstwert förderte und ihre soziale Isolation reduzierte. Leo begann in der Zwischenzeit mit der Schule. Die allgemeine Entspannung zu Hause führte dazu, dass sich auch die psychische Situation von Leo stabilisierte. Bei einer Kontrolluntersuchung erzählte Leo: „Ich bin jetzt so stolz auf meine Mama, dass sie in einem Chor singt."

## 7.2 Aus der Sicht des Kindes

Die Präsenz einer Zwangsstörung in einer Familie ist nicht nur für den Betroffenen selbst, sondern für alle anderen Familienmitglieder quälend. Der erkrankte Elternteil kann den eigenen Zwangshandlungen oder Zwangsgedanken nicht widerstehen. Dies wird als massiver Kontrollverlust über das eigene Verhalten und den eigenen Willen erlebt. Statt sich einmal die Hände zu waschen, müssen dies Zwangspatienten vier-, fünf- oder sechsmal tun. Sie müssen z. B. mindestens fünfmal überprüfen, ob der Elektroherd ausgeschaltet, die Haustür abgeschlossen ist, die Sachen bis auf den Millimeter genau an ihrem Platz sind. Dies hat nichts mit dem für jeden wohl bekannten Unsicherheitsgefühl zu tun, ob der Herd ausgeschaltet ist – als z. B. beliebte Sorge auf Urlaubsreisen. Nur die ritualisierte (teils unsinnige) Durchführung von streng reglementierten Handlungen (fünfmaliges Ein- und

Ausschalten) ermöglicht Betroffenen eine gewisse Reduktion innerer Spannungen und Angst. Eine Buchhaltungskraft „musste" die Rechnungen viermal kontrollieren, bevor sie sie ablegen konnte. Dies führte dazu, dass sie bis spät nachts im Büro blieb, da sie solche Aktivitäten nicht in ihrer normalen Arbeitszeit durchführen konnte. Ein Volksschullehrer – glücklicherweise frühpensioniert – hatte Angst, sich durch die Berührung von Schulheften seiner Schüler „anzustecken".

Die Betroffenen sind nur dann erleichtert, wenn sie gewisse ritualisierte Handlungen selbst durchführen können. Dies breitet sich jedoch auf die Umwelt aus, im Fall von Leo auf alle Familienmitglieder. Der Zwang kontrolliert nicht nur die Erkrankten, sondern auch die Umwelt.

Gesunde Erwachsene können sich leichter gegen immer größer werdenden Druck wehren. Sie sagen leichter und schneller: „Ich kann nicht mehr. Ich mag nicht mehr mitmachen. Das ist verrückt. Lass mich in Ruhe!"

Kleinkinder können, wissen und erlauben sich nicht, ihr Leiden deutlich auszudrücken. Die Macht und Abhängigkeit des erkrankten Elternteiles über das Kind ist groß, auch der Loyalitätskonflikt zwischen der Sinnlosigkeit des Tuns und der meist vorhandenen Bindung zum Elternteil. Druck auf Kleinkinder kann somit viel länger andauern und von anderen nicht bemerkt werden. Die gesamte Aufmerksamkeit des Erkrankten ist von morgens bis abends z. B. auf Sauberkeit, Genauigkeit, perfekte Ordnung usw. fokussiert. Dies kann seelisch und körperlich sehr erschöpfend sein. Depressionen als Reaktion darauf sind sehr häufig.

### 7.2.1 Unverständliche Signale für das Kind

Wie erlebt Leo die Situation? Es sieht, dass sich die Mutter die Hände nicht nur einmal wäscht, wie es vor kurzem noch der Fall und die Regel war. Sie wäscht sie immer wieder. Ihre Hände sind gerötet und haben auch Wunden. Ihr *Gesicht ist angespannter* als üblich und sie *ist intoleranter geworden*. Seine Mutter fordert ihn oft auf, sich selbst die Hände zu waschen. Nicht nur, wenn sie schmutzig sind, sondern auch, wenn er z. B. nichts Schmutziges angefasst hat oder die Hände wirklich sauber sind. Einmal Waschen reicht nicht mehr. Die Mutter *vertraut* Leo nicht mehr. Manchmal muss er das Händewaschen vor ihren Augen wiederholen. Sie *kontrolliert ihn.* Er ist gezwungen, ihre Anweisungen durchzuführen. Er fragt sich: „Was passiert?" *Die bisher geltenden Regeln ändern sich.* Das, was bis vor kurzem als sauber gegolten hat, bedeutet jetzt nicht ausreichend oder sogar schmutzig. Wenn Leo versucht, die Situation des Händewaschens zu vermeiden, weil sie aus seiner Sicht – und dies spricht für eine gewisse Realitätskontrolle – wirklich sauber sind, kann seine Mutter auch *zornig und ungeduldig* werden. Leo wird bewusst in einen Konflikt manövriert, etwas zu tun, was unsinnig ist, oder seine Mutter anzulügen. Noch dazu ist er mit Sprechverbot belegt. Der Leidensdruck von Leo muss schon sehr groß gewesen sein, dass er sich mir anvertraute.

Kinder erleben auch, dass die Eltern zu *streiten* beginnen, und zwar wegen einfachen Händewaschens: „Aber die Mama macht das so oft. Den ganzen Tag wäscht oder reinigt sie. Sie wirkt sehr müde. Sie hat sehr wenig Zeit für mich. Wie kann ich ihr helfen? Was kann ich von ihr übernehmen? Wer hat Schuld? Mache ich alles schmutzig? Niemand darf davon wissen. Das ist sicherlich etwas Schreckliches." Dies könnten die Fragen sein, die sich Leo stellt.

### 7.2.2 Sorgen und Gedanken, die die Kinder nicht verstehen

Wesentliche Kennzeichen der Zwangsstörung sind immer wieder auftretende Zwangsgedanken oder Zwangshandlungen. Wenn *die Zwangsstörung nur auf das Vorhandensein von Zwangsgedanken eingeschränkt ist,* dann erleben die Betroffenen wiederkehrende Ideen oder Vorstellungen, die sie gegen ihren Willen immer und immer wieder beschäftigen: z. B. ein Zählzwang, alles abzählen zu müssen. Die Erkrankten wissen, dass dies sinnlos ist, können aber gegen den quälend gleichen Vorgang nichts tun. Zwangsgedanken entziehen viel Aufmerksamkeit. Auf der Verhaltensebene erlebt das Kind „nur" eine Änderung der Stimmungslage beim betroffenen Elternteil. *Sie wirken gedrückt.* Seelisch erschöpft von den quälenden innerlichen Inhalten *reagiert der erkrankte Elternteil ungeduldiger gegenüber kleinen Fehlern des Kindes*: „Früher war es nicht so." Kinder erleben *die schlechte Stimmung und die verringerte Toleranz*, die alles betrifft. Die *allgemein gedrückte Stimmung in der Familie* ist leicht zu spüren. Die Erkrankten *hören viel weniger zu, zeigen weniger Interesse* am Kind. Manchmal weint Leos Mutter auch. Dann erscheint es „logisch", dass sich das kleine Kind fragt: „Habe ich etwas falsch gemacht? Wo mache ich Fehler? Meine Mama mag mich vielleicht nicht mehr? Was sollte ich bei mir verändern, dass es wieder so ist wie früher?" Kleinkinder versuchen, sich primär an die veränderte Situation zu Hause anzupassen. Sie strengen sich an, bekommen jedoch kaum Anerkennung, da die Aufmerksamkeit der Eltern gebunden ist. Das Problem lag nicht bei ihm: Leo begann das zu verstehen, indem er den Vater als „Realitätskontrollorgan" einsetzte. Leo war damals schon 5 Jahre alt. Kleineren Kindern fehlt jedoch häufig dieser Realitäts"check".

Wenn *die Zwangsstörung auch durch Zwangshandlungen gekennzeichnet ist,* ist die Veränderung der Umgebung des Kindes stärker. In diesem Fall sehen Kleinkinder Handlungen, die prinzipiell Sinn machen, deren Wiederholung jedoch unsinnig wird und den kindlichen Alltag einzuschränken beginnt: Die Körperpflege dauert Stunden, das Kind muss sich mehrmals am Tag umziehen u. Ä. Dies mag zwar dem Wunsch von Kleinkindern nach Struktur, Ordnung und Wiedererkennen eine Zeit lang entgegenkommen – wer kennt nicht die unzähligen Wiederholungen von Geschichten oder Märchenkassetten bei 2,5- bis 3-jährigen Kindern? Die Reaktionen der Umwelt auf „Verstöße", die Anspannung und die Angst der Zwangserkrankten erscheinen jedoch zunehmend unverständlich. Der Vater *springt auf und schimpft,* wenn nur zufällig der Platz eines Gegenstandes ein wenig verändert wurde. Die Eltern sind fortwährend mit diesen Handlungen beschäftigt, den Bedürfnissen des Kindes kann nur noch wenig Aufmerksamkeit geschenkt werden.

### 7.2.3 Alltagsstrukturen, die zusammenbrechen

Das Alltagsleben schränkt sich langsam ein, unendliche Wiederholungen bestimmter Handlungen nehmen viel Zeit in Anspruch. Viele, früher vorhandene Alltagsaktivitäten gehen verloren. Neben den Wiederholungen von Zwangshandlungen bleibt immer weniger Zeit für gemeinsames Spielen, Kuscheln und Reden. Während die Mutter sich ständig die Hände wäscht, liegen Berge ungebügelter Wäsche herum, überall ist Staub. Alles bleibt unaufgeräumt. Auf der anderen Seite fordert auch eine fast sterile Ordnung beinahe die gesamte Zeit. Für die Betroffenen ist dies das Erste auf ihrer Prioritätenliste. Alles andere verliert an Bedeutung. Wenn die Zwangsanforderungen befriedigt sind, wäre vielleicht noch Zeit für anderes. Fatalerweise haben Zwänge jedoch die Tendenz, sich „auszuweiten": Die Welt wird immer enger.

## 7.3 Wie erkenne ich als Helfer eine Zwangsstörung?

### 7.3.1 Zwangsstörung: das Wissen um die Symptome und Verlauf

Die Störung beginnt üblicherweise in der Adoleszenz oder im frühen Erwachsenenalter. Sie kann auch in der Kindheit anfangen. Der Verlauf ist gewöhnlich chronisch mit Ab- und Zunahme von Symptomen. Die Geschlechtverteilung ist gleich.

Zwangsstörungen gehören zu den häufigsten seelischen Störungen, die entweder alleine oder in Kombination mit anderen psychischen Auffälligkeiten auftreten. Ein Zusammenhang mit Angststörungen wird angenommen. Die Grenzen sind teilweise fließend. Eine reine Konfrontation mit dem angstauslösenden Reiz verstärkt meist nur die Symptomatik:

Eine Patientin sah eine Batterie im Kinderwagen ihres Kindes. Sie wurde vom Gatten nach einem Einkauf einfach dort vergessen. Die Mutter befürchtete, dass die toxischen Stoffe der Batterie den Stoff des Kinderwagens durchdringen und ihr Kind vergiften könnten. Der Kinderwagen wurde monatelang nicht mehr verwendet. Eine Betreuerin versuchte, die Mutter zu überzeugen, dass sie ihn wieder verwenden sollte. Angst und Unruhe wurden jedoch so stark, dass der Versuch abgebrochen werden musste und sich die Ängste und das Vermeidungsverhalten deutlich steigerten.

Ein Drittel der Zwangspatienten leidet auch an behandlungsbedürftigen Angststörungen oder Depressionen.

**Zur Vertiefung: Anzeichen einer Zwangsstörung**

Die Zwangsstörung (nach DSM IV) stellt eine Form der Angststörung dar. Die Betroffenen (ungefähr 2 % der Bevölkerung) erleben sich von beständigen und unkontrollierbaren Gedanken überflutet. Verständlicherweise führt dies häufig zu massiven Einschränkungen im Alltagsleben: Z. B. jeweils mehrmals kontrollieren zu müssen, ob der Strom ausgeschaltet ist, Türen versperrt sind etc.

Oft ausgelöst durch belastende Ereignisse beginnen Zwänge üblicherweise im frühen Erwachsenenalter. Komorbiditäten mit anderen Erkrankungen sind häufig (z. B. mit Depressionen, mit anderen Angststörungen oder mit Panik und Phobien).

*Fühlen*
- Quälende Ängste beim Nicht-Durchführen von Zwangshandlungen: Dass z. B. dann etwas Furchtbares eintrete, was durch die Zwangshandlung jedoch abgewehrt hätte werden können.

*Denken*
- Fokussierung auf den Inhalt der Zwangsgedanken
- Diese können auch die Form extremen Zweifelns, Zauderns und Unschlüssigseins annehmen.

*Verhalten*
- Unwiderstehlicher Drang, ritualisierte Handlungen immer und immer wieder zu vollziehen. Es besteht jedoch keine realistische Beziehung zwischen der Handlung und dem, was sie bewirken soll, oder die Handlung ist eindeutig übertrieben.
- Zwangshandlungen drehen sich häufig um Sauberkeit und Ordnung, die nur über ausgefeilte, manchmal den ganzen Tag beanspruchende Zeremonien erreicht werden können.
- Vermeidungsverhalten: Bestimmte Objekte, z. B. alles, was braun ist, können vermieden oder „magische" Vorsichtsmaßnahmen hierfür getroffen werden.

*Körperliche Reaktionen*
- Erschöpfungs- und Stressreaktionen, da aufgrund der ritualisierten Handlung das „Funktionieren" im Alltag massiv beeinträchtigt sein kann.

In vielen Fällen ist eine klare Differenzierung zwischen Zwangsgedanken und Zwangshandlungen nicht eindeutig. Einige Zwangsgedanken laufen wie Zwangshandlungen ab, sind jedoch weniger quälend oder Angst auslösend, z. B. wenn jemand leise für sich zählt, um seine Angst zu kontrollieren.

### 7.3.2 Zwangsstörung: das Wissen um die Behandlung

50 bis 70 % der zwangserkrankten Patienten kann mit Psychopharmakotherapie geholfen werden, wenn dies mit Psychotherapie kombiniert ist. Diese Verbindung verspricht größere therapeutische Erfolge (Gosciniak et al. 1998). Die Medikamente der Wahl sind Antidepressiva. Im Verlauf der Erkrankung beobachtet man bei bis zu zwei Drittel der Patienten behandlungsbedürftige Depressionen. Neuere diagnostische Verfahren (PET: Positronenemissioncomputertomographie als Messinstrument des Glucosestoffwechsels im Gehirn) erlauben eine Objektivierung der therapeutischen Interventionen. Nach einer medikamentösen Behandlung konnten Stoffwechselnormalisierungen im Gehirn nachgewiesen werden. Auch verhaltenstherapeutische Maßnahmen zeigen vergleichbare Befunde.

Es gilt noch immer, dass *verhaltenstherapeutische* Maßnahmen einen zentralen Stellenwert in der Behandlung von Zwangsstörungen haben: z. B. Konfrontation und Exposition in vivo gepaart mit Entspannungs- und Selbstmanagementtechniken (Kanfer et al.1991), z. B. beim Berühren von Türklinken müssen gleichzeitig Handlungen (Händewaschen) und Gedankenrituale (z. B. Gedankenstopp) verhindert werden. Der Patient lernt, mit seiner Angst umzugehen (z. B. mittels gleichzeitig zu trainierender Entspannungstechnik). Gleichzeitig bemerkt der Erkrankte, dass seine katastrophalen Befürchtungen bei der Nichtdurchführung von Zwangshandlungen nicht eintreten. Diese therapeutischen Maßnahmen sollten nur von ausgebildeten Psychotherapeuten durchgeführt werden. Nachdem in der Ätiologie von Zwangsstörungen immer wieder neue Fakten auftreten, dass biologisch-genetische Faktoren gegenüber psychosozialen überwiegen, ist die Bedeutung *pharmakologischer Behandlungen nicht zu unterschätzen. In jedem Fall bringt eine kombinierte Behandlung von* Psychopharmaka und Psychotherapie die besten Ergebnisse. Bildlich geht es bei Zwängen um selbstverstärkende Zweifel und Unsicherheiten:

> Das ist dann bildlich wie bei einem Schwimmer, der, um ans Ziel zu kommen, schwimmen müsste. Er tritt an den Rand des vor ihm liegenden Wassers, stellt sich gedanklich das Kraulen vor oder führt die entsprechenden Bewegungen durch, erlangt jedoch nicht die Gewissheit, dass er nicht untergeht, und wagt sich deshalb nicht ins Wasser. Medikamente sind nun wie „Schwimmflügel", die (...) helfen werden, wieder im tiefen Wasser der Zweifel und Unsicherheit schwimmen zu lernen. Die Verhaltenstherapie stellt den eigentlichen Schwimmkurs dar, der es (...) später ermöglicht, ohne „Schwimmflügel" auszukommen, und selbständig auch bei höherem Wellengang wieder alleine zu schwimmen (Gosciniak et al. 1998, 81).

In den letzten Jahren wurde aufgrund der Sensibilisierung gegenüber sexuellem Missbrauch vor allem der Waschzwang häufig als mögliches Symptom eines möglichen Übergriffes diskutiert. Auf der Basis neurobiologischer Erkenntnisse ist hohe Vorsicht gegenüber einer vorschnellen Hypothesenbildung in Richtung sexuellen Missbrauchs bei Zwangshandlungen angebracht.

### 7.3.3 Fähigkeiten der Wahrnehmung von Symptomen einer Zwangsstörung

1. Zwangsgedanken: Wie erkenne ich diese als Helfer?

Eine Zwangsstörung beginnt meist langsam und unbemerkt. Bei einem Drittel liegt der Krankheitsbeginn in der Adoleszenz. Die Symptomatik nimmt langsam zu, führt zu Vermeidungen und zunehmenden Einschränkungen. Für Helfer ist eine Zwangsstörung leichter wahrzunehmen, wenn sie sich durch *Zwangshandlungen* manifestiert. Wenn es sich „nur" um Zwangsgedanken handelt, zeigt sich die Krankheit äußerlich „nur" auf der Stimmungsebene (leidend, gedrückt, depressiv, dysphorisch, mit geringerer Frustrationstoleranz). Die „Krankhaftigkeit" dieser veränderten Stimmung kann nach einigen Kontakten wahrgenommen werden. Die gleich gebliebene Stimmungslage verweist darauf, dass es sich nicht nur um eine „alltägliche" Verstimmung handelt.

Die Hintergründe einer solchen Stimmungslage herauszufinden ist für die Helfer sehr hilfreich. Wenn sie nicht bekannt sind, sollte man selbst recherchieren: Die Patienten werden versuchen, die Symptome zu verstecken. Ein *einfühlsames und verständnisvolles Gespräch* mit Fingerspitzengefühl, nicht aber bemitleidend, kann Sie zu den richtigen Hintergründen der depressiven oder gereizten Stimmung oder geringeren Toleranz führen. Welche kommunikativen Strategien erweisen sich als hilfreich? Feingefühl und Respekt müssen im Vordergrund stehen:

- Gehen Sie vom *Verhalten* aus: „Seit ich bei Ihnen Frühförderung mache, sehe ich, dass Sie immer öfter die Hände Ihrer Tochter in der Fördereinheit abwischen oder dass Sie mehrmals den Herd ein- und ausschalten. Sehen Sie das auch so?"
- Bleiben Sie auf der *Beobachtungsebene*: „Ich erlebe, dass Sie schnell ungeduldig reagieren, wenn Ihre Tochter in der Frühförderung nicht mitmacht. Was macht Sie ungeduldig?"
- Formulieren Sie *Hypothesen*: „Ich habe den Eindruck, dass Sie sich Sorgen machen. Quält Sie irgendetwas?"

Das hat nichts mit Neugier zu tun, sondern ermöglicht ein klares Bild über die Situation. Es bringt bessere Orientierung, ein Sicherheitsgefühl und besseres Planen von Zielen und Erwartungen: Im Vergleich zu Schizophrenien haben die Erkrankten eine gewisse Einsicht, dass etwas nicht in Ordnung ist. Als Fachkraft weiß ich, dass diese gedanklichen Zwänge sich durch meine Intervention nicht ändern können. Es ist nicht davon auszugehen, dass Eltern nicht kooperieren *wollen*, sie *können* es schlichtweg nur in eingeschränktem Maße.

2. Zwangshandlungen: Wie erkenne ich diese als Helfer?

Im Falle *von Zwangshandlungen ist* die Symptomatik leicht erkennbar. Der Vater oder die Mutter wäscht sich manchmal fast endlos die Hände (als häufigstes Symptom), die Wäsche oder das Geschirr, obwohl es schon vom Geschirrspüler gewaschen geworden ist. Oder alles muss bis 13 Uhr am Tag angefangen werden, weil es bis 18 Uhr beendet sein muss. Es darf nichts an einem Freitag passieren, sonst würde etwas Schreckliches geschehen, das Kind würde z. B. am Spielplatz verunglücken.

Wie wichtig ist das für mich als Helfer? Bei jeder Zwangsstörung investiert der Betroffene zwangsweise seine ganze Zeit und Kraft in Handlungen, die er mehrmals wiederholen muss. Die Kontrolle darüber und die Kraft, dies selbst zu verändern bzw. zu verhindern, fehlen ihm meist. Der Versuch, die Zwangshandlungen durch Gedanken „wegzudrängen", gelingt nur unvollständig bzw. für kurze Zeit. Meist führt dies zu Unruhe, Anspannung und Erregung und Handlungsbedarf, sich mittels der Zwangshandlung wieder zu entspannen.

Die Präsenz eines Helfers in einem „Zwangssystem" bedeutet für die Betroffenen eine Bedrohung und möglicherweise eine drastische zwangsweise Änderung ihres Zwangsrhythmus. Die Anpassung an eine neue Person, die Rituale stört, wird meist als zusätzliche Belastung angesehen. Dies mag die Betroffenen zunehmend beunruhigen und ihren psychischen Zustand verschlechtern. Bei einer Gefährdung der psychosozialen Integrität des Kleinkindes muss deshalb sehr behutsam vorgegangen werden. Wie in der Fallgeschichte von Dieter beschrieben (Kapitel 2) konnte die Mutter

Frühförderung nur akzeptieren, wenn sie im benachbarten Sozialzentrum stattfand, da sie ein Eindringen in ihre Lebenswelt nicht dulden konnte. Behutsames Vorgehen ist erforderlich, mit dem vorrangigen Ziel:

- die Betroffenen zu entlasten
- dem Kind zeitweilig eine entspannte, lustvoll-kreative Umgebung zu bieten

## 7.4 Konkrete Fördermaßnahmen für Kleinkinder in Lebenszusammenhängen von Zwangsstörungen

### 7.4.1 Elternarbeit

Mit einem respektvollen, verständnisvollen Gespräch kann vor allem das Vertrauen der betroffenen Person gewonnen und eine „Tür" zu ihr geöffnet werden. Wenn man erreicht, dass die Betroffenen offen über ihre „Geheimnisse" sprechen, stellt dies bereits eine große Erleichterung dar. Etwas aktiv zu verbergen kostet Kraft, die meist bei Erkrankten generell in geringerem Maße vorhanden ist. Keine gut gemeinten Ratschläge, sich zusammenzureißen und nicht dem Zwang nachzugeben, helfen den Betroffenen. Sie probierten dies anfangs bereits und mussten erfahren, dass sie dabei nicht erfolgreich waren. Der Zwang war leider immer stärker als der Wille der Betroffenen. Die beste Intervention ist ein *feiner, verständnisvoller und empathischer Ratschlag an den betroffenen Elternteil, eine fachliche Behandlung in Anspruch zu nehmen.* Dies ist der einzige Weg in Richtung einer möglichen Besserung, Erleichterung und gesteigerten Lebensqualität für die Erkrankten, die Familie und die Kinder.

### 7.4.2 Kindzentrierte Interventionen

Kleinkinder im Lebenszusammenhang von Zwangserkrankungen sind meist überkontrollierenden, angespannten, teils unsinnigen Situationen ausgesetzt, ohne über eine adäquate Realitätskontrolle zu verfügen. Die Babys reagieren nicht auf Inhalte der Zwänge, sondern auf die beunruhigenden Affekte. Im Extremfall kann es zur Einbindung in die Psychose (folie à deux) kommen. Kleinkinder reagieren zwischen erzwungener Anpassung und offenem Widerstand bzw. Machtkampf. Die Hauptproblematik liegt somit meist in einer erlebten Verhaltensauffälligkeit des Kindes, nicht so sehr in Einschränkungen der Entwicklung. Dieses abweichende Verhalten wird erst im Kontakt mit sozialen Normensystemen (z. B. Kindergarten) deutlich. Bei überkontrollierendem Verhalten der Eltern und sozialer Unsicherheit der Kinder zeigt sich meist ängstlich-vermeidendes Verhalten der

Kinder: Sie nehmen kaum Kontakt auf zu Fremden, spielen nicht mit anderen Kindern und trauen sich wenig zu. Frühe Förderung muss hier deutliche Signale in Richtung Selbstwirksamkeit beinhalten. Vorschulkinder, die mit Zwangssystemen konfrontiert sind und über eine gewisse Realitätskontrolle verfügen, werden – wie Leo – Symptome der Kompensation zeigen: aggressive Übergriffe, Trotz, Verweigerung.

Tabelle 13: Schutzfaktoren und -prozesse bei Kleinkindern in Lebenszusammenhängen von Zwangsstörungen

| Schutzfaktoren | Einfluss auf die frühe Förderung |
| --- | --- |
| a) kindbezogen | |
| Entwicklungsförderung | Kreativitätsförderung |
| Temperament | Erziehungsberatung vor allem für den nichterkrankten Elternteil. Informationen werden geboten, wie es Kindern in Lebenszusammenhängen mit Zwangserkrankungen geht und wie sie reagieren können. |
| Selbstwert, Selbstwirksamkeit | Bei kleineren Kindern ist eine Realitätsprüfung nicht immer möglich. Selbstwirksamkeit kann im Sinne von „Ich kann das" gefördert werden. |
| Kreativität | Da Zwänge in hohem Maße strukturieren, stellt das kreative Tun einen kompensatorischen Pol dazu dar: Alles, was dazu beiträgt, dass Kinder ihre Kreativität ausleben dürfen (malen, Rollenspiel, Phantasiereisen…) ist erlaubt. |
| Frühförderung als Freiraum des Kindes | Wichtig ist die Botschaft, dass es Unterstützungsmöglichkeiten gibt, d. h. auch „Komplizen", die das Kind in seinen Strategien, mit den Zwängen umzugehen, unterstützen. Frühförderung darf ein Freiraum außerhalb von Zwangssystemen sein. Konflikte mit eher ängstlichen Eltern sind zu erwarten. |
| soziale Kompetenz | Bedürfnisse und Gefühle ausdrücken (nein sagen), Unterstützung bei Realitätsprüfung einholen können: Wer kann mir helfen? |
| Verantwortung übernehmen für definierte eigene Bereiche | Zwangssysteme haben die Tendenz, sich auf die Lebensumwelt des Erkrankten auszuweiten. Als Gegensteuerung ist es förderlich, Kinder für ihren eigenen Lebensbereich verantwortlich zu machen: für das Kinderzimmer, die Kindergartentasche etc. |

| Schutzfaktoren | Einfluss auf die frühe Förderung |
|---|---|
| Hardiness (Durchhaltevermögen) | Wie bei anderen Krankheitsbildern ist persönliches Durchhaltevermögen eine Schutzstruktur. |
| **b) Familienfaktoren** | |
| positives Attachment | Es gibt jemanden, dem ich mich anvertrauen kann, der für mich da ist. Dies ist im Optimalfall ein nicht erkranktes Familienmitglied, kann aber auch eine Nachbarin sein oder ein professioneller Helfer. |
| Dynamisieren von Strukturen | Ganz im Gegensatz zur Verdeutlichung und Schaffung von Strukturen bei depressiven Erkrankungen oder Schizophrenien stellt die Dynamisierung von Strukturen ein Förderziel bei Menschen mit Zwangsstörungen dar: Es darf Ausnahmen geben, es darf gegen Regeln verstoßen werden... |
| Beziehungsarbeit | Information des Familiensystems über die Erkrankung, Entwicklung von Strategien, wie damit am besten umgegangen werden kann: vor allem gemeinsame Gespräche mit dem Partner |
| Trennung vom schwierigen Hintergrund | Ähnlich wie bereits beschrieben eignet sich auch bei Zwangserkrankungen Frühförderung im Freien oder in der Frühförderstelle. |
| **c) System** | |
| andere Erwachsene in anderen Lebenszusammenhängen | Großeltern, Nachbarn, Freunde, bei denen sich das Kind austoben kann |
| andere Aktivitäten | Kindergruppen, Spielgruppen |
| Kirche, Gemeindeaktivitäten | Aktivieren des sozialen Netzwerkes, mit dem Kleinkind in die „Öffentlichkeit" zu gehen: Spielgruppen, Theatergruppen... |

Fortsetzung Tabelle 13

Für beide Gruppen gilt es, Freiräume zu schaffen, in denen sie sich außerhalb von Zwängen wie Kinder verhalten dürfen. Alles Kreative, Ungeplante, Spontane mag – ganz im Kontrast zu herkömmlichen zielorientierten Prozessen – im Mittelpunkt der Förderung des Kindes stehen.

## 7.4.3 Transdisziplinäre Arbeit

Zwangsstörungen sind „geheime Krankheiten": Die Betroffenen versuchen so lange wie möglich, ihre Symptome zu verbergen, was jedoch zu massiver Einschränkung der Lebensqualität führt, oder zeigen bei Zwangsgedanken nicht leicht erkennbare Symptome. Dazu kommt, dass sich z. B. im Gegensatz zu bipolaren Störungen die erkrankten Eltern durchaus bewusst sind, dass ihre Verhaltensweisen bzw. Gedanken „außerhalb der Norm" liegen und teils unsinnig sind. Sie erwarten Unverständnis von ihrer Umgebung und schämen sich meist ihres Kontrollverlustes. Dazu kommen landläufige Stereotypien über Menschen mit „Putzzwang", denen meist bei Stammtischgesprächen geraten wird, endlich etwas „Gescheites" zu arbeiten, damit sie nicht die ganze Zeit zu Hause „putzen" und „umräumen" müssen, von sexualisierten Interpretationen ganz zu schweigen.

Transdisziplinäre Arbeit bedeutet primär, mit Menschen mit Zwangserkrankungen eine Vertrauensbasis aufzubauen, ihre Sorgen und Zwänge ernst zu nehmen und nicht zu bewerten. Wissen um die Behandelbarkeit – sei es pharmako- oder psychotherapeutisch – hilft nur dann, wenn die Betroffenen nicht fürchten müssen, sozial stigmatisiert oder letztendlich für ihre Zwänge „ausgelacht" zu werden. Der Zugang zu Zwangspatienten wird meist über die Kinder erfolgen, die unspezifische Symptomatiken zeigen: Überängstlichkeit oder kompensatorische Verhaltensweisen. Auch wenn Frühförderung direkt in der Familie arbeitet, wird es lange dauern, bis eine Arbeitshypothese in Richtung „Zwang" gestellt wird. Lassen Sie sich Zeit, damit die Vertrauensbasis für das Geheimnis wachsen kann. Lassen Sie sich jedoch in Ihrem Team supervidieren: Zwänge schränken ein, auch die Fachkräfte in der Arbeit.

**? Fragen zur Selbstevaluation der Fachkräfte**

- Welche zwanghaften Strukturen erkennen Sie in Ihrer Arbeit, wie reagieren die anderen darauf?
- Wie würden Sie auf (unsinnige) Zwangsmaßnahmen in Ihrer Frühförderstelle reagieren?

# 8 Frühförderung mit Kleinkindern von Eltern mit Schizophrenie

## 8.1 Fallgeschichte

Die 3;6-jährige Sara lebte bei ihren beiden psychisch kranken Eltern. Beide litten seit Jahren an Schizophrenie. Vor wenigen Monaten setzte der Vater seine Medikamente selbst ab, was zu einer neuerlichen Verschlechterung seines psychischen Zustandes führte. Diese Situation war für Saras Mutter so überfordernd, dass sie sich auch entschloss, ihre Medikamente abzusetzen. Sie entwickelte neuerlich eine psychotische Episode, beide wurden gleichzeitig im Krankenhaus stationär aufgenommen. Sara wurde von der Großmutter betreut – bereits eine vertraute Betreuungsperson, wenn die Kindeseltern stationär aufgenommen wurden. Nach dem Krankenhausaufenthalt wurden beide Elternteile in gut remittiertem Zustand entlassen. Das Jugendamt erwog eine Fremdunterbringung von Sara und übte in Bezug auf die Compliance der Eltern Druck aus. Daraufhin zeigte der Vater gute Problemeinsicht und erkannte, dass eine regelmäßige eigene Medikation seine Tochter schützte. Die Mutter von Sara konnte bislang ihre Krankheit nicht in Zusammenhang mit Fragen der Kindesentwicklung bringen. Der Vater war in der Folge besser in der Lage, die Bedürfnisse seiner Tochter zu erkennen und darauf einzugehen; für die Mutter standen in erster Linie ihre „psychotischen Bedürfnisse" im Vordergrund: Sie spielte mit Sara nur, wenn es ihr passte, wenn ihr vom stundenlangen Fernsehen langweilig war. Sie setzte die Kleine aggressiv auf die Toilette, wenn sie das für gut hielt, unabhängig davon, ob Sara müde war oder Harndrang hatte. Der Vater versuchte, die Alltagsregeln von Sara zu schützen, aber das bedeutete Konfrontation mit seiner Frau, die aufgrund ihrer psychotischen Erlebnisse nur ihrer verzerrten Wahrnehmung folgte. Die Familiensituation begann zu eskalieren. Für Sara ergaben sich Konfliktsituationen, die weit über die Grenzen alltäglicher Familienrealität hinausgingen: Sara wehrte sich immer öfter, wenn ihre Mutter auf sie zuging, verängstigt, wenn etwas von ihr gefordert wurde. Wenn die Mutter grob und untolerant war, schrie sie: „Nein, Mama!" Der Vater intervenierte, um Sara zu schützen, wobei diese selbst zur Quelle des Konfliktes wurde. Bei einer ärztlichen Kontrolle schilderte mir der Vater: „Ich habe Angst um meine Tochter, möchte jedoch nicht, dass sie fremduntergebracht wird. Möglicherweise wäre es auch gut, wenn Sara bei der Großmutter leben würde, auch wenn ich sie verlieren würde." Er beobachtete Anzeichen von Unsicherheit und Angst bei seiner kleinen

Tochter. Die Situation wurde durch häufige Aggressionsausbrüche der Mutter immer schlimmer.

Als ich Sara das erste Mal in der Ambulanz sah, wirkte sie aktiv, fröhlich und offen. Aber die massive Intensität der Ereignisse, denen Sara unwillkürlich ausgesetzt wurde und die ihren Alltag komplett durcheinander brachten, machten mir Sorgen dass auf Dauer ihre Resilienzfaktoren erschöpft würden und es zur Erstmanifestation von Zeichen einer Überforderung von Sara kommen könnte. Für sie stand die Bedrohung mühsam erworbener Alltagsstrukturen tagtäglich im Raum. Die Kenntnis, dass beide Eltern an Schizophrenie litten, was die Wahrscheinlichkeit eines eigenen Erkrankungsrisikos für Sara deutlich auf beinahe 50 % ansteigen ließ, war für mich ein „Alarm", den Vater zu unterstützen und das Jugendamt zu aktivieren. Glücklicherweise konnte die Kleine bei der Oma untergebracht werden. So hatte sie die Möglichkeit bekommen, sich in einer vertrauten und strukturierten Umgebung zu erholen, da die Alltagsstrukturen und Rituale gewährleistet waren. Ob eine heilpädagogische Frühförderung eingeleitet würde, hing von Saras weiterer Entwicklung und den Bedürfnissen der Großmutter ab. Entwicklungskontrollen bei einem psychologischen Begleitdienst, der eng mit dem Jugendamt zusammenarbeitete, wurden vereinbart.

## 8.2 Aus der Sicht des Kindes

Die Erscheinungsbilder der Schizophrenie sind vielfältig. Weil die Symptome so abweichend und im Widerspruch zu kulturell-akzeptierten Annahmen über unsere Realität zu sein scheinen, sind sie umso schwerer verständlich und nachvollziehbar. Schizophrenie ist eine Krankheit, die mit Realitätsverlust, Trugwahrnehmungen, Wahnvorstellungen, Störungen des Denkens und der Gefühlswelt verbunden sind. Sie hat wenig mit dem landläufigen Bild einer „gespaltenen Persönlichkeit" zu tun. Ein Elternteil, der an Schizophrenie erkrankt ist, mag sich für einen Außenstehenden (sein Kind) scheinbar unsinnig verhalten. Die schwer verstehbaren Handlungen sind das Produkt von Fehlwahrnehmungen und Fehlinterpretationen der Umwelt. Ohne dies zu erkennen, versuchen die gesunden Familienmitglieder oder auch das Kind anfangs, das Verhalten oder die Äußerungen des Erkrankten durch realitätsbezogene Argumente zu korrigieren. Leider bleiben diese Bemühungen ohne Erfolg. Hilflosigkeit, Verzweiflung, Wut und Aggressionen sind die Gefühle, die von Seiten der Umwelt als „normale Reaktion" zu erwarten sind.

## 8.2.1 Unverständliche Signale für das Kind

Äußerungen, die die Kinder nicht verstehen

Wenn Sara etwas größer ist, wird sie fähig sein, die ungewöhnlichen Äußerungen ihrer Mutter teilweise an der Realität zu prüfen, weil einige von ihnen sehr bizarr klingen: Häufig und anfangs noch leicht nachvollziehbar sind Äußerungen, dass z. B. die Kollegen falsche Gerüchte verbreiten oder Schaden zufügen wollen oder die Polizei nachspioniert (Verfolgungswahn).

Weil manche dieser Äußerungen prinzipiell möglich, wenn auch relativ unwahrscheinlich sind, können sie für Kinder dennoch sehr glaubwürdig klingen. Die Aussagen werden jedoch verunsichern und Angst verursachen, weil sie immer negative Auswirkungen zu haben scheinen. Ähnliches passiert auch, wenn Betroffene schildern, dass Menschen hinter ihrem Rücken lachen oder über sie sprechen – oder dass im Radio oder Fernseher über sie gesprochen wird (Beziehungswahn). Eine massive Bedrohung des Sicherheitsgefühles, Angst, Unruhe, Überforderung, das Gehörte in die eigene kindliche Vorstellungswelt zu integrieren, können die Folge sein. Die Überzeugung, dass sich Gedanken nach außen ausbreiten (Gedankenausbreitung) oder entzogen werden (Gedankenentzug), dass man von anderen kontrolliert wird (Kontrollwahn), sind so fremd, dass es kaum vorstellbar ist, dass Kinder *nicht* davon in Mitleidenschaft gezogen werden. Unter dem starken Einfluss von verschiedenen Wahrnehmungsstörungen, insbesondere optischen Halluzinationen oder Wahnvorstellungen, kann das Kind hören, dass Schlangen, Ratten oder Spinnen in jeder Ecke der Wohnung sind, dass es Personen gibt, die das Kind nicht sehen kann, dass die Sonne mit den Betroffenen spricht oder dass jemand das Kind selbst, die Mama oder den Papa verfolgt. Bei fehlender Behandlung sind dies massiv bedrohliche Ereignisse für die psychische Stabilität und das Wohlbefinden des Kindes sogar mit der Möglichkeit der Entwicklung einer „induzierten" Psychose beim Kind: Das Kind glaubt, verfolgt zu werden, Menschen im Keller zu hören. Es reicht eine Trennung vom erkrankten Elternteil, um diese Inhalte verschwinden zu lassen.

Frau A., Migrantin aus Albanien, wurde seit Jahren psychiatrisch betreut und lebte mit ihren drei Kindern in einer Asylantenwohnung. Ihr Mann war in die Heimat zurückgekehrt, Informationen darüber lagen jedoch nicht vor. Frau A. war überzeugt, dass ihr jüngstes Kind Ali (2;5 Jahre) von einem Pfleger eines Krankenhauses stammte, in dem sie stationär behandelt worden war. Nachforschungen ergaben, dass dies nicht der Realität entsprach. Im Zuge einer Krisenintervention mit stationärer Aufnahme wurde von Seiten des Jugendamtes eine Gefährdung des Kindeswohles überprüft. Frau A. schilderte immer wieder, dass sie jetzt zum Vater ihres Kindes (dem Krankenpfleger) gehen werde und dass dann alles gut werde. Auch Ali – mit deutlicher Sprachentwicklungsverzögerung – wiederholte in der Begutachtung immer wieder: „Papa gehen …" Alle drei Kinder wurden vorübergehend auf Krisenpflegeplätzen untergebracht.

Verhaltensweisen, die die Kinder nicht verstehen

Unter dem Einfluss von sehr intensiven Erlebnissen verändert sich auch das Verhalten des Betroffenen. Am auffälligsten für die Umgebung sind akustische Halluzinationen. Kinder sehen und hören, wie die Mutter oder der Vater allein mit sich selbst redet oder sich unpassend zur realen Situation verhält. Manchmal kann der betroffene Elternteil für das Kind scheinbar sinnlose und stereotype motorische Bewegungen ausführen, wie z. B. plötzliches Schreien, Springen, Hochheben des Beines. ausführen. Ein erkrankter Vater hatte mir sehr überzeugend berichtet, schon mehrere Monate mit Gott zu kommunizieren. Er müsse jederzeit bereit sein, seine Befehle entgegenzunehmen und zu befolgen. Diese Aufgabe habe für ihn höchste Priorität, nichts anderes sei wichtiger. Die Bedürfnisse seines Sohnes hatte vollkommen an Bedeutung verloren. Wie kann ein Kind verstehen, warum sein Papa nicht mehr auf ihn achtet, ihn auf die Seite stößt? Das Verhalten seines Vaters stellte eine zusätzliche Quelle für Verunsicherung, Beängstigung, Ratlosigkeit und Verzweiflung dar.

### 8.2.2 Alltagsstrukturen, die zusammenbrechen

Wie bei vielen psychiatrischen Erkrankungen „tritt" auch die Schizophrenie allmählich in den Alltag „ein". Auf Rückfragen geben vor allem die Angehörigen an, dass die ersten Änderungen diskret auftraten. Es dauerte Monate, bis sich die Psychopathologie in ganzem Ausmaß ausdrückte. Die oben genannten Symptome erleben die Betroffenen sehr massiv, d. h. sie werden dadurch intensiv beschäftigt. Der größte Teil der Aufmerksamkeit der betroffenen Mütter oder Väter wird durch diese Erlebnisse in Anspruch genommen. Sie beeinflussen Denkmuster und Verhalten. Alltag, Kindererziehung oder Pflege rutschen auf der Prioritätenliste des erkrankten Elternteiles nach unten. Wenn – wie bei Ali, wobei Migration selbst ein Risikofaktor ist – Kinder mit dem betroffenen Elternteil alleine leben, bleiben sehr oft existenzielle Bedürfnisse unbefriedigt. Ali erlebte, wie seine Mutter ununterbrochen im Dorf unterwegs war, in der Wohnung mit sich selbst sprach, durch das Fenster auf die Straße schaute oder den Fernseher anstarrte. Die kindlichen Versuche, Aufmerksamkeit auf sich zu ziehen, werden „auf später" verschoben oder überhaupt nicht beantwortet. Ali erlebte, dass er nur temporär für seine Mutter existierte. Seine Mahlzeiten bekam er vom 12-jährigen Bruder, wenn überhaupt. Die Wohnung machte einen chaotischen Eindruck: teilweise nicht beheizt, die Kleider ungebügelt oder ungewaschen. Auffällig werden Kinder dann meist im Kindergarten oder in der Schule. Kleinkinder, in ihrer stärkeren Abhängigkeitsposition gegenüber dem erkrankten Elternteil, können jahrelang leiden, bis jemand aus der Umgebung dieses stille Leiden wahrnimmt und im Sinne der Zivilcourage auch Unterstützung organisiert.

## 8.3 Wie erkenne ich als Helfer eine Schizophrenie?

Die „Exklusivität" und „das Fremde" der Erscheinungsbilder der Schizophrenie führen dazu, dass diese Krankheit sehr intensive Gefühle bei der Umwelt hervorruft, meist Angst, Verunsicherung und Ratlosigkeit.

### 8.3.1 Das Wissen um Ursachen und Verlauf

Schizophrenie ist eine *lebenslange* voranschreitende (progrediente) Erkrankung. Der natürliche Verlauf umfasst eine a) prämorbide Phase, b) eine prodromale Phase, c) eine Phase der Progression und d) der Chronifizierung der Symptome.

- Die *prämorbide* Phase umfasst den Zeitraum bis zum Beginn der ersten uncharakteristischen Zeichen der Psychose. Sowohl biologische als auch psychosoziale Einflüsse und Bedingungen führen dazu, dass der Betroffene eine besondere Verletzlichkeit für eine Schizophrenie entwickelt. Das Ausmaß dieser Verletzlichkeit ist jedoch unterschiedlich stark ausgeprägt, ebenso die jeweilige Gewichtung biologischer und sozialer Faktoren. Die prämorbide Persönlichkeit wird als misstrauisch, introvertiert, zurückhaltend, aber auch als impulsiv und exzentrisch beschrieben.
- Die *prodromale* Phase wird von Familienangehörigen als jener Zeitraum beschrieben, in dem sich die Persönlichkeit des Betroffenen zu verändern beginnt. Diese Phase kann mehrere Jahre andauern. Zu beobachten ist hier ein deutliches Absinken der Leistungsfähigkeit, sozialer Rückzug, sonderbares Verhalten, Vernachlässigung der Körperhygiene sowie ungewöhnliche Wahrnehmungserlebnisse.
- In der Phase der *Progression* schreitet die Krankheit deutlich voran und wird offensichtlich: Intensität und der Schweregrad der Symptome werden stärker, der Alltag wird massiv beeinträchtigt. Deutliche Symptome der Schizophrenie (Halluzinationen oder Wahnideen) manifestieren sich. Die wahnbezogenen Äußerungen treten zutage: Überall sind Mikrophone, die den Betroffenen abhören u.a. Patienten verlieren die Kontrolle über ihre Symptome. Als „florid" wird das Krankheitsbild dann bezeichnet, wenn beinahe alle Symptome vorhanden sind und kaum

Wie erkenne ich als Helfer eine Schizophrenie? 139

mehr eine Verschlechterung möglich ist. Behandlung oder auch stationäre Aufnahme ist meist dringend notwendig.
Aggressive Übergriffe können Teil der Symptomatik sein, müssen aber nicht auftreten. Fremdaggression ist kein spezifisches Symptom der Schizophrenie, sie kann auch bei der Manie, Sucht oder Persönlichkeitsstörungen auftreten (Ebert/Loew 1995, 50f). Risikofaktoren für mögliche aggressive Übergriffe sind
a) frühere bekannte fremdaggressive Handlungen
b) Ankündigungen oder Androhungen von Gewalttakten: „Die werden das schon sehen. Die müssen jetzt den Preis für meine Schmerzen zahlen!"
c) Vorbereitungshandlungen

Weitere Risikofaktoren sind auffällige Psychopathologie: manifeste Erregungszustände, Unruhe, Beeinflussungserlebnisse, Beziehungswahn oder Verfolgungswahn. Es wird angenommen, das die Prävalenz aggressiven Verhaltens bei psychisch Kranken gegenüber der Normalbevölkerung (2%) um den Faktor 5 erhöht ist (10%). Bei Substanzmissbrauch steigt dieser Wert auf 30% (Vortrag von Windhager in Wien, 28.11.2003).
Eine medikamentöse Behandlung *muss in dieser Phase so früh wie möglich begonnen werden* (Dimova 1998). Mittels medikamentöser Unterstützung können Patienten innerhalb von 10 bis 15 Minuten beruhigt werden.

- Nach Abklingen der floriden Phase (= Remissionsphase) bleibt eine erhöhte Vulnerabilität: Der Patient ist empfindlich gegenüber äußeren Einflüssen, z. B. Medikamentenveränderungen. Die Gefahr eines erneuten Krankheitseinbruches ist gegeben. In dieser Phase ist eine weitere Einnahme von Neuroleptika erforderlich. Primäres Ziel ist es, das Risiko einer neuerlichen Verschlechterung (Rückfall) zu verhindern oder zu minimieren. Es zeigt sich, dass im ersten Jahr bis zu zwei Drittel der Patienten ohne medikamentöse Unterstützung einen Rückfall erleben, im Vergleich zu nur 8% bei Medikamenteneinnahme. In der Remission können psychosoziale Maßnahmen intensiviert werden (Dimova 1998).

Der Beginn der Erkrankung liegt gewöhnlich in der Adoleszenz oder im frühen Erwachsenenalter, bei Männern früher als bei Frauen. Sie tritt bei beiden Geschlechtern gleich häufig auf. Meist verläuft die Schizophrenie in Schüben, die das gesamte Funktionsniveau des Betroffenen immer mehr verringern, z. B. seine Leistungsfähigkeit bei der Arbeit, soziale Beziehungen und Selbständigkeit.
Deutliche Hinweise auf genetische Grundlagen zeigen sich bei Familien-, Zwillings- und Adoptivstudien. Diese Ergebnisse verweisen auf eine gute wissenschaftliche Absicherung einer genetischen Disposition. Diese interpretiert man als polygene Erbanlage, d. h. es wird *nicht angenommen*, dass

ein einzelnes Gen für Schizophrenie verantwortlich ist. Der enge zeitliche Zusammenhang zwischen Konflikten oder situativen Belastungen und dem Ausbruch einer schizophrenen Erkrankung spricht für die ursächliche Mitwirkung psychosozialer Faktoren. Aus biochemischer Sicht, was durch die positive Wirkung von Neuroleptika bestätigt wird, ist eine Überaktivität von bestimmten Botenstoffen im Zentralnervensystem (Dopamin) nachweisbar.

**Zur Vertiefung: neuroanatomische Zusammenhänge**
Bei neuroanatomischen Untersuchungen (Computertomographie, kurz: CT, Nuklearmagnetresonanz, kurz: NMR) finden sich bei zumindest einem Teil der Patienten, und bei denen vor allem mit chronischer Schizophrenie, strukturelle Abnormalitäten des Gehirnes, am häufigsten eine Erweiterung des dritten Ventrikels, aber auch Veränderungen in anderen Regionen (Hippocampus und andere Regionen des limbischen Systems). PET-Studien zeigen eine Hypoaktivität der Frontalregion des Gehirnes. Diese Veränderung findet man auch bei anderen psychiatrischen Erkrankungen.

### 8.3.2  Schizophrenie: das Wissen um die Symptome

**Zur Vertiefung: Anzeichen einer Schizophrenie**
Relevante Kriterien für eine Schizophrenie (zwei oder mehrere) müssen jeweils für sich über einen Zeitraum von einem Monat vorhanden sein. Meist dauern kontinuierliche Anzeichen mindestens sechs Monate an. Während der meisten Zeit seit Störungsbeginn müssen ein oder mehrere wichtige Funktionsbereiche wie Arbeit, zwischenmenschliche Beziehungen oder Selbsterhaltung deutlich unter dem vor dem Einsetzen der Krankheit erreichten Niveau liegen. Eine Schizophrenie kann nicht diagnostiziert werden, wenn Symptome einer affektiven Störung (z. B. einer Depression oder einer bipolaren Störung) bzw. einer tiefergreifenden Entwicklungsstörung vorhanden sind, oder die Symptome die direkte Folge einer allgemeinen medizinischen Behandlung oder einer Substanz (z. B. Missbrauch von Drogen oder Medikamenten) sind.

*Fühlen*
- Negative Symptome: abgestumpfter Affekt (Fehlen oder Rückgang der emotionalen Reaktionen), Sprachverarmung (Fehlen oder Rückgang der Sprache), Fehlen oder Rückgang der Motivation

*Denken*
- Desorganisiertes Reden, das Ausdruck einer formalen Denkstörung ist. Das Kriterium der Sprachstörung ist nur dann erfüllt, wenn diese stark genug ist, um die Kommunikation wesentlich zu beeinträchtigen.
- Wahnvorstellungen, z. B. Verfolgungsideen oder die Überzeugung, jemand spräche zu einem.

*Verhalten*
- Stark desorganisiertes Verhalten (z. B. unangemessene Kleidung, häufiges Weinen) oder katatonisches Verhalten (Spannung von Kopf bis Fuß)

*Wahrnehmung*
- Halluzinationen

Wenn Wahnideen bizarre Vorstellungen annehmen oder Halluzinationen aus einer Stimme im Kopf bestehen, die die Handlungen des Patienten kommentiert oder zwei oder mehr Stimmen im Gespräch miteinander stehen, ist allein schon dieses Symptom relevant.

### 8.3.3 Schizophrenie: das Wissen um die Behandlung

Orientiert an der multifaktoriellen Ätiopathogenese wird eine Schizophrenie mit einem multidimensionalen Therapieansatz behandelt. Basierend auf dem in Kapitel 3 beschriebenen Stress-Vulnerabilitäts-Modell hilft eine Intervention mit biologischen Mitteln (Medikamenten) kombiniert mit psychischer Unterstützung (Psychotherapie, Psychoedukation) und umweltbezogenen Interventionen (Soziotherapie, Angehörigenarbeit) dem Erkranken am besten.

1. Medikamentöse Behandlung

Die Polarisierung „medikamentöse Behandlung: ja oder nein" richtet in der Psychiatrie noch immer viel Unheil an (Dimova 1998). Auch in der transdisziplinären Arbeit wird diese Diskussion mit hoher Wahrscheinlichkeit auftauchen, da von Seiten der Psychologie und Heilpädagogik eine gewisse „vorsichtig-skeptische" Haltung gegenüber der Psychopharmakologie zu beobachten ist. Anfangs haben Patienten den Eindruck, sie bemühen sich nicht genug, reißen sich nicht genug zusammen oder sind Versager, wenn sie Medikamente brauchen.

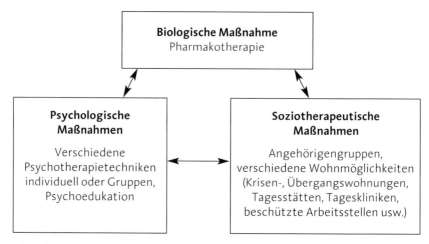

Abbildung 17: Biopsychosoziale Behandlung bei Menschen mit Schizophrenie

Jahrzehntelange Erfahrungen belegen, dass Neuroleptika bei der Behandlung die erste Wahl sind. Dass Neuroleptika *heilen*, sollte man nicht behaupten. Diese Medikamente wirken tatsächlich „antipsychotisch", d. h. sie wirken gegen psychotische Symptome wie Wahn, Halluzinationen und andere Denkstörungen. Es ist wichtig, zu wissen, dass ihre Wirkung dämpfend auf die Symptome ist, nicht jedoch heilend, d. h. nach dem Absetzen der Medikamente treten mit höherem Risiko die Symptome wieder auf, meist mit einer Verzögerung (Flitterwocheneffekt) (Dimova 1998): Begleitet von einer nur scheinbaren Besserung tritt der Rückfall aber doch schleichend nach einigen Wochen oder Monaten auf (Relaps). Wenn Neuroleptika schon beim ersten Auftreten der Symptome genommen werden,

- tritt die therapeutische Wirkung bei niedrigeren Dosen ein
- ist der Therapieerfolg besser
- ist die Prognose besser

Die Nebenwirkungen sind deutlich unterschiedlich und manche Patienten erleben sie als sehr unangenehm (siehe 8.5). Dies trägt in hohem Maße zum Widerstand der Patienten bei, diese Medikamente regelmäßig einzunehmen. Eine gute Dosierung minimiert Nebenwirkungen, vor allem „atypische oder neue Neuroleptika" zeigen ein geringeres Nebenwirkungsprofil. Die gute Dosierung ersetzt nicht die tragfähige therapeutische Beziehung und hohe Transparenz und Selbstverantwortung der Patienten (Psychoedukation).

Ähnlich wie bei Antidepressiva wirken auch Neuroleptika auf spezielle Neurotransmitter ein, vorwiegend, jedoch nicht ausschließlich auf die dopaminergen Bahnen im Gehirn.

## 2. Psychologische Maßnahmen

Diese sind wie sozial orientierte Maßnahmen eine Ergänzung zur medikamentösen Behandlung. Das Ziel ist es, durch Kommunikation (Psychotherapie) Verhaltensstörungen oder Leidenszustände zu beeinflussen. Neben dem Aufbau einer tragfähigen therapeutischen Beziehung soll vor allem durch ausreichende und verständliche Information die Selbstverantwortung der Patienten gestärkt werden (Psychoedukation).

## 3. Sozial orientierte Maßnahmen

Diese schließen Interventionen im Umfeld des Erkrankten (Angehörige, Geschwister...) ein:

- die Fähigkeiten zu Kontakten mit dem sozialen Umfeld zu fördern
- die Integration des Patienten nach (stationärer) Behandlung im gewohnten sozialen Umfeld zu ermöglichen
- eine alternative Lösung eines neuen, für den Betroffenen besser passenden sozialen Umfeldes zu finden
- Angehörigenarbeit (Psychoedukation)

### 8.3.4 Die Fähigkeit der Wahrnehmung von Symptomen einer Schizophrenie

#### 1. Wahn

Dass eine Person an einer Schizophrenie leidet, ist leicht zu erkennen, wenn sich die Symptome klar manifestieren. Inhaltlich können nahezu alle Lebensumstände des Menschen Gegenstand eines Wahns werden. Das Vorhandensein kann sich durch ungewöhnliche Äußerungen oder Verhaltensweisen ausdrücken. Im Rahmen eines Hausbesuches wirkte eine Mutter sehr ängstlich, unruhig, ihr Blick wanderte umher, als ob sie etwas an den Wänden oder in den Ecken des Zimmers suchte. Sie erklärte, dass die Mafia sie verfolge. Sie zog die Vorhänge zu, weil die „Mächtigen" sie und ihre Familie von überall beobachten würden. Mikrofone und Kameras waren überall, auch an den Bäumen. Die Wahrnehmungen wiesen deutlich auf einen Verfolgungswahn als Symptom hin.

Ein Vater eines 4-jährigen Buben, bei dem nach einem eigenmächtigen Absetzen von Medikamenten ein Rückfall zu erwarten war, stand trotz Regen und Kälte stundenlang vor der Tür: Er glaubte – nach Angaben seiner Frau –, dass er von Außerirdischen durch Stromleitungen in der Wohnung bestrahlt würde (Beeinflussungswahn).

Ein anderer – sehr angespannter – Vater antwortete auf meine Frage, *wie es ihm ginge*, zornig: „Warum fragen Sie, Sie wissen es sowieso!" Eine junge Mutter vermied während eines Gespräches mit mir den Blickkontakt. Der Hintergrund für beide Verhaltensweisen war der Gleiche. Beide Betroffenen erlebten, dass ich ihre Gedanken *lesen und beeinflussen* konnte. Solche Wahnideen sind die auffälligsten Symptome, die zur sicheren Diagnose einer Schizophrenie führen. Sie sind am häufigsten zu beobachten, vor allem, wenn die Krankheit sehr ausgeprägt, hochwahrscheinlich nicht behandelt und schon einige Zeit vorhanden ist. Wenn Krankheitseinsicht und Realitätsbezug gewissermaßen noch vorhanden sind, versuchen Erkrankte, ihre Symptome zu verstecken. Meist spüren Sie als Fachkraft ihre Angst oder ihren Zorn, ihr Misstrauen, ihre Aggression und Reizbarkeit.

In der Kommunikation mit Erkrankten sollten wahnhafte Äußerungen als selbstverständlich angenommen werden. Weder eine Konfrontation mit der Realität noch rationale Argumente können in einer floriden Phase Wahnerlebnisse beeinflussen. Wenn Sie als Fachkraft in ein Wahnsystem im Sinne von Andeutungen hineingezogen werden („Sie wissen das ja genau!"), ist Ihre weitere Anwesenheit gemeinsam mit dem Erkrankten nicht empfehlenswert. Da „seine Feinde in seinem Haus sind", stellt dies eine hohe Bedrohung für den Patienten und in weiterer Folge auch für Sie selbst dar. Die Frühförderung sollte, wenigstens während dieser floriden Phase, mit einem gesunden Elternteil z. B. in der Frühförderstelle erfolgen.

## 2. Halluzinationen

Halluzinatorische Erlebnisse sind eng mit Wahn verbunden. Bei keiner anderen psychischen Störung sind Halluzinationen so bedeutsam wie bei der Schizophrenie. Am häufigsten sind akustische Halluzinationen, die in Form von Stimmenhören (die Stimme Gottes oder anderer Menschen) auftreten. Wenn diese Stimmen Befehle erteilen, spricht man von „imperativen Stimmen". Das Vorhandensein von Halluzinationen kann sich folgend äußern: Die Betroffenen sprechen leise, aber auch laut mit sich selbst, lächeln, machen plötzliche Bewegungen, die in keinem Zusammenhang mit der aktuellen Situation stehen.

Sinnestäuschungen im Bereich anderer Sinnesorgane, z. B. optische, Geschmacks-, oder Geruchshalluzinationen, sind seltener und können durch gezielte Befragung („Sehen Sie etwas, was Sie vor kurzem noch nicht gesehen haben?") erfasst werden. Das gehört zu einem fachärztlichen Gespräch.

## 3. Katatonie

Damit wird eine psychomotorische Störung bezeichnet. Beim seltenen *katatonen Stupor* (Bewegungslosigkeit bei voll erhaltenem Bewusstsein) kann der Betroffene stundenlang seine Körperhaltung beibehalten. Eine *katatone Erregung* manifestiert sich in wiederholten Bewegungsabläufen,

Schreien oder Grimassieren. Katatonie ist ein sehr sicheres, wenn auch seltenes Symptom, dass es sich um eine Schizophrenie handelt. Die Bedrohlichkeit – vor allem für Kleinkinder, wenn sich die Mama stundenlang nicht bewegt –, die Angst, dass sie möglicherweise gestorben sein könnte u. Ä., liegt auf der Hand. Beim Vorliegen katatoner Verhaltensweisen sollte umgehend der Hausarzt verständigt werden.

4. Inadäquater Affekt und affektive Verflachung

Beides sind Symptome eines chronischen Verlaufes. In der Kommunikation erlebt man, dass die Betroffenen eine Situation emotional nicht adäquat verfolgen: Die Mimik des Erkrankten erscheint ausdruckslos, Lustiges oder Trauriges wird mit gleichem Gesichtsausdruck geschildert. Die Betroffenen wirken gleichgültig. Kleinkinder können dadurch in ihrer Lernfähigkeit emotionaler Codierung und Decodierung massiv eingeschränkt sein.

Wenn Sie die Hypothese haben, dass die Mutter oder der Vater an einer Schizophrenie leiden könnte, sollte für Sie klar sein, dass Ihre Erwartungen in Bezug auf Partnerschaftlichkeit und Kooperation in der Frühförderung dem Schweregrad des Krankheitsbildes entsprechen sollten.

## 8.4 Konkrete Fördermaßnahmen für Kleinkinder in Lebenszusammenhängen einer Schizophrenie

### 8.4.1 Elternarbeit

Die Kommunikation mit einer Person, die an Schizophrenie leidet, ist erschwert: Dazu trägt die beeinträchtigte Kommunikationsfähigkeit zusammen mit fehlender Motivation und eingeschränkter emotionaler Kompetenz bei. Die kognitiven Fähigkeiten erscheinen beeinträchtigter als bei Patienten mit Alzheimer. Sowohl Gedächtnis als auch Aufmerksamkeit sind durch die Erkrankung deutlich reduziert. Deswegen erscheinen Gespräche mit Betroffenen über ihre Wahrnehmungen, ihr Verhalten oder die Glaubwürdigkeit der Äußerungen wenig erfolgversprechend. Dazu kommt, dass bei voll entwickelten Symptomen eingeschränkter Realitätsbezug besteht, d. h. die Symptome kreieren eine eigene Realität des Betroffenen: Gedanken werden entzogen oder ausgebreitet, sie glauben, wirklich mit Gott oder Geistern zu kommunizieren. Sie mit der Ungewöhnlichkeit ihrer Äußerungen zu konfrontieren, deutet auf Misstrauen hin oder ist schlichtweg eine „Beleidigung" für den Patienten: Sie werden für „verrückt" gehalten. Dies stellt kaum eine Basis für eine Zusammenarbeit dar.

Meist haben die betroffenen Elternteile eingeschränkte Krankheitseinsicht, d. h. sie glauben, dass ihre Erlebnisse nicht krankheitsbedingt sind. Sie sind schlichtweg ihre Realität. Manche Patienten haben jedoch auch gelernt, mit dem Terminus der Krankheitseinsicht umzugehen, vor allem vor Gerichtskommissionen: „Ich habe Krankheitseinsicht, aber ich bin nicht krank!"

Was können Sie machen? Wenn die Krankheit noch nicht als solche von der Umgebung wahrgenommen oder interpretiert wurde, kann es sehr hilfreich sein, Kenntnisse über gute Behandlungsmöglichkeiten oder Beratungsangebote an vertraute Personen des Betroffenen weiterzugeben. Eine aktive, kreative Zusammenarbeit mit dem Betroffenen ist meist nicht zu erwarten. Die Aktivierung eigener Ressourcen als Fachkraft im Team („Wer hat bereits Erfahrungen mit ähnlichen Familien, was hat sich als erfolgversprechend erwiesen?") bietet generell Schutz vor „bösen" Überraschungen.

Frühförderung, wie viele andere pädagogisch-soziale Interventionen, baut auf kooperativen Modellen auf. Nur auf einer solchen Basis ist ein respektvolles, konstruktives Miteinander möglich. Es kann in der Frühförderung bei Menschen mit Schizophrenie aufgrund ihrer Symptomatik zu Situationen kommen, in denen sie nicht mit Ihnen kooperativ kommunizieren können oder auch wollen. In solchen Fällen können sich Fachkräfte nur kommunikativ *schützen*:

- *indem die Situation verlassen wird* (eine Frühförderin fühlte sich durch einen als gewalttätig bekannten Mann bedroht und verlegte die Fördereinheiten nur auf solche Zeiten, in denen andere Personen anwesend waren).
- indem Vorkehrungen zum *Schutz getroffen werden* (indem z. B. eine Praktikantin als zweite Person mitgenommen wird) oder prinzipiell ein Pfefferspray zur Hand ist.
- *indem Aufträge abgeklärt werden*: Es kann sich als hilfreich erweisen, dass in Absprache mit dem Team oder dem Jugendamt Frühfördereinheiten ohne die Betroffenen geplant werden.
- indem *Notfallpläne* vorhanden sind (wer ist zu informieren, wo können Kinder notfalls untergebracht werden?).

Die Grenzen des Helfens sind gerade bei hochbelasteten Familien kritisch zu hinterfragen:

1. Frühförderung kann nicht das ausführende Organ von Jugendämtern sein und die Frage des Kindeswohles oder der Erziehungsfähigkeit der Eltern klären.
2. Frühförderung kann auch keine psychotherapeutische oder sozialpsychiatrische Begleitung der Eltern sein.
3. Frühförderung kann auch keine primäre Kontroll- oder Entscheidungsinstanz bei möglichen Fremdunterbringungen sein.

Bindungen des Kindes an die Eltern, der Kindeswille, Fördermöglichkeiten seitens der Eltern und Kontinuität und Stabilität der Beziehungen sind juristische Kriterien bei der Beurteilung des Kindeswohles (Frank 2001). Gerade bei akuten psychiatrischen Fragen sind Entscheidungen „über eine Herausnahme eines Kindes aus einer Familie meist Eilentscheidungen (...), die für die Einholung eines Gutachtens keine Zeit übrig lassen." (Lempp 2001). Die zeitweise Trennung von ihren Familien ist für Kinder psychisch kranker Eltern *ein Teil ihrer Lebensrealität*, sei es aufgrund häufiger stationärer Aufenthalte oder kurzfristiger Fremdunterbringungen. Wo die Grenzen des Helfens erreicht werden, wenn eigene oder fremdmotivierte Aufträge mit hoher Wahrscheinlichkeit aufgrund der Psychopathologie nicht erreicht werden können, muss auch eine Fremdunterbringung in Erwägung gezogen werden. Für die Kinder weniger traumatisierend wäre es jedoch, wenn *frühzeitig und mit Unterstützung* ein solches temporäres Getrenntsein vorbereitet und begleitet sein könnte.

### 8.4.2 Kindzentrierte Interventionen

Das Ziel der Arbeit mit dem Kind in der Frühförderung ist die Unterstützung einer angemessenen emotionalen und kognitiven Entwicklung. Wie in Kapitel 4 beschrieben, sind vor allem Kleinkinder von an Schizophrenie erkrankten Eltern in sehr hohem Maß unterschiedlichsten Entwicklungsrisiken ausgesetzt. Die Präsenz „guter" oder „genügender" Elterlichkeit und guter kognitiver Fähigkeiten werden als basale Schutzfaktoren eines Kindes, auch wenn es mit schwereren Stressfaktoren leben muss, angesehen (Masten 1994, Masten et al. 1990). Neben den Einschränkungen im Attachment und der fehlenden emotionalen Verfügbarkeit stellen die schwer beeinträchtigten kognitiven Fähigkeiten, die Teil des Krankheitsbildes sind, eine zusätzliche „Drohung" für die kognitive Entwicklung dieses Kindes dar.

Auf der praxisbezogenen Ebene bezieht jedes Kind Kräfte für eine gute Entwicklung aus drei Quellen (Grotberg 1995):

1. Ein Kind verfügt über externe Unterstützungen und Ressourcen, wenn es z. B. sagen kann:

**Ich habe**
- Personen, die mir glauben und die mich lieben, wie ich bin.
- Personen, die mir die klare Grenze zeigen. Ich weiß dann, wann ich stoppen soll, wenn es für mich gefährlich werden könnte.
- Personen, die mir zeigen, wie ich die Sachen richtig machen kann.
- Personen, die mir helfen, wenn ich krank oder in Gefahr bin.

*Ich-habe-Resilienzfaktoren* sind die ersten, die sich bei einem Kind entwickeln. Bevor ihm klar wird, wer es ist (*Ich-bin-Resilienzfaktor*) oder was es tun kann (*Ich kann-Resilienzfaktor*), benötigt das Kind externe Unterstützungen und Ressourcen, um ein Gefühl der Sicherheit zu entwickeln. Aus der oben beschriebenen Lebenssituation von Sara sehen wir, dass der „Aufbau" von *Ich habe*-Unterstützungsfaktoren bedroht ist, da die dazu notwendigen stabilen Bezugspersonen nicht immer verfügbar sind.

2. Wenn ein Kind in seinem Alltag sagen kann:

**Ich bin**
- ein beliebtes Kind.
- in der Lage, schöne Dinge für andere zu tun.
- respektiert von anderen und ich respektiere mich.
- verantwortlich für das, was ich mache.
- überzeugt, dass alles gut wird.

Diese Sätze verdeutlichen gute interne, persönliche Kräfte eines Kindes in Bezug auf sein Selbstbild und seine Gefühle. Beim Kind eines an Schizophrenie Erkrankten ist auch der *Ich bin-Faktor* in hohem Maße gefährdet, da die Verworrenheit der schizophrenen Welt kaum zeitlich stabile und konsistente „Ich bin"-Botschaften gewährleistet.

3. Ein Kind verfügt über gute soziale und zwischenmenschliche Ressourcen, wenn es sagen kann:

**Ich kann**
- mit anderen über Sachen sprechen, vor denen ich mich fürchte.
- Lösungen für Probleme finden.
- mich kontrollieren, wenn ich sehe, dass mir etwas nicht gut tut oder eine Gefahr für mich ist.
- unterscheiden, wenn es gut ist, zu sprechen oder aktiv zu sein.
- Hilfe finden, wenn ich sie brauche.

Bei Sara sind auch viele dieser Aspekte bedroht. Die Entwicklung einer eigenen sicheren Bindung und eines ausreichenden Selbstvertrauens ist gefährdet. Aus diesem Grund macht es Sinn, Sara so früh wie möglich Unterstützung zukommen zu lassen, auch wenn sie noch keine Symptome zeigt.

Ein resilientes Kind benötigt nicht alle diese Faktoren im gleichen Ausmaß, doch einer allein ist mit Sicherheit nicht ausreichend: Ein Kind kann zwar beliebt sein (*Ich habe*), aber wenn es nicht über ausreichende innere Ressourcen (*Ich bin*) oder soziale Ressourcen (*Ich kann*) verfügt, läuft es Gefahr, ein Klassenkasperl zu werden. Ein Kind kann gutes Selbstvertrauen haben (*Ich kann*), aber wenn es keine Empathie (*Ich bin*) erfährt oder nicht von anderen lernt (*Ich habe*), ist die Gefahr der Selbstüberschätzung sehr groß.

Frühförderung bei Kindern von an Schizophrenie erkrankten Eltern muss beinahe auf allen Ebenen ansetzen, bei:

- Stabilität in der Beziehung zur Fachkraft
- Entwicklungsförderung in Bezug auf Kommunikation und Problemlösen
- Einbeziehung möglicher Geschwisterkinder
- Sensibilisierung des gesunden Elternteiles für die Bedürfnisse des Kindes
- primärer Entlastung von Familiensystemen (Vorwürfe helfen nicht)

Tabelle 14: Förderung von Resilienzprozessen bei Kleinkindern im Lebenszusammenhang einer schizophrenen Erkrankung

| Schutzfaktoren | Einfluss auf die frühe Förderung |
|---|---|
| a) kindbezogen | |
| Entwicklungsförderung | Das Interaktions- und Sozialverhalten erscheinen gefährdet: Entwicklungsförderung basiert vor allem auf der Sensibilisierung für sozialemotionale Signale: „Wann ist jemand wütend?", „Wie kann ich sehen, wahrnehmen, dass es mir gut geht?" „Was kann ich machen, damit es mir gut geht?" |
| Temperament | Bei „schwierigem" Temperament besteht eine Hauptaufgabe der Frühförderung in der Entlastung der Familie: indem z. B. eine Stunde Zeit für den gesunden Elternteil zur Verfügung gestellt wird und die Fachkraft ihre Einheit am nahe gelegenen Spielplatz durchführt. |
| Selbstwert, Selbstwirksamkeitsförderung | Hier gilt das bereits im Rahmen der Depression und Manie Gesagte: Je mehr Kinder Selbstwirksamkeit im Sinne von Handlungskontrolle erleben, desto weniger sind sie den teils durch die Symptome befremdlichen Wirklichkeiten des Erkrankten ausgesetzt. |
| interne Kontrollüberzeugung und Planungsaktivitäten | Aufgrund der Symptomatik (Wahn, imperative Stimmen) müssen alle Planungsaktivitäten transparent sein, da sonst die Gefahr droht, dass die Fachkraft selbst Teil des Wahnsystems wird. |

| Schutzfaktoren | Einfluss auf die frühe Förderung |
|---|---|
| Optimismus und positive „Events" | Frühförderung hat auch bei Familien mit einem an Schizophrenie erkrankten Elternteil einen gewissen „Spaßfaktor", als Dinge gemacht werden dürfen, die ansonsten nicht möglich sind: ein genussvolles „Bällchenbad", das Ausleben von Emotionen bei der Verwendung von Körperfarben etc. |
| soziale Kompetenz | Die Förderung der sozialen Kompetenz steht im Mittelpunkt bei dieser Zielgruppe: Emotionen erkennen und benennen, in Kontakt treten mit anderen, Konflikte konstruktiv lösen. Diese Fähigkeiten sind in Familien mit einem schizophrenen Elternteil gefährdet. |
| Hardiness (Durchhaltevermögen) | Wie bei allen psychiatrischen Erkrankungen erhöht die eigene Frustrationstoleranz des Kindes die Überzeugung, dass Situationen auch kontrollierbar und vorübergehend sind. |
| **b) Familienfaktoren** | |
| positives Attachment | Frühförderung in Anwesenheit des gesunden Elternteiles |
| Struktur (Tagesstruktur) | Visualisieren von Struktur auch als Realitätskontrolle für das Kind, wenn z. B. Wahnsymptome auftreten. Ein Kleinkind kann z. B. durch Markierung der Uhr lernen, wann der gesunde Elternteil nach Hause kommt. |
| Kontaktmöglichkeit, Beziehungsarbeit | Kontakt zum gesunden Elternteil, zu anderen relevanten Hilfspersonen (Großeltern, Tanten, Onkel ...) |
| Erwartungen an das Kind | Gespräche über die Auswirkungen der Erkrankung auf das Familiensystem, über Resilienzfaktoren |
| Trennung vom schwierigen Hintergrund | Frühförderung im Freien, in der Frühförderstelle |
| **c) System** | |
| andere Erwachsene | Einbinden der Großeltern, Frühförderer |
| andere Aktivitäten | Kindergruppen, Kreativgruppen, die teilweise in sozialpsychiatrischen Tagesstätten angeboten werden |

| | | |
|---|---|---|
| Fortsetzung Tabelle 14 | Kirche, Gemeindeaktivitäten | Jeglicher Außenkontakt ist in diesem Zusammenhang entwicklungsförderlich. Je mehr unterschiedliche Kontakte ein Kleinkind hat, desto höher entwickelt sich die Fähigkeit, sich differenziert sozial zu verhalten. |
| | andere Unterstützungsmöglichkeiten für die Eltern | Erstellen einer „Betreuungslandkarte" mit klarer Kompetenzanalyse; persönlicher Kontakt zu anderen Strukturen für psychische Gesundheit: sozialpsychiatrisches Zentrum, Sozialarbeiter, Facharzt, Psychotherapeut |

### 8.4.3 Transdisziplinäre Arbeit

Bei Menschen mit Schizophrenie ist die Verzahnung verschiedenster biopsychosozialer Faktoren meist stärker als bei anderen psychischen Erkrankungen. Dies ergibt sich aus der Chronizität der Erkrankung, der Fremdheit der Symptome für die Umwelt und den meist schwerwiegenden sozialen Auswirkungen. Transdisziplinäre Arbeit bedeutet vor allem, koordiniert vorzugehen und Informationen auszutauschen. Gerade bei floriden Wahnsymptomen ist jedoch zu beachten, einen möglichen Verfolgungswahn durch transdisziplinären Austausch nicht zu verstärken.

Welche Stellung hat Frühförderung in diesem fachlichen Beziehungsgeflecht zwischen Psychiatrie, Sozialarbeit und Psychologie? Die frühe Hilfe kann in einem Helfernetz klare Zuständigkeit (im Sinne einer Schlüsselperson) *für das Kleinkind* übernehmen und sollte sich vermehrt auf seine Entlastung konzentrieren. Dies betrifft auch mögliche vorübergehende Fremdunterbringungen, während der die Fachkraft ihre Beziehungs- und Förderarbeit fortsetzen sollte, um eine gewisse Kontinuität zu gewährleisten.

### 8.5 Psychopharmaka als Unterstützung

In der Auseinandersetzung mit psychiatrischen Krankheiten kommen wir häufig auch mit psychopharmakologischen Präparaten in Berührung. Dies kann sich in der transdisziplinären Fallbesprechung ergeben, wenn über die Medikation von Patienten diskutiert wird. Aber auch die Betroffenen selbst berichten den Fachkräften häufig, welche Medikamente sie verschrieben bekommen oder was sie einnehmen. Es können sich Fragen anschließen, was wir über dieses oder jenes Medikament denken u. a., ob eine weitere Medikation notwendig ist usw. Wahrscheinlich werden Sie auch ab und zu in den Wohnungen der Betroffenen Medikamentenschachteln „sehen".

Psychiatrische Krankheitsbilder sind untrennbar mit psychopharmakologischer Behandlung verbunden, sodass es wichtig ist, in Grundzügen über Wirkmechanismen medikamentöser Behandlung Bescheid zu wissen. Wir gehen auch davon aus, dass sich die Diskussion über psychopharmakologische Unterstützungsmaßnahmen stärker durch Mythen („böse" Medikamente versus „gute" Psycho- oder Soziotherapie) als durch konkrete Informationen auszeichnet. Wie jede zusätzliche transdisziplinäre Information spielt auch jene über Medikamente und deren Wirkung eine Rolle im Förderprozess:

- Welche Medikamente nehmen die Betroffenen ein?
- Welche Wirkungen sind zu erwarten und was bedeuten sie für das Kind bzw. den Förderprozess?
- Welche Nebenwirkungen können auftreten?

Bei jeder beschriebenen psychischen Erkrankung rückten wir vor allem die Kommunikation mit den Erkrankten oder den Angehörigen in den Mittelpunkt unserer Darstellung. Medikamentengruppen wurden dabei immer wieder erwähnt: Antidepressiva, Neuroleptika, Phasenprophylaktika u. a. Um die „Gestalt" des Wissens über psychiatrische Krankheiten und deren Zusammenhänge mit der kindlichen Entwicklung abzuschließen und zu „festigen", werden in diesem Abschnitt „telegrafisch" einige Fakten zur medikamentösen Behandlung dargestellt.

Dank moderner Psychopharmaka ist es heute möglich, dass Betroffene, die an einer psychiatrischen Krankheit leiden,

a) oft ambulant anstatt stationär eine Verschlechterung überwinden können,
b) eine bessere Lebensqualität erreichen, d. h. länger ein normales gesundes Leben führen können (Dimova/Pretis 1998),
c) länger normale berufliche und familiäre Aktivitäten ausüben können.

Eine medikamentöse Therapie mit Psychopharmaka ist unverzichtbar und meist die Therapie der ersten Wahl bei der Behandlung von Depressionen, bipolaren Störungen sowie Schizophrenie. Eine solche Therapie ermöglicht

- Besserung
- Heilung
- Rückfallverhütung

Die Einteilung der Psychopharmaka erfolgt üblicherweise aufgrund ihrer Hauptwirkung in folgende Gruppen:

1. Tranquilizer
2. Hypnotika

3. Antidepressiva
4. Neuroleptika
5. Stimmungsstabilisierer oder Phasenprophylaktika

**1 + 2: Tranquilizer und Hypnotika (Synonyme: Anxiolytika, Sedativa)**
**Wirkung:** *beruhigend (sedierend), angstlösend, emotional entspannend, muskelentspannend.* Zu dieser Gruppe gehören so genannte

a) *Benzodiazepine*, z. B. Lorazepam, Diazepam, Alprazolam und Oxazepam;
b) manche *Antidepressiva*, z. B. Sertralin, Trazodon, Mirtazapin, Amytriptilin oder
c) manche *Neuroleptika*, z. B. Quetiapin, Prothipendyl, Levomepromazin, Chlorprothixen (niedrig dosiert) können sedierende Wirkungen haben.
d) Daneben zeigen auch *pflanzliche Präparate*, z. B. Baldrian, Passedan, oder Johanniskraut beruhigende Effekte.
e) Als *Hypnotika* (die vor allem schlafanstoßende Wirkung haben) finden auch sogenannte *Nicht-Benzodiazepinhypnotika*, z. B. Zolpidem, Verwendung.

**Einsatzgebiet:**
- bei Angstzuständen und Spannungszuständen, die ein Teil des Krankheitsbildes bei unterschiedlichen psychiatrischen Störungen sind: z. B. posttraumatische Störungen, Schlafstörungen, depressive Zustände, Schizophrenie usw.
- Schlafstörungen, bei jeder psychiatrischen Krankheit, die einer medikamentösen Behandlung bedarf

**Neurobiochemische Wirkmechanismen:** Tranquilizer und Hypnotika greifen in das GABA- Botenstoffsystem (Gamma-Amino-Buttersäure als hemmender Neurotransmitter) ein, aber auch in das Serotonin- und Noradrenalinsystem.

**Nebenwirkungen (in Auswahl):** Die unten beschriebenen Nebenwirkungen treten nur vereinzelt auf, sie beunruhigen Patienten jedoch stark, sodass vor allem das vertrauensvolle ärztliche Gespräch die Basis jeder Behandlung sein muss. Eine ausreichende Information über die möglichen Nebenwirkungen vor dem Beginn der Einnahme verhindert ein mögliches vorzeitiges Absetzen, wie es bei vielen Erkrankungen immer wieder vorkommt. Nebenwirkungen der Tranquilizer und Hypnotika: Müdigkeit, Muskelschwäche, unerwünscht starke Sedierung, Beeinträchtigungen des zentralen Nervensystems (Bewegungsstörungen), Sehstörungen, paradoxe Reaktionen (Agitiertheit, Angstzustände), Kreislaufprobleme, Atemdepression, Magen-Darm-Probleme, Mundtrockenheit, Leberveränderungen, Störungen der Ausscheidung und der Haut, Libido- und Potenzstörungen, vereinzelt Atmungsstörungen, Veränderung des Blutbildes und Zyklusstörungen.

**Gewöhnungseffekte:** Bei länger dauernder Anwendung und/oder hoher Dosierung sind Abhängigkeitserscheinungen möglich, weiterhin bei abruptem Absetzen Krampfanfälle. Bei Risikopatienten können Atemprobleme und Herzstillstandgefahr auftreten.

**Verkehrshinweis:** Bei Überdosierung und damit verbundener verstärkter Sedierung kann die Fahrtauglichkeit eingeschränkt sein. Der Konsum von Alkohol sollte unterbleiben. Präparate dieser Medikamentengruppe sollten möglichst *kurzzeitig* und *niedrig dosiert* angewendet werden. Die Dosis muss stufenweise reduziert werden.

3. Antidepressiva

**Wirkung:** *stimmungsaufhellend, antriebssteigernd, aktivierend, beruhigend, dämpfend*. Zu dieser Gruppe gehören z. B. Sertralin, Ex-Citalopram, Venlafaxin, Mirtabene, Citalopram, Duloxetin, Bupropion

**Einsatzgebiet:** Depressive Zustände innerhalb verschiedener psychischer Zustandsbilder, z. B. depressive Reaktionen, posttraumatische Störungen, bipolare Störungen, Depression, Zwangsstörungen, schizoaffektive Psychosen, Schizophrenie.

**Neurobiochemische Wirkmechanismen:** Antidepressiva wirken hauptsächlich auf das noradrenerge und serotonerge, aber auch dopaminerge System. Ältere Antidepressiva (trizyklische, tetrazyklische) benötigten zwei bis drei Wochen zur Erreichung ihres Wirkmaximums. Neuere Antidepressiva zeigen ihre Wirkung bereits nach einer bis zwei Wochen.

**Nebenwirkungen (in Auswahl):** Müdigkeit, Magen-Darmstörungen, Mundtrockenheit, Schlafstörungen, Kopfschmerzen, Blutdruckabfall, Sehstörungen, Herzstörungen, Kreislaufveränderungen, selten Hautprobleme, Zittern, Unruhe, Aktivierung suizidaler Impulse.
Die Nebenwirkungen können sehr ähnlich den Symptomen einer Depression sein.

4. Neuroleptika (Synonyme: Antipsychotika, Antischizophrenika)

**Wirkung:** *dämpfende Wirkung auf psychotische Symptome* (Dimova 2003). *Dazu* gehören:

- atypische Neuroleptika wie Risperidon, Olanzapin, Quetiapin, Amisulprid, Ziprasidon usw. Bezüglich der Unterschiede zu typischen Neuroleptika siehe unten.
- typische Neuroleptika werden allmählich aus dem Handel genommen: z. B. Haloperidol, Zuclopenthixol, Fluphenazin.

**Einsatzgebiet:** Manie, Wahnstörung, Schizophrenie, Erregungszustände, Verhaltensstörungen bei Kindern (z. B. bei massiven Erregungszuständen mit eingeschränkter Problemeinsicht) – obwohl sie hierfür offiziell nicht zugelassen sind, organische Psychosyndrome, therapieresistente Depressionen.

**Neurobiochemische Wirkmechanismen:** Neuroleptika wirken an folgenden Neurotransmittersystemen:

- Serotonin und Dopamin (überwiegend bei atypischen Neuroleptika)
- Dopamin (überwiegend bei typischen Neuroleptika)

**Nebenwirkungen:** Extrapyramidale Symptome wie unwillkürliche Bewegungen mit dem Körper, dem Kopf, der Zunge oder Einschränkungen der normalen Bewegungen. Diese lassen sich mit Antiparkinsonmitteln (Akineton) beherrschen. Müdigkeit, Kopfschmerzen, Depressionen, selten Magen-Darm-Probleme, Reizleitungsstörungen, epileptische Anfälle, Hautreaktionen. Die beschriebenen Nebenwirkungen sind bei atypischen Neuroleptika in einem sehr geringen Ausmaß vorhanden. Gewichtszunahme, EKG-Veränderungen, Diabetes mellitus sind jedoch Warnsymptome gegen eine weitere Verwendung. Der Einsatz typischer Neuroleptika ist meist kostengünstiger.

### 5. Stimmungsstabilisierer oder Phasenprophylaktika

**Wirkung:** *Sie verhindern das Wiederauftreten von neuerlichen depressiven oder manischen Phasen oder reduzieren die Intensität neuerlich aufgetretener Symptome. Die Einnahme von Phasenprophylaktika ist eine Dauertherapie und unabhängig vom Auftreten von Symptomen.* Zu dieser Gruppe gehören:

- Antiepileptika: Valproinsäure, Lamotrigin, Carbamazepin
- Atypische Neuroleptika: Quetiapin, Olanzapin, Quetiapin

**Einsatzgebiet:** Manie, bipolare Störungen, schizoaffektive Psychosen.

**Neurobiochemische Wirkmechanismen:** Stimmungsstabilisierer oder Phasenprophylaktika wirken auf

- die Aktivität der Gehirnzellen (intrazelluläre Calciumkonzentration bei Lithium, was eine Verminderung der Zellaktivität nach sich zieht) oder
- das GABA-System, aber auch auf das Glutamat-, Serotonin- oder Dopaminsystem

**Nebenwirkungen:** Magen-Darm-Probleme, Auswirkungen auf das Zentralnervensystem (vereinzelt Koma), Knochenmark, Haarausfall, Leberschäden. Übelkeit, Zittern, Durst, Gewichtszunahme, Erbrechen.

## 8.6 Ausblick

Die menschliche Psyche, „das ist ein zu weites Land" (Theodor Fontane in „Effi Briest"), um in einem einzigen Buch dargestellt werden zu können, noch dazu in einem transdisziplinären Werk über Psychiatrie, Psychologie und Heilpädagogik. Einige Diagnosegruppen, die im Text en passant erscheinen, z. B. schizoaffektive Psychosen, fanden keine eingehende Darstellung, da sie trotz eigener diagnostischer Einheit (Wittchen et al. 1989) und unterschiedlicher Manifestationsebene eine Kombination von Symptomen darstellen, die bei der Schizophrenie, Depression und Manie schon beschrieben wurden. Auch wenn sich in Fortbildungsseminaren häufig das Erscheinungsbild von Borderlinestörungen als besonders interessant für die Teilnehmer erweist, haben wir in diesem Buch auf eine Darstellung verzichtet. Einerseits, da Borderline zu den Persönlichkeitsstörungen gerechnet wird und diese nicht den Fokus unserer Auseinandersetzung darstellen. Andererseits gehen wir aufgrund langjähriger Erfahrung davon aus, dass Borderlinestörungen bei sorgfältiger Diagnostik selten zu beobachten sind. Weiterhin wurde der Themenbereich Suchterkrankungen ausgespart, auch wenn er für die Frühförderung in Zukunft wahrscheinlich in viel stärkerem Ausmaß relevant sein wird.

Es ging uns um die Perspektivenentwicklung einer neuartigen Zusammenarbeit verschiedener Disziplinen: Psychiatrie, Psychologie und Heilpädagogik. Vor allem stand die Sensibilisierung im Vordergrund, wie es Kleinkindern in Familien geht, in denen mindestens ein Elternteil an einer diagnostizierten oder vermuteten psychischen Erkrankung leidet. Handlungsmöglichkeiten für frühe Förderung, die aus unserer Sicht für diese Gruppe von Kindern noch keineswegs in befriedigendem Ausmaß vorhanden sind, wurden vor allem durch die Förderung von Resilienzprozessen aufgezeigt.

„Besser früher fördern als später behandeln" steht im Mittelpunkt unseres Ansatzes, wobei deutlich darauf hingewiesen werden soll, dass Frühförderung *eine* Interventionsform darstellt, die differenzierten Einsatz erfordert: Ausgangspunkt ist die Abschätzung der *Balance* zwischen *Risiko* und *Resilienz*. Nicht jedes Kind psychisch erkrankter Eltern benötigt frühe

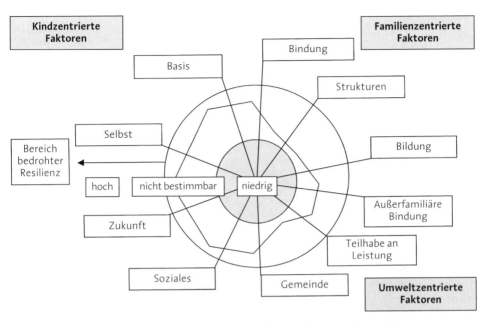

Abbildung 18: Fallbeispiel 1 – *Anita, 4 Jahre alt*, nach kinderärztlicher Einschätzung bislang keine Entwicklungsauffälligkeiten: fröhliches, sehr sozial orientiertes Kind mit vielen Freunden und Interessen. Vater an Schizophrenie erkrankt, Mutter berufstätig und optimistisch. Vater ist für den Haushalt zuständig, häufige stationäre Aufenthalte.

pädagogisch-psychologische Unterstützung, wohl aber jene, bei denen vor allem auf der kindzentrierten Ebene Resilienzprozesse in geringem Maß ausgeprägt sind oder hohe Risiken vorliegen. (Abbildungen 18–20)

Die Abschätzung der Balance zwischen beobachteten Resilienzfaktoren und vorliegenden Risiken ergibt für die drei exemplarischen Fallbeispiele unterschiedliche Handlungsstrategien:

Bei Anita (Fallbeispiel 1) erleben wir – trotz vorhandener Erkrankung des Vaters – eine Vielzahl an Ressourcen, sowohl auf der kindzentrierten Ebene (Sozialverhalten, Entwicklung) als auch auf der familienzentrierten (Optimismus) und der Gemeindeebene (Freunde). Für Anita könnten sich jährliche Kontrollen durch einen fachpsychiatrischen oder begleitenden Dienst als sinnvoll erweisen, in welchem Ausmaß die Resilienzprozesse stabil bleiben oder sie in der Lage ist, flexibel auf Belastungen zu reagieren. Eine Notwendigkeit einer spezifischen Frühförderung im exemplarischen Fall von Anita sehen wir nicht.

Anders zeigt sich dies bei Roman (Fallbeispiel 2): Bei Roman sind die eigenen sozialen Ressourcen und jene der Familie bzw. des gemeindenahen

158 Frühförderung mit Kleinkindern von Eltern mit Schizophrenie

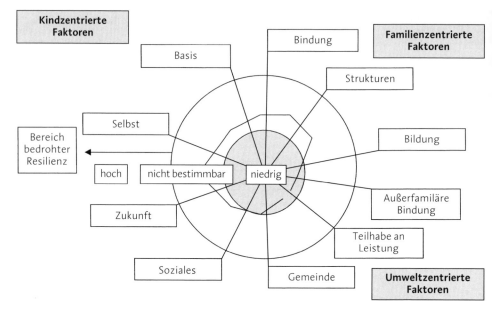

Abbildung 19: Fallbeispiel 2 – *Roman 3;5 Jahre alt*, reagiert in belastenden Situationen mit „Schreiattacken". Vater an bipolarer Störung erkrankt, Mutter nur bedingt belastbar, da die Großmutter schwer erkrankt ist. Soziale Isolation aufgrund hoher Verschuldung. Roman hat kaum Kontakt zu anderen Kindern.

Netzes bedroht. Roman zeigt auch bereits erste Stressanzeichen. Eine Interventionsstrategie bei ihm sollte zwei Faktoren berücksichtigen: a) eine Entlastung und Beratung der Eltern, wie Roman zu Hause gestützt werden könnte und b) eine raschestmögliche Integration in einem Kindergarten. Im exemplarischen Fallbeispiel von Roman könnte die Intervention der Wahl eine Kombination aus Hausfrühförderung (z. B. 14-tägig) und Kindergartenbesuch sein.

Bei Max (Fallbeispiel 3) lassen sich – trotz guter familiärer Ressourcen – hohe Risiken auf der kindzentrierten Ebene beobachten. Aufgrund seines Alters sind auch gemeindenahe Resilienzprozesse kaum vorhanden. Bei Max erachten wir Frühförderung unter Einschluss der natürlichen Umwelt (Spielplatz, Kaufhaus...) als Intervention der Wahl.

Frühförderung im Sinne der Second Generation Research (Guralnick 1997, Pretis 2002b) ist vor allem bei Kleinkindern mit psychisch kranken Eltern ein zu differenzierendes Angebot. Frühförderung ist dann effektiv und effizient, wenn das Programmangebot den Bedürfnissen des Kindes und der Familie entspricht. Im Bereich der Förderung von Kleinkindern psychisch kranker Eltern werden vorerst auch Organisationsstrukturen anzupassen sein, und zwar in Richtung

Ausblick 159

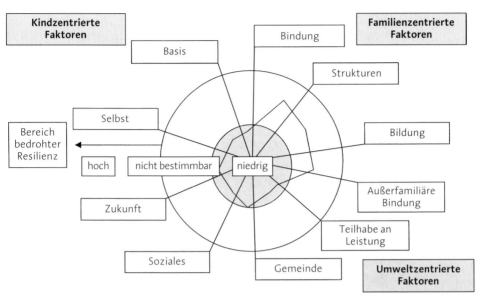

Abbildung 20: Fallbeispiel 3 – *Max, 2;5 Jahre alt*, „schwieriges Kind" nach Ansicht der Eltern, Verdacht auf Entwicklungsverlangsamung, Mutter an Depression erkrankt. Berufstätiger gesunder Vater. Großmutter, die die Mutter im Haushalt unterstützt. Die Familie hat sich im Zusammenhang mit der Erkrankung der Mutter eher „zurückgezogen".

- Niederschwelligkeit
- leichter Zugänglichkeit mit primärer Entlastungsfunktion
- individueller Passung und Förderdiagnostik auf der Basis der Balance zwischen Resilienz und Risiko
- verstärkter Zusammenarbeit zwischen psychiatrischen und pädagogisch-psychologischen Unterstützungssystemen

Der (ausgewählte) Blick in die Zukunft *rentiert* sich auch volkswirtschaftlich:

- Früh geförderte Kinder psychisch kranker Familien zeigen z. B. als Jugendliche weniger Symptome als eine nicht geförderte Kontrollgruppe (Aronen/Arajarvi 2000). Somit sind indirekt auch geringere Behandlungskosten zu erwarten.
- Das Risiko des Suchtmittelmissbrauches, der Kindesmisshandlung und der Familiengröße konnte durch frühe Programme bei Hochrisikoschwangerschaften verringert werden (Ramey/Landesman-Ramey 1998).
- Frühförderung erwies sich als der einzige hochsignifikante Prognosefaktor bei beeinträchtigten Kindern im Erwachsenenalter (mit psychia-

trischen Diagnosen) (O'Brien 2001). Das erhöhte soziale „Funktionsniveau" der Erwachsenen erspart rehabilitative Kosten z. b. durch Hospitalisierung u. a.

Durch die Zusammenarbeit zwischen meiner Frau und mir – zwischen Psychiatrie und Frühförderung – hat sich unsere Wahrnehmung der Bedürfnisse von Kleinkindern psychisch kranker Eltern grundlegend geändert. Sie traten hinter den Bedürfnissen der Patienten und Patientinnen plötzlich hervor und zeigten sich sehr deutlich. Sie waren zwar immer präsent: Bedürfnisse nach Liebe, Schutz, Unterstützung unserer vulnerablen Kinder; wir als Erwachsene haben sie nur manchmal vergessen.

**Fragen zur Selbstevaluation für Fachkräfte**

- Welche primären Handlungsimpulse löst für mich das Etikett „Schizophrenie" aus?

- Wie veränderte sich für mich als Fachkraft das Bild der „Schizophrenie"?

- In welchen Bereichen des Umganges mit Menschen mit Schizophrenie fühle ich mich sicherer.

# 9 Spiele zur Förderung von Kleinkindern psychisch kranker Eltern

## 9.1 Transparenz und Freiwilligkeit als oberste Gebote

Generell können wir davon ausgehen, dass jedes Beziehungsangebot eines gesunden stabilen Erwachsenen für Kleinkinder entwicklungsanregend wirken kann. Die in weiterer Folge dargestellten Förderangebote sind jedoch speziell für Fachkräfte erstellt, da ihre Anwendung unbedingt eine *pädagogische Grundausbildung* erfordert. Jegliches Förderangebot – wenn es nicht mit der nötigen Sorgfalt und theoretischen Fundierung angewandt wird (Pretis 2002b) – birgt die Gefahr, mehr Schaden als Nutzen anzurichten. Dies betrifft in weit höherem Maße die Förderung von Resilienzprozessen, da die Förderangebote vornehmlich auf pädagogisch-psychologischen Modellen (Vulnerabilität) basieren. Gerade in diesem Wissenschaftsbereich besteht die Gefahr, dass falsch angewandte Methoden genau das Gegenteil des eigentlich Angestrebten erreichen. Es sei hier auf die amüsanten Beispiele Paul Watzlawicks und Kollegen (1992) verwiesen. Die allzu gute Absicht ist bisweilen der Feind des Guten.

Um Beispiele aus der Frühförderung zu erwähnen: Ein Kleinkind in Richtung Artikulation seiner Bedürfnisse zu fördern kann von den Eltern auch als Förderung des Trotzverhaltens interpretiert werden. Die Förderung von Planungsprozessen kann – bei überängstlichen Kleinkindern – auch die Tendenz zur Zwanghaftigkeit steigern.

Wie in der Frühförderung allgemein (Pretis 2005) stellen (Förder-) Spiele keinen Selbstzweck dar, sondern sind Methoden, Förderziele kind- bzw. familienadäquat zu erreichen.

Gerade in Familien mit psychisch vulnerablen Eltern stellt die Transparenz des eigenen Tuns eine unabdingbare Voraussetzung bei der Durchführung von Förderspielen dar. Auch wenn es sich im Einzelfall aufgrund der Symptomatik der Eltern als schwierig erweist,

1) die theoretischen Grundlagen
2) die Förderziele und
3) das konkrete Vorgehen

darzulegen, ist dies unbedingt notwendig, da bei pädagogisch-psychologischen Interventionen andernfalls immer der Eindruck möglicher Manipulation droht.

162 Spiele zur Förderung

Tabelle 15: Checkliste zur Transparenz von pädagogisch-psychologischen Interventionen

| Zustimmung zum Förderplan bei Name des Kindes | | | |
|---|---|---|---|
| Kriterium | erfüllt | nicht erfüllt | Anmerkungen |
| Die Erziehungsberechtigten wurden über die konkrete Intervention (das konkrete Spiel) informiert, und zwar über _____ | | | |
| Die Erziehungsberechtigten stimmen der Durchführung zu. | | | |
| Das konkrete Förderspiel erscheint für *Name des Kindes* entwicklungsadäquat. | | | |
| Dies ist aufgrund folgender diagnostischer Schritte nachvollziehbar: | | | |
| Ein klares Förderziel in Bezug auf die Durchführung wurde mit den Eltern vereinbart. | | | |
| *Name des Kindes* nimmt das Angebot an. | | | |

Im Zentrum der Frühförderung muss sowohl für das Familiensystem als auch das Kind das Prinzip der *Freiwilligkeit* (Pretis 2005) und des *Wohlbefindens* des Kindes (Kühl 2005) stehen. In der Förderung von Resilienzprozessen ist dies umso wichtiger, als – im Unterschied zur allgemeinen Entwicklungsförderung – die Ziele und Methoden auf den ersten Blick nicht immer augenscheinlich beobachtbar sind.

Die Checkliste Tabelle 15 unterstützt die Transparenz der Intervention.

Aus der Sicht der Fachkraft erfordert dies:

a) fundiertes *diagnostisches* Wissen (welche Bedürfnisse hat das zu fördernde Kind, die zu unterstützende Familie)
b) *Interventionswissen* (welche Effekte werde ich voraussichtlich mit meiner Intervention erreichen)
c) *Bewertungswissen* (d. h. Kriterien, an denen ich den Erfolg meiner Intervention messe)

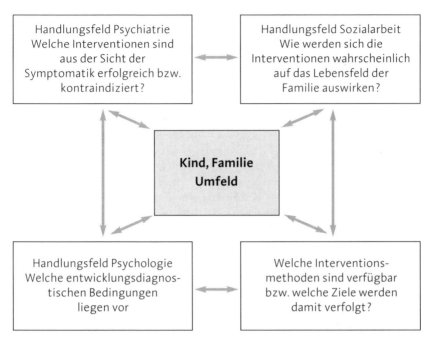

Abbildung 21: Transdisziplinäre Planung von Förderprozessen bei Kleinkindern psychisch kranker Eltern

Teamarbeit ist unumgänglich, vor allem, um unerwünschte „Nebenwirkungen" zu vermeiden.

Ein solches Modell schließt freilich andere beteiligte Fachkräfte nicht aus, z.B. Beschäftigungstherapeuten. Eine transdisziplinäre Vorgehensweise (Pretis 2005), insofern alle Teammitglieder eine gemeinsame Förder- und Unterstützungswirklichkeit für die und gemeinsam mit der Familie konstruieren, kollidiert meist mit Tendenzen primärer Medizinorientierung. Transdisziplinäres Vorgehen schließt nicht aus, dass *eine Fachkraft* die Schlüsselperson/Bezugsperson für die Familie ist, dies muss jedoch nicht in jedem Fall der Facharzt für Psychiatrie sein. Wohl aber erscheint es unumgänglich, fachärztliches Wissen im transdisziplinären Team verfügbar zu haben.

### Fallbeispiel: Transdisziplinäre Helferkonferenz

Die Helferkonferenz wurde von der zuständigen Sozialarbeiterin des Jugendamtes einberufen. Eingeladen wurden die behandelnde Fachärztin für Psychiatrie, die Bezugsbetreuerin der erkrankten Mutter und die Frühförderin. Von der Familie wurde das Einverständnis eingeholt, dass das Betreuungsteam über die Fördermaßnahmen sprechen werde. Die Familie äußerte keine Bedenken in Bezug auf das Gespräch, wollte jedoch in weiterer Folge darüber informiert werden.

Maria, 3;6 Jahre, erhielt aufgrund zunehmenden sozialen Rückzugs, der vor allem der Sozialarbeiterin des Jugendamtes auffiel, 14-tägig Frühförderung.

Die Bezugsbetreuerin (Psychologin) der Mutter stellte ihre Förderziele vor und inwieweit sie erreicht wurden (Entlassung der Mutter aus dem Krankenhaus und Einleitung regelmäßiger Termine beim zuständigen psychosozialen Zentrum). Die Psychologin äußerte den Wunsch, auch den Ehemann und Vater einbeziehen zu wollen. Die Frühförderin beschrieb ihre kind- und familienbezogenen Ziele bzw. bislang erfolgreichen Interventionen (Aufarbeiten des Krankenhausaufenthaltes durch Nachspielen der Situation mittels Rollenspielen). Auch sie erlebte den Vater wenig greifbar, da während der Fördereinheiten – berufsbedingt – meist die Großmutter anwesend war. Die behandelnde Fachärztin, die im Rahmen eines Hausbesuches auch Kontakt zum Kind hatte, beschrieb, dass sich die emotionale Situation des 3;6-jährigen Mädchens stabilisiert habe. Durch den 6-wöchigen stationären Aufenthalt der Mutter war jedoch eine massive Verunsicherung zu beobachten. Aus ihrer Sicht erscheinen weitere Förderspiele in Bezug auf den Umgang mit dem „Krankenhaus" sinnvoll, da ein Rückfall der Mutter nicht auszuschließen sei. Der ältere Bruder des Mädchens, der die dritte Klasse Volksschule besuchte, dürfe auch nicht vergessen werden, da er während der Fördereinheiten von Maria meist in der Schule war. Weiterhin brachte die Frühförderin vor, dass die familiäre Unterstützung sich vor allem auf weibliche Betreuungspersonen stützte und sich der Vater „ausgeschlossen" fühlte. Das Team nahm – in Bezug auf die Familienarbeit – diese Hypothese auf und formulierte folgende transdisziplinäre Förderziele: die Kontaktaufnahme zum Vater durch die Bezugsbetreuerin; kindzentrierte projektive Förderspiele zum Thema „Krankenhaus", wobei darauf geachtet werden sollte, das Thema bei Maria nur dann aufzugreifen, wenn es von ihr selbst artikuliert würde. Die Spielsituationen sollten in hohem Maße Marias Vorstellungen folgen und mögliche Veränderungen der Spielhandlung beobachtet werden. Die Frühförderin sollte – zur Selbstwirksamkeit von Maria – vor allem zu aktiven Unterstützungsideen im Rollenspiel einladen: „Was soll der Arzt/die Ärztin jetzt tun usw.?". Ein monatlicher Hausbesuch durch die Fachärztin wurde vorgeschlagen. Die Bezugsbetreuerin übernahm die Aufgabe, die Familie über das Ergebnis der Besprechung zu informieren.

Die in weiterer Folge dargestellten Förderspiele beziehen sich auf Resilienzprozesse bei Kleinkindern psychisch kranker Eltern. Bei entsprechender Reflexion im Team sind der kreativen Ausweitung durch Fachkräfte keine Grenzen gesetzt.

## 9.2 Spiele zur Förderung der Resilienz bei Kleinkindern (2;6–5 Jahre)

Viele in Kapitel 4 beschriebenen Resilienzprozesse können in unterschiedliche Fördersituationen integriert werden. Spiele stellen Kommunikationsangebote für Kinder dar und nicht Interpretationswelten für betreuende Erwachsene. Nicht die psychologische Interpretation des Verhaltens des Kindes auf das Spielangebot, sondern die selbst gestalterische Veränderung und Entwicklung, wie das Kind, die Familie mit einem Förderangebot umgeht, ist die wichtige Information für die Frühförderung. D. h. die Sinnangebote der Kinder sollen bewusst von den Fachkräften aufgenommen und ihnen soll – mit Ausnahme massiv erlebter Hilflosigkeit oder Angst – behutsam gefolgt werden. Die Kinder dürfen vor allem frei entscheiden, ob sie ein Förderspiel durchführen wollen oder nicht. In Lebenswelten, die durch hohe Unvorhersehbarkeit bzw. Unkontrollierbarkeit charakterisiert sind, erscheint jegliche Form von Zwang absolut *kontraindiziert*.

### 9.2.1 Spiele zur Förderung der Selbstwirksamkeit

Ziel von Förderspielen in Bezug auf Selbstwirksamkeit ist es, dem betreuten Kind die Überzeugung der eigenen Handlungskompetenz zu vermitteln. Dies umfasst Förderspiele, die:

**a)** entwicklungsentsprechend erscheinen
**b)** eine hohe Erfolgswahrscheinlichkeit zeigen
**c)** Erfolg aufgrund eigener Bemühungen für das Kind augenscheinlich machen
**d)** graduell (in Bezug auf den Schwierigkeitsgrad) steigerbar sind

#### „Schutz/Schatzkiste"

**Ziel** der „Schutz- bzw. Schatzkiste" ist das bewusste Wahrnehmen und Aktivierenkönnen vorhandener kindlicher Fähigkeiten. Dieses Spiel repräsentiert ICH BIN-Faktoren. Auch dieses Spiel sollte in Absprache mit den Erziehungsberechtigten durchgeführt werden, da ihm tendentiell die Gefahr eines „kindlichen Geheimnisses" innewohnt, das vulnerable Eltern möglicherweise als Bedrohung ansehen.

**Instruktion:** Die Fachkraft definiert gemeinsam mit dem Kind einen Ort (z. B. eine Schachtel, eine Schatulle etc.), der als Aufbewahrungsort eines „Schatzes" dienen soll. Der Schatz selbst besteht aus positiven Fähigkeiten, die das Kind sich im Laufe der Förderarbeit selbst zuschreibt oder die ihr von der Fachkraft zugeschrieben werden:

**Beispiel:**
20.8.2003. *Ich bin fleißig, weil ich mein großes Puzzle fertig gestellt habe.*
11.9.2003. *Ich bin aufmerksam, weil ich mir eine Geschichte lange merken konnte.*
usw.

Die einzelnen Fähigkeiten werden auf kleinen Schriftrollen in der Schatz-/Schutzkiste aufbewahrt und können bei Bedarf hervorgeholt und dem Kind in Erinnerung gebracht werden.

**Erforderliche Materialien:** geeignetes Kästchen (Schuhkarton, Schatulle), Stifte, kleine Papierrollen

„Hurra, ich kann's"

Dieses Spiel beschreibt ICH KANN-Faktoren des Kindes und findet sich in mannigfaltiger Abwandlung auch im Fachhandel (z. B. Jagersberger o. J.). Ziel von „Hurra, ich kann's" stellt die Förderung bzw. Stärkung der Selbstwirksamkeit und der Handlungskompetenz des Kindes dar.

**Instruktion:** „Hurra, ich kanns" kann als Ergänzung zu jedem anderen Spiel angewandt werden, da es eine Strategie ist, eigene Erfolge bewusst zu machen. Jeder noch so kleine Erfolg, sofern er durch die Eigenaktivität des Kindes erreicht wird, wird im „Erfolgsbuch" verzeichnet. Am Ende jeden Monats wird eine Erfolgsbilanz erstellt. Erfolgreiche Spiele werden danach – wenn möglich – um eine Schwierigkeitsstufe höher angeboten.

**Erforderliche Materialien:** kleines Heft, in dem Erfolge verzeichnet werden

### 9.2.2 Spiele zur Förderung der Planbarkeit

Vorhersehbarkeit und Planbarkeit sind im Stresscoping (Lazarus et al. 1984) Basisfaktoren. Bei vorhersehbaren Faktoren können aktiv Strategien und Resilienzprozesse mobilisiert werden. Wenn aktive Copingprozesse möglich sind, ist *frühzeitige Information* in diesem Zusammenhang als Schutzfaktor anzusehen. Das bedeutet jedoch *nicht*, dass Kleinkinder mit allen erwachsenenrelevanten Informationen konfrontiert werden. Dies betrifft auch den Zeitraum: Kleinkinder verfügen über ein Zeitverständnis von maximal zwei bis drei Tagen, sodass es keinen Sinn macht, sie auf (potentiell belastende) Ereignisse (Krankenhausaufenthalt) vorzubereiten, die irgendwann in der Zukunft liegen. Förderspiele in Bezug auf Planbarkeit betreffen primär die Frühfördereinheit, da darüber hinaus gehende Planungsprozesse in hohem Maße von externen Faktoren (der Familie, der Entwicklung der Symptome u. a.) abhängen.

**„Wir machen einen Plan"**

**Ziel** dieses Förderspieles ist es, für das Kind während der Frühfördereinheiten das Vertrauen in Planbarkeit herzustellen bzw. zu festigen.

**Instruktion:** Auf einem Karton wird mittels kindgerechter Symbole oder Zeichnungen die Struktur der Fördereinheit festgelegt. Durchlaufene Prozessschritte werden deutlich gekennzeichnet (z. B. durch das Aufkleben kleiner Sternchen). Offene Aufträge einer Einheit werden bei der nächsten Einheit abgeschlossen.

**Erforderliche Materialien:** Karton, Stifte, kleine Aufkleber

**„Förderkalender"**

Analog zum „Förderplan machen" ist auch – jeweils in Absprache mit den Erziehungsberechtigten – die Erstellung eines monatlichen Förder- bzw. „Eventkalenders" möglich. Theoretisch zielt ein solches Vorhaben einerseits auf die Visualisierung von Planbarkeit, andererseits auf die Identifikation positiver „Events" (z. B. Besuch der Großmutter, Geburtstagsfeier eines Freundes, Besuch der Kindergruppe ...).

**Erforderliche Materialien:** Karton mit Tageseinteilung, Stift bzw. Symbole für wiederkehrende Ereignisse, z. B. Frühfördereinheiten

## 9.2.3 Spiele zur Förderung spezifischer Copingstrategien

Kleinkinder im Lebenszusammenhang einer psychischen Erkrankung eines Elternteiles sind vermehrt mit dessen stationären Aufenthalten konfrontiert, teils auch mit traumatisierenden Szenen der Einweisung, vor allem wenn dies gegen den Willen des Patienten geschieht. Krankenhausaufenthalt, Krankheit, vor allem, wenn sie keine sichtbaren Symptome oder Verletzungen betreffen, stellen somit in hohem Maße stress- bzw. angstauslösende Ereignisse für Kleinkinder dar. Schon ab dem Alter von 2;6 Jahren sind jedoch Rollenspiele möglich. Für kleinere Kinder erscheinen Rollenspiele adäquater, die primär das Problem auf eine „Projektionsfigur" übertragen: einen Teddy, eine Puppe, auf Tiere oder Spielfiguren. Ältere Kinder (4 Jahre) mögen sich mit Helfersystemen selbst identifizieren. Eine Identifikation des Kindes im Spiel als Patient soll vor allem die Ressourcen identifizieren, was das Kind benötigt, um wieder gesund zu werden. Bei Vorschulkindern können auch Fragen auftauchen, ob auch sie an der Krankheit der Eltern erkranken können. In diesem Zusammenhang erscheint der Hinweis auf die Behandelbarkeit und der Vergleich mit für Kinder verständlichen Krankheiten (Fieber...) wichtig.

 **„Teddy im Krankenhaus"**

**Ziel** von „Teddy im Krankenhaus" ist einerseits die Informationsvermittlung über Prozesse im Krankenhaus, andererseits aktives Behandlungsmanagement durch selbstwirksames Verhalten über eine Projektionsfigur (Teddy).

**Instruktion:** Der Teddy (die Puppe) fühlt sich nicht wohl, hat Schmerzen und muss – mit dem Rettungsdienst – sofort ins Krankenhaus gebracht werden. Verschiedene Hilfsfiguren, deren Notwendigkeit das Kind selbst einschätzt (wen benötigen wir alles im Krankenhaus?) tragen zur Behandlung des Patienten bei, wobei das Kind selbst in hohem Maße der Impulsgeber der einzelnen Behandlungsschritte ist. D. h. die Fachkraft holt aktiv Informationen über die nächsten Schritte der Spielfiguren ein. Nur bei hoher Hilflosigkeit oder hoher Angst trägt die Fachkraft aktiv zur Lösung der Situation bei. Eine Identifikation des Kindes mit einer aktiv heilenden/rettenden Figur (z. B. Arzt/Ärztin) kann zwar vorkommen. Da bei Kindern psychisch kranker Eltern häufig das Risiko der Parentifizierung, d. h. der Übernahme von Elternrollen droht, sollte eine Übernahme der Rolle des Helfers eher einer externen Figur zugeordnet werden.

**Erforderliche Materialien:** ein Teddy bzw. eine Puppe, notwendige Krankenhausrequisiten, wie sie in gängigen „Ärztekoffern" für Kinder enthalten sind, weitere Spielfiguren, die Helferrollen übernehmen können.

**„Teddy in Not"**

Ähnlich wie „Teddy im Krankenhaus" ist es auch bei „Teddy in Not" das Ziel, spezifische Copingstrategien für bedrohliche Situationen zu vermitteln. Im Unterschied zur Krankenhaussituation ist die Notsituation weniger spezifisch und somit für Kleinkinder meist schwieriger. Die im Spiel zu lösende Frage ist jene nach Strukturen bzw. Maßnahmen, wie Teddy aus kindlicher Sicht geholfen werden könnte.

**Instruktion:** Teddy geht es nicht gut. Er weiß selbst nicht, was ihm fehlt, aber er spürt, dass es ihm nicht gut geht. Manchmal ist er ganz traurig, manchmal ist er sehr nervös, dann vergisst er wieder einzukaufen. Manchmal vergisst er auch heimzukommen. Fachkraft und Kind stellen mit Hilfsfiguren, die sich das Kind aussuchen kann, Hilfeszenarien dar.

**Erforderliche Materialien:** Teddy oder Puppe, weitere Hilfsfiguren

### 9.2.4 Spiele zur Förderung des Durchhaltevermögens

**„Schatzsuche unter Wasser"**

**Ziel** der „Schatzsuche" ist eine Erweiterung des Durchhaltevermögens von Kleinkindern. Das Thema des Erlebens der Unterwasserwelt wird in der Behandlung kindlicher Angststörungen eingesetzt. Sowohl der Schutzmantel des „Taucheranzuges/U-Bootes" als auch das schwerelose Schweben unter Wasser können als Faktoren beschrieben werden, die zur kindlichen Entspannung beitragen. Dieses Prinzip wird auch im Spiel „Schatzsuche unter Wasser" angewandt.

**Instruktion:** Sowohl die Fachkraft als auch das Kind sind Taucher, die in der „Unterwasserwelt" des eigenen Lebensraumes Schätze suchen. Dabei kleiden sie sich symbolisch in „Taucheranzüge", setzen symbolische Tauchermasken auf. Leider gibt es keine Sauerstoffflaschen, sodass sowohl die Fachkraft als auch das Kleinkind mit angehaltener Luft tauchen müssen. Beide springen symbolisch ins „Wasser" und bewegen sich mit Schwimmbewegungen durch das Zimmer. Dabei wird Kontakt gehalten und es werden Schätze gesucht bzw. geborgen. Ziel ist es, bei jedem „Tauchgang" die Luft ein wenig länger anzuhalten.

**Achtung:** Bei diesem Spiel ist unbedingt darauf zu achten, dass das Kind rechtzeitig auftaucht und dass bei ihm *keine respiratorische Einschränkung* besteht. Weiterhin ist es wichtig, sowohl sich selbst als Fachkraft als auch das Kind aus der Rolle des Tauchers wieder zu *entkleiden*.

**Erforderliche Materialien:** symbolische Schätze, die von der Fachkraft im Raum verteilt werden.

## 9.2.5 Spiele zur Förderung der Frustrationstoleranz und emotionalen Flexibilität

### „Aprilwetter"

Ziel des Spieles „Aprilwetter" stellt einerseits das Wahrnehmen von Gefühlen als auch das bewusste „Umschalten" von einem Gefühlszustand zu einem anderen dar. Das Spiel sensibilisiert für unterschiedliche Gefühlszustände und vermittelt gleichzeitig auch – über die mimisch-motorische Nachahmung – den Zusammenhang zwischen Emotion und motorischem Verhalten. Der Titel „Aprilwetter" verweist auf den schnellen Wechsel der Gefühlszustände.

**Instruktion:** Die Fachkraft präsentiert dem Kind die Fotos unterschiedlicher Gefühlsqualitäten, Traurigsein, Wütendsein, Fröhlichsein, Ängstlichsein, Müdesein, und bittet das Kind, das am Foto dargestellte Gefühl zu benennen. In einem weiteren Schritt soll dieses Gefühl „nachgespielt" werden, indem der Gesichtsausdruck zum jeweiligen Gefühl dargestellt wird. Ziel ist es, dass das Kind so schnell wie möglich Gesichtsausdrücke nachahmt. Das Spiel kann vice versa auch mit der Fachkraft durchgeführt werden, wobei das Kind das Spiel leitet.

**Erforderliche Materialien:** Fotokarten (siehe S. 71)

### „Ich mag Kreisel"

Das „Ich mag Kreisel" zielt auf das bewusste Artikulieren von Bedürfnissen, Interessen, Vorlieben und Abneigungen.

**Instruktion:** Auf einem Karton ist ein großer Kreis gezeichnet, der in unterschiedliche tortenstückartige Segmente zerteilt ist. Am Kreisrand dieser Segmente sind unterschiedliche Vorlieben und Abneigungen eingetragen. Ein weiterer Kreis soll für die Fachkraft vorbereitet werden. In der Mitte des Kreises befindet sich ein Zeiger, der gedreht werden kann. Es können Zeiger von herkömmlichen Kinderuhren (zum Lernen der Uhrzeit) verwendet oder aber auch welche selbst gebastelt werden.

Die Fachkraft dreht den Zeiger, der zu einer Vorliebe/Abneigung des Kindes weist. Die Fachkraft liest die Vorliebe/Abneigung vor und schätzt ein, ob diese Vorliebe/Abneigung für das Kind zutrifft oder nicht. Analoges führt das Kind durch: Es dreht den Kreisel, lässt sich die allgemeine Vorliebe/Abneigung vorlesen und schätzt ein, ob dies bei der Fachkraft, bei der Mutter, dem Vater, den Geschwistern u. a. zutrifft. Bei richtiger Antwort erhält das Kind bzw. die Fachkraft jeweils eine kleine Verstärkung.

**Erforderliche Materialien:** großer Karton, Stifte, drehbarer Zeiger, kleine Verstärker, z. B. Smarties

Spiele zur Förderung der Resilienz 171

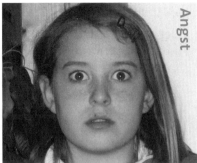

## „Attributionslotto"

**Ziel** des „Attributionslottos" ist die Förderung der externen Zuschreibung psychischer Zustände erkrankter Eltern. Dies ist insofern sinnvoll, als vor allem Kleinkinder dazu neigen, unklare psychische Leidenszustände ihrer Eltern intern, d. h. dem eigenen Verhalten, zuzuschreiben, was meist zu Schuldgefühlen des Kindes führt. „Attributionslotto" fördert externe Zuschreibungen und bietet somit dem Kind eine neue Erklärungswelt. „Attributionslotto" soll:

a) nur nach vorhergehender Absprache mit den Erziehungsberechtigten angewandt werden
b) bei genügender Krankheitseinsicht der Patienten und
c) feststehender Diagnose

**Instruktion:** Dem Kind werden die Bildkarten mit dem Teddybären präsentiert. Zu jeder Bildkarte gibt es zwei bis vier weitere „Attributionslottos" mit passenden Erklärungen, die die Fachkraft vorlesen kann.

„Attributionslotto" wird wie herkömmliches Lotto gespielt. Alle Karten liegen mit den Bildern/dem Text nach unten. Die Stimuluskarten werden jeweils vorerst aufgedeckt und die passenden „Erklärungskarten" gesucht. Passende Paare kommen als „Gewinn" dem jeweiligen Spieler zu.

**Erforderliche Materialien:** vorbereitete Lottokarten

Stimulus — Passende Erklärung

1) Teddy ist traurig

- weil ihm etwas weh tut
- weil er krank ist
- weil er Angst hat
- weil er etwas verloren hat

Spiele zur Förderung der Resilienz 173

2) Teddy ist fröhlich

weil er ein lustiges Spiel macht

weil er ein Geschenk bekommen hat

weil er Freunde hat

weil er etwas Tolles erreicht hat

3) Teddy tobt, ist nervös

weil er nicht ausgeschlafen ist

weil andere ihn geärgert haben

weil er krank ist

weil er müde ist

4) Teddy hat keine Zeit

weil er fernsieht

weil er im Krankenhaus ist

weil ihm etwas anderes wichtiger ist

174 Spiele zur Förderung

weil er so etwas noch nie gesehen hat

weil er das nicht erwartet hat

5) Teddy ist erstaunt

### 9.2.6 Spiele zur Förderung des aktiven Schutzverhaltens

 **„Unfälle vermeiden"**

**Ziel** des Spieles ist es, dem Kind zu ermöglichen, rechtzeitig bedrohliche Situationen zu erkennen und durch aktives Verhaltensmanagement zu vermeiden.

**Instruktion:** Fachkraft und Kind verwandeln sich in „Autos", die auf dicht befahrenen Straßen im Zimmer oder Förderzentrum unterwegs sind. Da die Straßen voller Autos sind, kann es vorkommen, dass ein Auto auch auf der falschen Straßenseite entgegenkommt, sodass es – bei nicht rechtzeitigem Ausweichen – zu Zusammenstößen kommen kann. Diese „Unfälle" können vermieden werden, indem rechtzeitig ausgewichen wird. Das Kind soll den möglichen „Frontalunfällen" durch die Fachkraft ausweichen.

Erschwerend kann hinzukommen, dass gewisse Hindernisse (z. B. Stühle u. a.) ein rasches Ausweichen verhindern. Das Spiel kann modifiziert werden, indem die Fachkraft den möglichen Unfällen durch das Kind ausweichen muss. Pro vermiedenen Unfall gibt es Bonuspunkte, die gegen kleine Verstärker eingetauscht werden, wobei vorher vereinbart werden sollte, bei welcher Anzahl von Bonuspunkten es welchen Verstärker gibt.

**Erforderliche Materialien:** Bonuspunkte (z. B. in Form von Spielchips) und Verstärker (z. B. Smarties)

**„Schutzschild aktivieren"**

**Ziel** des Spieles „Schutzschild aktivieren" besteht darin, bedrohliche Situationen zu identifizieren und mit aktivem Schutzverhalten zu reagieren, gleichzeitig jedoch bei nicht bedrohlichen Situationen mit Kontaktverhalten zu antworten.

**Instruktion:** Wir fliegen jetzt im Weltraum und sind Raumschiffe. Unsere Raumschiffe haben Schutzschilde, die wir aus- und einschalten können. Im Weltraum gibt es andere, freundliche Raumschiffe (die roten), die auf Besuch zu uns kommen wollen. Diese wollen wir empfangen. Dabei schalten wir unsere Schutzschilde aus, indem wir lachen. Manchmal kommen jedoch Meteoriten und Sternschnuppen, die unser Raumschiff beschädigen können. Manchmal nähern sich auch feindliche Raumschiffe (die blauen), die uns abdrängen wollen. Dann können wir unsere Schutzschilde einschalten und die Meteoriten und Raumschiffe prallen von uns ab. Wir schalten die Schutzschilde ein, indem wir beide Arme nach vorn strecken und unsere Handflächen gegen die Gefahren strecken. Sich nähernde feindliche Raumschiffe oder Meteoriten müssen bei „eingeschaltetem Schutzschild" sofort umdrehen. Friedliche, freundschaftliche Raumschiffe „landen" am Körper des Kindes und bringen ein „Smartie" als Gastgeschenk.

**Erforderliche Materialien:** blau und rot bemalte Papierflugzeuge, einige Meteoritenmodelle aus Papier, Smarties als Verstärker

## „Schutzinseln"

**Ziel** des Spieles „Schutzinsel" ist es, aktive Copingstrategien bei Kleinkindern zu unterstützen.

**Instruktion:** Fachkraft und Kind wohnen auf einer kleinen Insel (Spielteppich). Manchmal ist diese Insel jedoch von Gefahren bedroht: Diese können z. B. von außen kommen (z. B. ein Sturm kommt auf) oder aber auch auf der Insel auftreten (eine große Dürre bricht aus, es wird zu heiß, niemand bewegt sich mehr…). Dem Kind steht ein Schiff zur Verfügung, um auf andere Inseln zu fahren und für sich Unterstützung zu organisieren.

- Z. B. gibt es eine *„Freundschaftsinsel"*, auf der ein Freund wohnt, der das Kind unterstützen kann. Wählt das Kind die Fahrt auf die Freundschaftsinsel, kann sich das Spiel dahingehend weiterentwickeln, welche Unterstützung der „Freund" geben kann.
- Weiterhin gibt es eine Insel der *„Familientiere"*, das sind Tiere, die eine große Familie sind. Auch auf dieser Insel kann das Kind sich von einem speziellen Tier Unterstützung holen.
- Eine weitere Insel ist die *Insel der „Pläne"*, wo das Kind „Pläne finden kann", was es für sich am besten machen könnte.
- Eine weitere Insel ist die *„Insel des Könnens"*: Dort „findet" das Kind in Form von Aufklebern „Fähigkeiten", die es als Unterstützung benötigt.
- Auf einer weiteren Insel findet es das kleine *„Ich bin Ich"* (einfügen). Das Kind darf auf dieser Insel in die Rolle des kleinen „Ich bin Ich" schlüpfen.

Primäres Ziel ist es, dass das Kind herausfindet, was es selbst braucht, damit es ihm während der bedrohlichen Situation gut geht, nicht sosehr was es dazu beitragen könnte, um die „Insel" zu retten. Im Sinne der Parentifizierung ist anzunehmen, dass eine solche Funktion vor allem Kleinkinder überfordern könnte.

**Erforderliche Materialien:** verschiedene Spielteppiche als „Inseln", ein symbolisches Schiff (kann auch auf Karton gemalt sein); weitere Spielfiguren, z. B. ein Teddy für die Freundschaftsinsel oder Tierfiguren für die Familientiere; für die Insel der Pläne zusammengerollte Schriftrollen; für die Insel des Könnens einfache Aufkleber, die mit spezifischen Fähigkeiten beschriftet werden können sowie „Das kleine Ich bin Ich".

**„Eine Fahrt aufs Meer" (für Kinder ab 5 Jahren)**

**Ziel** der „Fahrt auf das Meer" ist ein aktives Finden von Ressourcen in subjektiv bedrohlichen Situationen.

**Instruktion:** Auf einem großen Karton zeichnen das Kind und die Fachkraft ein großes Schiff. Der Kreativität und der Ausgestaltung sind dabei keine Grenzen gesetzt. Verschiedene Rollen und Funktionen auf dem Schiff werden vergeben (Kapitän, Passagier, Koch/Köchin). Das Schiff sticht in See und wird mit unterschiedlichen bedrohlichen Situationen konfrontiert:

- der Motor fällt aus und das Schiff treibt auf dem Meer
- ein Sturm kommt auf, hohe Wellen umgeben das Schiff
- das Schiff verliert seinen Kurs und fährt orientierungslos auf dem Meer herum
- das Schiff ist von Eisbergen umgeben

Ziel ist es, dass das Schiff die nötigen Manöver macht bzw. Hilfe organisiert, sodass es unbeschadet durch die unterschiedlichen Fährnisse kommt.

**Erforderliche Materialien:** großer Bogen Packpapier und Stifte

# Literatur

Achenbach, T. N. (1991a): Manual for the Youth Self-Report and 1991 Profile. University of Vermont, Department of Psychiatry, Burlington
- (1991b): Manual for the Child Behavior Checklist for Ages 4–18 and 1991 Profile. University of Vermont, Department of Psychiatry, Burlington

Ahmann, E., Bond, N. J. (1992): Promoting normal development in school age children and adolescents who are technology dependent: A family centered model. Paediatric Nursing, 18, 399–405

Ainsworth, M., Blehar, M. C., Walters, E., Wall, S. (1978): Patterns of Attachment: A psychological study of the strange situation. Erlbaum, Hillsdale

American Psychiatric Association (1980): Diagnostic and statistical manual of mental disorders. Third Edition. APA, Washington

American Psychiatric Association (APA) (2000): Diagnostic and Statistical Manual of Mental Disorders – DSM-IV-TR. 4th edition, text revision. American Psychiatric Association, Washington

Antonovsky, A. (1987): Unravelling the mystery of health: How people manage stress and stay well. Jossey-Bass, San Francisco

Aronen, E. T., Arajarvi, T. (2000): Effects of early intervention on psychiatric symptoms of young adults in low-risk and high-risk families. American Journal of Orthopsychiatry, 70, 223–32

Bauer, M. et al. (1998): Psychotische Frauen und ihre Kinder. Psychiatrische Praxis, 25, 191–195

Boggarts, B., Lußcz, H. (1999): Hirnbiologische Grundlagen psychiatrischer Erkrankungen – Was ist therapeutisch machbar? Psychiatrische Praxis 26, 7–11

Brandau, H., Pretis, M. (2004): Early Identification and systemic educational Intervention for young children with Attention-Deficit/Hyperactivity Disorder (AD/HD). European Journal of Special Needs Education, in press

–, –, Kaschnitz, W. (2006): ADHS bei Klein- und Vorschulkindern. 2. Aufl. Ernst Reinhardt, München/Basel

Brennan, P. A., Hammen, C., Anderesen, M. J., Bor, W., Najman, J. M., Williams, G. M. (2000): Chronicity, servity, and timing of maternal depressive symptoms: relationsship with child outcome at age 5. Developmental Psychology, 36, 756–766

Bronfenbrenner, U. (1981): Die Ökologie der menschlichen Entwicklung. Natürliche und geplante Experimente. Klett-Cotta, Stuttgart

Bundesverband der Betriebskrankenkassen (BKK), Bundesverband der Angehörigen psychisch Kranker e.V. (BApK) (2010): Kinder psychisch kranker Eltern – (auch) ein Thema für die Politik! In: www.psychiatrie.de/familienselbsthilfe/article/KIPSY_PM_100309.html, 14.05.2010

Carro, M. G., Grant, K. E., Gotlib, I. H., Compas, B. E. (1993): Postpartum depression and child development. An investigation of mothers and fathers as sources of risk and resilience. Development and Psychopathology, 5, 567–579
Chang/Mazerick (2003): persönliche Mitteilung im Rahmen des Interdisziplinären Europa-Kongresses IV, 31.–1.11.2003 in Lübekke
Cicchetti, S. L., Rogosch, F. A., Toth, D. (1998): Maternal depressive disorder and contextual risk: contributions to the development of attachment insecurity and behavior problems in toddlerhood. Developmental Psychopathology, 10, 283–300
Cunningham, C. C. (1987): Early Intervention in Downs's syndrome. In: Hosking, G., Murphy, G. (Hrsg.): Prevention of mental handicap: a world view. Royal Society of Medicine Services, London, 169–182

Danzinger, R. (1996): Psychiatrische Versorgungsplanung. In: Danzinger, R., Zapotoczky, H. G. (Hrsg.): Irren auf Steierisch. Psychiatrische Patienten und psychiatrische Versorgung in der Steiermark. Pro Mente, Linz, 9–23
Deneke, C. (1995): Psychosoziale Probleme von Kindern psychisch kranker Eltern. Pro familia magazin, 1, 4–7
–, Lüders, B. (2003): Besonderheiten der Interaktion zwischen psychisch kranken Eltern und ihren kleinen Kindern. Praxis der Kinderpsychologie und Kinderpsychiatrie, 52, 172–182
Dimova, A. (1990): HLA – confirmation about biological distinction between unipolar and bipolar depression. Annual of Medical Faculty of Medicine, University Kiril I Metodij 36, 47–51
– (1993): HLA – markers of biological subtypes of manic depressive disorders. Annual of Medical Faculty of Medicine, University Kiril I Metodij 39, 24–28
– (1998): Schizophrenie. Tabernakul, Skopje
– (2003): The range of therapeutic efficacy of atypical antipsychotics: a critical evaluation. Medical Hypothesis 61, 259–264
–, Pretis, M. (1998): Quality of life and progressive reduction of conventional maintenance dosage of neuroleptics in chronic schizophrenic patients. Paper presented at the workshop on „Novel strategies in the schizophrenic spectrum and bipolar disorders", Venice, 13–14.3.1998
–, – (2001/2002): Frühförderung bei Kindern psychisch kranker Eltern. Fortbildungsveranstaltung für Fachkräfte der Frühhilfe in Österreich. www.sinn-evaluation.at, 31.12.2003
–, – (2003). „Forgotten Children". Early Intervention in children of parents with mental health problems. Paper presented at the 1st International Society on Early Intervention. 17.–20.9.2003, Rome
Doris, A., Ebmeier, K., Shajahan, P. (1999): Depressive Illness. Lancet, 354, 1369–1375
Dörner, K., Plog, U. (1990): Irren ist menschlich. Lehrbuch der Psychiatrie/Psychotherapie. 6. Aufl. Psychiatrie-Verlag, Bonn
–, Egetmeyer, A., Koenning K. (Hrsg.) (1997): Freispruch der Familie. Psychiatrie-Verlag, Bonn
Dunn, B. (o.J.): Growing up with a psychotic mother: a retrospective study. Woodburn Center for Community Mental Health
Dunst, C. J., Snyder, S. W., Mankinen, M. (1989): Efficacy of early intervention. In: Wang, M. C., Reynolds, M. C., Walberg (Hrsg.): Handbook of special education. Vol 3, Pergamon, Oxford, 259–294

Ebert, D., Loew, T. (1995): Psychiatrie systematisch. UNI-MED-Verlag, Lorch
Egeland, B. Carlson, L., Stroufe, L. A. (1993): Resilience as a process. Special issue: Milestones in the development of resilience. Development and Psychopathology, 5, 517–528
Egger, J. (1993): Gibt es „psychosomatische" Krankheiten? In Egger, J. (Hrsg.): Psychologie in der Medizin. Medizinische Psychologie, Psychosomatik und Psychotherapie. WUV, Wien, 106–123
Eikelmann, B. (1998): Sozialpsychiatrisches Basiswissen: Grundlagen und Praxis. Enke, Stuttgart
Essex E., M. J., Klein, M. H., Miech, R., Smider, N. A. (2001): Timing of initial exposure to maternal major depression and children`s mental health symptoms in kindergarten. British Journal of Psychiatry, 197, 151–156
European Association on Special Needs Education (2003): Work papers (unpublished).

Field, T., Estroff, D. B., Yando, R., del Valle, C., Malphurs., J., Hart, S. (1996): „Depressed" mothers' perception of infant vulnerability are related to later development. Development and Psychopathology, 4, 49–66
Frank, Ch. (2001): Am Kindeswohl orientierte Begutachtung im Familienrecht. Der österreichische Amtsvormund, 33, 136–142
Free, K., Alechina, I., Zahn-Waxler, C. (1996): Affective language between depressed mothers and their children: the potential impact of psychotherapy. Journal of American Academy of Child and Adolescent Psychiatry, 35, 783–790

Gochman, E. R. (1985): Bi-polar mothering: Case description, mother-infant-interaction, and theoretical implications. Child Psychiatry and Human Development, 16, 120–125
Goldberg, D., Huxley, H. (1980): Mental illness in the Community. The pathway to psychiatric Care. Tavistock, London
Goleman, D. (2001): Emotionale Intelligenz. 21. Aufl. Dtv, München
Goodman, S. H., Gotlib, I. H. (1999): Risk for psychopathology in the children of depressed mothers: a development model for understanding mechanism of transmission. Psychological Review, 106, 458–490
–, et al. (1990): Schizophrenic and Depressed Mothers: relational Deficits in parenting. Developmental Psychology 26, 1, 31–39
Göppel, R. (2008): Bildung als Chance. In: Opp, G., Fingerle, M. (Hrsg.), 170–190
Gosciniak, H. Th., Osterheider, M., Volk, S. (1998): Angst, Zwang, Depression. Thieme, Stuttgart
Grotberg, E. H. (1995): A Guide to Promoting Resilience in Children. Strengthening the Human Spirit. The International Resilience Project from the Early Childhood Development: Practice and Reflections series. Bernard Van Leer Foundation
Gundelfinger, R. (2002): Und wie geht es eigentlich den Kindern? Vortrag präsentiert im Rahmen der Tagung „Kindheit im Schatten", LSF Graz, 19.4.2002
Guralnick, M. (Hrsg.) (1997): The effectivness of early intervention. Brokes, Baltimore
– (1997): Second Generation Research in the field of early intervention. In: M. Guralnick (Hrsg.): The effectivness of early intervention. Brokes, Baltimore, 3–22

- (2003): Enhancing the peer related social competence of mildly delayed children: a randomized clinical trial. Paper presented at the 1st ISEI-Conference, 17–20.9,2003, Rome

Hamilton, M. (1960): A rating scale for depression. Journal of Neurology and Neurosurgical Psychiatry, 23, 56–62
Heitkamp, U. (1989): Wahnsinn. Meine Reise durch die Psychiatrie der Republik. Luchterhand, Frankfurt/M.
Hipwell, A. E., Kumar, R. (1996): Maternal psychopathology and prediction of outcome based mother-infant interaction ratings (BMIS). British Journal of Psychiatry, 169, 655–661
Hirsch, R. (1996): Versorgungsplanung in der Psychiatrie und sozialpsychiatrische Forschung. In: Danzinger, Zapotoczky, H. G. (Hrsg.): Irren auf Steierisch. Psychiatrische Patienten und psychiatrische Versorgung in der Steiermark. Pro Mente, Linz, 24–37
Holmes, T. H., Rahe, R. H. (1967): The Social Readjustment Rating Scale. Journal of Psychosomatic Research 11, 213–218

Jacob, T., Johnson, S. L. (2001): Sequential interactions in the parent-child communications of depressed fathers and depressed mothers. Journal of Family Psychology, 15, 38–52
Jagersberger, G. (o. J.): Schau mal, was ich schon kann. Dürr & Kessler, Regensburg
Jamner, L. D., Schwartz, G. E., Leigh, H. (1988): The relationship between defensive coping styles and monocyte, eosinophile, and serum glucose levels: Support for the opioid peptide hypotesis of repression. Psychosomatic Medicine, 50, 567–575

Kanfer, F. H., Reinecker, H., Schmelzer, D. (1991): Selbstmanagement-Therapie. Springer, Berlin
Kaplan, P. S., Bachorowski, J., Zarlengo-Strouse, P. (1999): Child directed speech produced by mothers with symptoms of depression fails to promote associative learning with 4-months old infants. Child development, 70, 560–70.
Karoly, L. A., Greenwood, P. W., Everingham, S. S. et al. (1998): Investing in our children. Rand Santa, Monica
Kasper, S. (2000): Sicher therapieren mit Neuroleptika, pm-Verlag, Kössen
Kaufman, A. S., Kaufman, N. L. (1994): K-ABC. Kaufman Assessment Battery for Children. Deutsche Fassung. Swets & Zeitlinger, Lisse
Kessler, R., C., McGonagle, K. A., Zhao, S., Nelson, C. B., Hughes, M., Eshleman, S., Wittchen, H. U., Kendler, K. S. (1994): Lifetime and 12-month prevalence of DSM-III-R psychiatric disorders in the United States. Archives of General Psychiatry, 51, 8–19
Knuf, A. (2000): „Mit meiner Mutter stimmt was nicht". Die vergessenen Kinder seelisch kranker Eltern. Psychologie Heute, 6, o. S.
Kolitzus, H. (1997): Die Liebe und der Suff ... Schicksalsgemeinschaft Suchtfamilie. Kösel, München
Küchenhoff, B. (2001): Kinder psychisch kranker Eltern. Psychiatrie, 2, 1–4
Kühl, J. (Hrsg.) (2005): Autonomie und Dialog. Kleine Kinder in der Frühförderung. 2. Aufl. Ernst Reinhardt, München/Basel

– (2003): Kann das Konzept der „Resilienz" die Handlungsperspektiven in der Frühförderung erweitern? Frühförderung Interdisziplinär, 2, 51–60

Lanners R., Mombaerts D. (2000): Evaluation of parents' satisfaction with early intervention services within and among European countries: construction and application of a new parent satisfaction scale. Infants and Young Children, 1261–70

Laucht, M., Esser, G., Schmidt, M. H. (2000): Risiko- und Schutzfaktoren in der Entwicklung von Kindern und Jugendlichen. In: Frühförderung interdisziplinär 3, 97–108

–, –, – (2008): Was wird aus Risikokindern? In: Opp, G., Fingerle, M. (Hrsg.), 71–93

Lazarus, R. S., Folkman, S. (1984): Stress, apraisal and coping. Springer, New York

Leixnering, W. (2002): Kinder psychisch erkrankter Menschen. Tagung „Kindheit im Schatten", Graz, 19.4.2002

Lemaitre-Sillere, V. (1998): The infant with a depressed mother: destruction and creation. Pediatrics, 102, 1298–304

Lempp, R. (2001): Probleme im Beziehungsdreieck zwischen Eltern, Pflegeeltern und Kind. Der österreichische Amtsvormund, 33, 131–136

Liberman, P. (2008): Recovery from Disability: Manual of Psychiatric Rehabilitation. American Psychiatric Publishing, Washington

Lisofsky, B. (1999): Wenn Mama durcheinander ist. Dokumentation der Veranstaltung „Frau ver-rückt" der Fraktion Bündnis 90, März 1999, 16–18

Lösel, F., Bender, D. (2008): Von generellen Schutzfaktoren zu differenziellen protektiven Prozessen: Ergebnisse und Probleme der Resilienzforschung. In: Opp, G., Fingerle, M. (Hrsg.), 37–58

Lovejoy, M. C. (1991): Maternal depression: effects on social cognition and behavior in parent-child interaction. in Kopie

Lüders, B., Deneke, C. (2001): Präventive Arbeit bei Müttern und ihren Babys. Praxis der Kinderpsychologie und Kinderpsychiatrie, 50, 552–559

Marsh, D. T., Dickens, R. M. (1997): Troubled journey. Putnam Pinguin, o. O.

Masten, A. S.(1994): Resilience in individual development: Successful adaptation despite risk and adversity. In: Wang, M., Gordon, E. (Hrsg.): Risk and resilience in inner city America: Challenges and prospects. Erlbaum, Hillsdale, 3–25

–, Best, K. M., Garmezy, N. (1990): Resilience and development: Contributions from the study of children who overcome adversity. Development and Psychopathology, 2, 425–444

Mattejat, F., Lisofsky, B. (Hrsg.)(1998): Kinder psychisch kranker Eltern. Was wir wissen, und was zu tun ist. In: Mattejat/Lisofsky (Hrsg.), 66–78

–, Lisofsky, B. (2001): Nicht von schlechten Eltern. Kinder psychisch Kranker. 3. Aufl. Psychiatrie-Verlag, Bonn

–, Remschmidt, H. (2008): Kinder psychisch kranker Eltern. Deutsches Ärzteblatt 23, 413–418

Maybery, D., Reupert, A., Patrick, K., Goodyear, M., Crase, L. (2005): VicHealth. Research Report on Children at Risk in Families Affected by Parental Mental Illness. In: www.vichealth.vic.gov.au, 15.05.2010

Meyer, C., Mattejat, F., König, U., Wehmeier, P. M., Remschmidt, H. (2001): Psychische Erkrankung unter mehrgenerationaler Perspektive: Ergebnisse aus einer Längsschnittstudie mit Kindern und Enkeln von stationär behandelten depressiven Patienten. Praxis der Kinderpsychologie und Kinderpsychiatrie, 50, 526–536

Meyer-Probst, B., Reis, O. (2000): Risikofaktoren und Risikobewältigung im Kontext – Schlussfolgerungen aus der Rostocker Längsschnittstudie nach 25 Jahren. In: Frühförderung interdisziplinär 3, 19, 109–118

Milgrom, J., Westley, D. T., McCloud, P. I. (1996): Do infants of depressed mothers cry more than other infants? Journal of Paediatrics and Child Health, 31, 218–221

Moreau, J. Leveillé S., Roy, C. (1998): Vulnerabilité et interaction mère-nourrison: illustration de conditions nécessaires mais non suffisantes à l'efficacité de l'intervention précoce. Santé Mentale au Québec, 23,187–213

Müller, H. J., Laux, G., Deister, A. (1995): Psychiatrie. Hippokrates, Stuttgart

Murray, L., Fiori-Cowley, A., Hooper, R., Cooper, P. (1996): The impact of postnatal depression and associated adversity on early mother-infant interactions and later infant outcome. Child Development, 67, 2512–26

Muris, P., Steerneman, P., Merckelbach, H., Meesters, C. (1996): Parental modelling and fearfulness in middle childhood. Behaviour Research and Therapy, 34, 263–267

NICHD – Early Child Care Research Network (1999): Chronicity of maternal depressive symptoms, maternal sensitivity, and child functioning at 36 months. Developmental Psychology, 35, 1248–1259

Nowak, V., Schipfer, R. K. (1998): Familie in Zahlen. www.oif.ac.at, 31.12.2003

O'Brien, G. (2001): Evaluation des actions menées, des moyens mis à disposition. Vortrag auf der Tagung der Europäischen Union am 26.11.2001 in Paris „Education à besoin spécifiques et adolescents: présentation des résultats d'une étude statistique"

Opp, G., Fingerle, M., Freytag, A. (1999): Erziehung zwischen Risiko und Resilienz: Neue Perspektiven für die heilpädagogische Forschung und Praxis. In: Opp, G., Fingerle, M., Freytag, A. (Hrsg.): Was Kinder stärkt. Erziehung zwischen Risiko und Resilienz. Ernst Reinhardt, München/Basel, 9–22

–, – (Hrsg.) (2008): Was Kinder stärkt. Erziehung zwischen Risiko und Resilienz. 3. Aufl. Ernst Reinhardt, München/Basel

–, – (2008): Erziehung zwischen Risiko und Protektion. In: Opp, G., Fingerle, M. (Hrsg), 7–18

Onozawa, K., Glover, V., Adams, D., Modi, N., Kumar, R. C. (2001): Infant massage improves mother-infant interaction for mothers with postnatal depression. Journal of Affective Disorders, 63, 201–207

Olson, H. C., Burgess, D. M. (1997): Early Intervention for children prenatally exposed to alcohol and other drugs. In: M. Guralnick (Hrsg.): The effectivness of early intervention. Brokes, Baltimore, 109–146

Ohne Verfasser (2009): „Jetzt bin ich dran" – Kinder psychisch kranker Eltern. Der Standard, 22.09.2009. In: http://derstandard.at/1253596296224/Symposium-Jetzt-bin-ich-dran---Kinder-psychisch-kranker-Eltern, 21.09.2010

Ohne Verfasser (2010): Knapp fünf Prozent der Väter in Karenz. Österreichischer Rundfunk, 08.08.2010. In: http://oesterreich.orf.at/stories/461354/, 21.09.2010

Papoušek, M. (2000): Einsatz von Video in der Eltern-Säuglings-Beratung und Psychotherapie. Praxis der Kinderpsychologie und Kinderpsychiatrie, 8, 611–627
Petermann, F., Schmidt, M. H. (2006): Ressourcen – ein Grundbegriff der Entwicklungspsychologie und Entwicklungspathologie? Kindheit und Entwicklung 2, 118–127
Pretis, M. (1999): Krisenintervention in der interdisziplinären Frühförderung und Familienbegleitung. Frühförderung interdisziplinär, 18, 145–155
- (2000): Frühförderung in Österreich. Studie des Sozial- und Heilpädagogischen Förderungsinstitutes Steiermark (in Kopie), beim Autor anzufordern
- (2001): Towards future Paradigms and challenges of Early Intervention. Journal of the Siauliai University Special Education Centre, 2/5, 55–64
- (2002a): Evaluation früher heilpädagogischer Hilfen in der Steiermark. Studienergebnisse auf Anfrage beim Autor
- (2002b): The Quality of Early Intervention in Austria: 2nd Generation: Research – practical Implication – Transfer into Practice. Paper presented at the IASSID-Conference. 13–16.5.2002, Dublin
- (2003): Ergebnisse der Ressourcen-Belastungsanalyse bei extrem marginalisierten arbeitsmarktfernen Randgruppen. Vortrag im Rahmen des Fachtages „Equal" am 23.9.2003 in Graz
–, Dimova, A. (2003): Vergessene Kinder. Frühförderung bei Kindern psychisch kranker Eltern. Eine programmatische Perspektive. Frühförderung Interdisziplinär, 4, 166–174
- (2005): Frühförderung planen, durchführen und evaluieren. 2. Aufl. Ernst Reinhardt, München/Basel
PSAG (2002): Wegweiser zu Hilfsangeboten für Kinder mit psychisch erkrankten Eltern. Kinder- und Jugendpsychiatrie der Universität zu Köln

Radke-Yarrow, M., Nottelmann, E., Martinez, P., Fox, M. B., Belmont, B. (1992): Young children of affectively ill parents: a longitudinal study of psychosocial development. Journal of the American Child and Adolescent Psychiatry, 31, 68–77
Ramey, C., Landesman-Ramey, S. (1998): Prevention of intellectual disabilities: Early Interventions to improve the cognitive development. Preventive Medicine, 27, 224–232
Regier, D. A. et al. (1984): The NIHM Epidemiology Catchment Area (ECA) Program. Archives of General Psychiatry, 41, 934–941
Remschmidt, H., Mattejat, F. (1994a): Kinder psychotischer Eltern. Eine vernachlässigte Risikogruppe. Praxis der Kinderpsychologie und Kinderpsychiatrie, 43, 295–299
–, – (1994b): Kinder psychotischer Eltern. Mit einer Anleitung zur Beratung von Eltern mit einer psychotischen Erkrankung. Hogrefe, Göttingen
Rende, R. D., Plomin, R., Reiss, D., Hetherington E. M. (1993): Genetic and enviromental influences on depressive symptomatology in adolescence: individual differences and extreme scores. Journal of Child Psychology and Child Psychiatry, 34, 1387–98
Ringel, E. (1987): Selbstmordverhütung. Frankfurt
Rutter, M. (1985): Resilience in the face of adversity: protective factors and resistance to psychiatric disorder. British Journal of Psychiatry, 147, 598–611

- (2000): Resilience in the face of adversity. Paper presented at the World Congress on Medicine and Health. 21.7.–31.8.2000

Saß, H., Wittchen, H.-U., Zaudig, M., Houben, I. (2003): Diagnostische Kriterien – DSM-IV-TR. Hogrefe, Göttingen

Schmidt, T., Lisofsky, B. (2000): Hilfeangebote für die Kinder psychisch kranker Eltern. Psychosoziale Umschau 15, 12–14

Schwarzer, R. (1993): Measurement of perceived self-efficacy. Forschung an der Universität Berlin, Berlin

Sektion Psychiatrie der Österreichischen Gesellschaft für Neurologie und Psychiatrie (o. J.): Wenn ein Vater oder eine Mutter psychische Probleme hat – Wie geht es dann den Kindern? VIP-Verlag, Innsbruck

Seligman, E. P. (1992): Helplessness: on depression, development and death. Freeman, New York

Sharp, D., Hay, D. F., Pawlby, S., Schmucker, G., Allen, H., Kumar, R. (1995): The impact of postnatal depression on boys' intellectual development. Journal of Child Development, 36, 1315–1336

Sieverding, M. (1995): Die Gesundheit von Müttern – Ein Forschungsüberblick. Zeitschrift für Medizinische Psychologie, 1, 6–16

Sigot, M. (2003): Integration als Aufgabe einer neuen Sonder-Pädagogik oder eine Pädagogik für alle? Anmerkungen zu den Zukunftsperspektiven der Integrationspädagogik. Workshop gehalten im Rahmen der Jahrestagung Mobiler Beratungsdienste Österreichs, April 2003, St. Veit/Glan

Sommer, R., Zoller, P., Felder, W. (2001): Elternschaft und psychiatrische Hospitalisation. Praxis der Kinderpsychologie und Kinderpsychiatrie, 50, 498–512

Staabs, G. von (1964): Der Szeno-Test. 3. Aufl. Huber, Bern

Staets, S., Hipp, M. (2001): KIPKEL – ein interdisziplinäres ambulantes Präventionsprojekt für Kinder mit psychisch kranken Eltern. Praxis der Kinderpsychologie und Kinderpsychiatrie, 50, 569–579

Szasz T. (1972): Geisteskrankheit – Ein moderner Mythos. Rowohlt, Reinbek/Hamburg

Thau, K. (2003): „Die vielen Bilder einer Krankheit" Ätiologie, Epidemiologie und verlauf bipolarer Erkrankungen. Präsentation im Rahmen der Tagung „Bipolaren Patienten Perspektiven für das Leben zu geben", 28.11.2003, Wien

Thurmair, M., Naggl, M. (2010): Praxis der Frühförderung. 4. Aufl. Ernst Reinhardt, München/Basel

Trost R. (1991): Frühförderung in Baden-Württemberg. Bestandsaufnahme und Perspektiven der Weiterentwicklung. Ministerium für Arbeit, Gesundheit, Familie und Frauen, Stuttgart

United Nations (UN)(1989): Übereinkommen über die Rechte des Kindes vom 20. November 1989. In: www.national-coalition.de/pdf/UN-Kinderrechtskonvention.pdf, 21.09.2010

Wadsworth, M. (2008): Ergebnisse der Resilienzforschung in Großbritannien. In: Opp, G., Fingerle, M. (Hrsg.), 59–70

Wagenblass, S. (2001): Biographische Erfahrungen von Kindern psychisch kranker Eltern. Praxis der Kinderpsychologie und Kinderpsychiatrie, 50, 513–524

Wang, M., Walberg, H. et al. (1998): Building educational resilience. Phi Delta Kappa, Bloomington

Watzlawick, P. (1995): Wie wirklich ist die Wirklichkeit. Wahn, Täuschung, Verstehen. 20. Aufl. Piper, München, Zürich

– (Hrsg.) (1985): Die erfundene Wirklichkeit. Wie wissen wir, was wir zu wissen glauben. Beiträge zum Konstruktivismus. A. Aufl. Piper, München

–, Beavin, J., Jackson, D. D. (1985): Menschliche Kommunikation. Formen, Störungen, Paradoxien. 7. Aufl. Huber, Bern

–, Weakland, J., Fisch, R. (1992): Lösungen. Zur Theorie und Praxis menschlichen Handelns. Huber, Bern

Weiß, H. (2008): Frühförderung als protektive Maßnahme – Resilienz im Kleinkindalter. In: Opp, G., Fingerle, M. (Hrsg.), 124–141

Weiß, H. (2000): Frühförderung mit Kindern und Familien in Armutslagen. Reinhardt, München

Weltgesundheitsorganisation (1991): Internationale Klasifikation psychischer Störungen. ICD-10. Huber, Bern

Werner, E. E. (1993): Risk, resilience and recovery: Perspectives from the Kauai Longitudinal Study. Development and Psychopathology, 5, 503–515

– (1995): Resilience in development. Current directions in psychological science 4, 81–85

– (1997): Risk and protective factors in the lives of children with high incidence disabilities. Erlbaum, New Jersey

– (2008): Entwicklung zwischen Risiko und Resilienz. In: Opp, G., Fingerle, M. (Hrsg.), 25–36

Wickberg, B., Hwang, C. P. (1996): Counselling of postpartal depression. A controlled study on a population based Swedish sample. Journal of Affective Disorders, 39, 209–16

Williams, A. S. (1998): A group of adult daughters of mentally ill mothers: looking backwards and forwards. British Journal of Medical Psychology, 71, o. S.

Wittchen, H. U., Saß, H., Zaudig, M., Koehler, K. (1989): Diagnostisches und statistisches Manual psychischer Störungen. DSM-III. R. Beltz, Weinheim

Zubin, J., Spring, B. (1977): Vulnerability – A New View of Schizophrenia. Journal of Abnormal Psychology 2, 103–124

Weitere Quellen im Internet (Stand vom 15.05.2010)

www.netz-und-boden.de (Plattform für Patenschaften für Kinder psychisch kranker Eltern)
www.kipkel.de (Präventionsangebot im Umkreis von Hilden)
www.familienberatungszentrum.de (Beratungsangebot im Kreis Kassel)
www.mutter-kind-behandlung.de (psychiatrisch-psychotherapeutische Unterstützung in Nordbaden)
www.diakonie-wuerzburg.de (Hilfen für Kinder psychisch kranker Eltern)
www.die-boje.at (Hilfsangebote für Kinder und Jugendliche in Wien)
www.uni-greifswald.de/leben/betreuung/rueckenwind.html (beratende Unterstützung für Kinder und Jugendliche an der Universität Greifswald)
www.sinn-evaluation.at (Homepage der Autoren mit Beschreibung der konkreten Angebote)
www.strong-kids.eu (europäisches Projekt zur Förderung von Kindern psychisch verletzlicher Eltern, enthält Zugang zur elektronischen Resilienzlandkarte)

# Sachverzeichnis

Adoleszenz 43, 64, 125, 128, 139
Alltagsstruktur 84, 109, 125, 135, 137
Anforderung 29–31, 66f, 75f, 93f
Angst 26, 32, 37, 42, 46f, 50f, 68, 84f, 94, 97, 105, 121–127
Antidepressiva 88, 113, 127, 142, 152–154, 187
Attachement (s. a. Bindung) 46, 75, 101, 118, 132, 147, 150
Auffälligkeit 16–23, 47f, 117, 125, 130, 157
Aufklärung (s. a. Transparenz) 57–61, 90, 106, 109, 112
Außerfamiliäre Unterstützung 73
Autonomie 34, 61, 64

Balance 28–31, 66, 111, 156–159
Behandlung 12, 20, 22, 33, 36f, 54f, 60, 82, 85–90, 112f, 127f, 141–143, 152f
Belastung 11f, 21, 25, 28, 30–32, 45, 48, 52–54, 88, 92, 95, 109, 116, 118, 121, 129, 140, 157
Beziehungsarbeit 100, 118, 132, 150
Bindung 41, 46f, 63, 65, 70f, 73, 80, 100f, 123, 127, 130, 147f, 157–159
Bipolare Störung 26, 111f, 113, 119, 132, 152

Chaos 52, 109
Copingstrategie 168f, 176

Depression 11, 21, 23, 28, 32, 46–51, 54–56, 74, 81–103, 111, 113–116, 122f, 149, 152, 154f, 159
Desorientierung 36, 48f
Drehtürpatient 51
Durchhaltevermögen 69, 77, 100, 118, 132, 150, 169

Eigen„sinn" 34f
Elternarbeit 81, 91, 114, 130, 145
Elternteil, gesunder 13, 14, 25, 71, 73, 88, 99f, 117f, 131, 149f
Entlastung 21, 72, 88, 149, 151, 158

Familienkrankheit 41
Förderspiel 68f, 117, 119, 161–177
Frustrationstoleranz 29, 47, 50, 69, 128, 170

Gemeindenähe 33, 74f, 157
Gesundheit, seelische 30f, 57, 75
Gesundheitsförderung 23, 30

Halluzination 39, 136–138, 140, 142, 144
Held 54
Hilflosigkeit 49, 68, 82, 103, 108, 135, 168
Hilfsbereitschaft 69, 77, 100
Hypnotika 152f

Information 18, 26f, 35, 47, 51, 53, 55, 57–60, 92, 100, 105, 116–119, 132, 143, 152f, 165f
Intelligenz 63, 67
Intervention 55, 66, 89, 91f, 99, 108, 112, 116, 119, 127f, 136, 141, 143, 147, 161–164
Isolation 41, 45, 49, 52, 64, 122, 158

Jugendamt 11f, 18f, 21f, 134f, 146, 163

Kindergarten 25, 36, 59, 71, 119, 121, 130f, 138, 158
Kleinkindalter 43, 45f, 48
Kommunikationsverbot 22, 42
Kompetenz 24, 31, 35, 40, 47f, 65, 69f, 77, 98f, 103, 117, 131, 145, 150f, 165f

## Sachverzeichnis

Kontrollüberzeugung 43, 67f, 77, 99, 117, 149
Krankheitseinsicht 20, 23, 45, 58, 107, 110, 144–146, 172
Krankheitsverlauf (s. a. Verlauf) 68, 110f
Kreativität 27, 131, 177

Landkarte 11, 66, 73, 151
Leidensdruck 20, 22, 39, 86, 106, 124
Leistungsfähigkeit 20, 28, 63, 65f, 77, 138
Losigkeits-Syndrom 87, 101

Manie 11, 32, 42, 48, 50, 104–118, 122, 139, 149, 155f
Maskottchen 54
Modell, biopsychosoziales 41

Nebenwirkung 88f, 142, 152–156, 163
Neurose 40
Neurotransmitter 10, 122, 142, 153, 155

Optimismus 35, 69, 75, 77f, 99, 114f, 117, 150

Parentifizierung 22, 50, 168, 176
Phasenprophylaktika 152f
Planungsprozess 68, 161, 167
Prävalenz 24, 28, 32f, 139
Prävention 12, 33, 40, 67
Psychoedukation 112, 141f
Psychopharmaka 127, 151–155
Psychose 12, 29, 39f, 47, 61, 130, 154f
Psychotherapie 21, 55, 82, 86, 88, 127, 141f

Resilienzfaktor 66–80, 102, 135, 148, 150
Resilienzprozess 30, 61–66, 70, 149, 156–158, 161f, 164–166
Resilienzlandkarte 11, 80, 187
Respekt 9, 12, 15, 92, 96f, 128, 130, 148
Ressource 11, 21, 25, 28–31, 35, 38f, 64, 73, 92, 146f, 157f, 168, 177

Ressourcen-Belastungsanalyse 11
Risikofaktor 18, 27, 30f, 43, 48, 52, 54, 61f, 64, 137, 138f

Schizophrenie 11, 18, 24f, 32, 42, 44f, 47f, 50, 52, 61, 81, 109, 129, 132, 134–160
Schuld 23, 48–50, 68, 81f, 107
Schutzfaktor 29f, 38, 40, 61f, 66f, 71f, 74, 99f, 117f, 131f, 147, 149f, 166
Screeninstrument 66, 76f
Selbst-/ Fremdgefährdung 12, 98, 103, 107, 119
Selbstaufgabe 50
Selbstmord 50f, 86–90, 92, 98, 104
Selbstwert 10, 27, 31, 41, 43, 50, 67f, 82, 94, 99, 105, 108, 112f, 116f, 122, 131, 149
Selbstwirksamkeit 63, 67–69, 73f, 77, 82, 94, 99, 117, 130f, 149, 165f
Stigmatisierung 23f, 37, 43, 88, 116
Stress 12, 13, 27–29, 37f, 43–45, 64, 86, 95, 116–121, 127, 141, 147, 158, 166f
Sündenbock 54
Symptome, unspezifische 22

Teilhabe 66, 79f, 157f
Temperament 27, 63, 66, 77, 99, 117, 131, 149
Transdisziplinarität 9f
Transparenz 142, 161–163
Traurigkeit 58, 82, 84, 91f, 96f

Unsicherheit 13, 20, 46f, 50, 94, 126f, 130, 134
Ursache 27f, 40, 60, 85f, 110, 112, 122, 136, 138

Verantwortung 13, 48f, 59, 65f, 74, 85, 97f, 100, 131, 142f
Verhaltensmanagement 174
Verlauf 26, 43, 85f, 110–113, 125, 138, 141
Verletzlichkeit (s. a. Vulnerabilität) 24, 138
Vorschulalter 48, 55, 107
Vulnerabilität 30, 39, 48, 63f, 138f

Wahn 83f, 96, 107–109, 136, 138–140, 143f, 149, 151, 155
Wohlbefinden 14, 43, 162

Zusammenarbeit 9–15, 119, 156, 159f
Zwangsstörung 26, 120–133, 154

# Kinder besser schützen!

Ute Ziegenhain / Jörg M. Fegert (Hg.)
**Kindeswohlgefährdung und Vernachlässigung**
(Beiträge zur Frühförderung interdisziplinär; 15)
2., durchges. Aufl. 2008. 213 Seiten. 15 Abb. 2 Tab.
(978-3-497-02021-8) kt

Wie greift man wirksam ein, bevor die familiäre Situation eskaliert? Wie erkennt man Risiken, wie fördert man frühzeitig die Erziehungskompetenz der Eltern? Wie lassen sich institutionelle Hilfen verbessern?
In diesem Buch werden interdisziplinäre Lösungsansätze gebündelt: Experten aus den Bereichen Recht, Medizin, Psychologie und Pädagogik beschreiben den gesetzlichen Handlungsrahmen, die Einschätzung familiärer Risiken, die Förderung der elterlichen Feinfühligkeit und bewährte Modelle institutioneller Kooperation.

www.reinhardt-verlag.de

# Über 400 Ideen für die Frühförderung!

Klöck, Irene / Schorer, Caroline
**Übungssammlung Frühförderung**
Kinder von 0–6 heilpädagogisch fördern
(Beiträge zur Frühförderung interdisziplinär; 16)
2010. 255 Seiten. 114 Abb. 6 Tab.
(978-3-497-02134-5) kt

Das Buch bietet eine Fülle an Fördermöglichkeiten, Übungen und Ideen. Ein besonderes Augenmerk liegt auf der praktischen Arbeit mit den Kindern. Mit Übungen zur Wahrnehmung, Motorik und Kognition, zu schulischen Fertigkeiten, zum Sozialverhalten und zur Sprache erhalten PraktikerInnen immer neue Anregungen für eine abwechslungsreiche Gestaltung der täglichen Förderarbeit.

www.reinhardt-verlag.de